Kohlhammer

Entwicklung und Bildung in der Frühen Kindheit

Herausgegeben von Manfred Holodynski, Dorothee Gutknecht und Hermann Schöler

Gesteigerte Qualitätsstandards in der Bildungsarbeit im Krippen- und Elementarbereich stellen Erzieherinnen und Erzieher vor neue Herausforderungen. Diese Lehrbuch-Reihe stellt sich ihnen und verknüpft wissenschaftliche Reflexion konsequent mit der Praxis.

Eine Übersicht aller lieferbaren und im Buchhandel angekündigten Bände der Reihe finden Sie unter:

 https://shop.kohlhammer.de/eubidfk

Die Autorin, der Autor

Dr. Minja Dubowy hat am DIPF | Leibniz-Institut für Bildungsforschung und Bildungsinformation in Frankfurt am Main zum Thema Schulbereitschaft gearbeitet und ist inzwischen in der schulpsychologischen Praxis tätig.

Prof. Dr. Marcus Hasselhorn ist Professor für Psychologie und forscht am DIPF | Leibniz-Institut für Bildungsforschung und Bildungsinformation in Frankfurt am Main.

Minja Dubowy
Marcus Hasselhorn

Schulbereitschaft

Was Kinder für einen erfolgreichen
Schulstart brauchen

Verlag W. Kohlhammer

Das Schreiben dieses Bandes sowie die Erstellung der Druckvorstufe und des E-Books wurden mit Mitteln des Bundesministeriums für Bildung und Forschung unter dem Förderkennzeichen 01NV2001H gefördert. Die Verantwortung für den Inhalt dieser Veröffentlichung liegt bei der Autorin/beim Autor.

Das Werk ist lizensiert unter der Lizenz CC BY-NC-ND 4.0,
https://creativecommons.org/licences/by-nc-nd/4.0/

Dieses Werk einschließlich aller seiner Teile ist urheberrechtlich geschützt. Jede Verwendung außerhalb der engen Grenzen des Urheberrechts ist ohne Zustimmung des Verlags unzulässig und strafbar. Das gilt insbesondere für Vervielfältigungen, Übersetzungen, Mikroverfilmungen und für die Einspeicherung und Verarbeitung in elektronischen Systemen.

Die Wiedergabe von Warenbezeichnungen, Handelsnamen und sonstigen Kennzeichen in diesem Buch berechtigt nicht zu der Annahme, dass diese von jedermann frei benutzt werden dürfen. Vielmehr kann es sich auch dann um eingetragene Warenzeichen oder sonstige geschützte Kennzeichen handeln, wenn sie nicht eigens als solche gekennzeichnet sind.

Es konnten nicht alle Rechtsinhaber von Abbildungen ermittelt werden. Sollte dem Verlag gegenüber der Nachweis der Rechtsinhaberschaft geführt werden, wird das branchenübliche Honorar nachträglich gezahlt.

Dieses Werk enthält Hinweise/Links zu externen Websites Dritter, auf deren Inhalt der Verlag keinen Einfluss hat und die der Haftung der jeweiligen Seitenanbieter oder -betreiber unterliegen. Zum Zeitpunkt der Verlinkung wurden die externen Websites auf mögliche Rechtsverstöße überprüft und dabei keine Rechtsverletzung festgestellt. Ohne konkrete Hinweise auf eine solche Rechtsverletzung ist eine permanente inhaltliche Kontrolle der verlinkten Seiten nicht zumutbar. Sollten jedoch Rechtsverletzungen bekannt werden, werden die betroffenen externen Links soweit möglich unverzüglich entfernt.

1. Auflage 2024

© bei der Autorin und dem Autor, Produktion: W. Kohlhammer GmbH, Stuttgart
Gesamtherstellung: W. Kohlhammer GmbH, Stuttgart

Print:
ISBN 978-3-17-044820-9

E-Book-Formate:
pdf: ISBN 978-3-17-044821-6; DOI: https://doi.org/10.17433/978-3-17-044821-6

Vorwort der Herausgeberin und der Herausgeber

Die Lehrbuchreihe »Entwicklung und Bildung in der Frühen Kindheit« will Studierenden und Fachkräften das notwendige Grundlagenwissen vermitteln, wie die Bildungsarbeit im Früh- und Elementarbereich sowie an der Schnittstelle Kita-Grundschule erfolgreich gestaltet werden kann. Die Lehrbücher schlagen eine Brücke zwischen dem aktuellen Stand der einschlägigen wissenschaftlichen Forschungen zu diesem Gesamtbereich und ihrer Anwendung in der pädagogischen Arbeit mit Kindern.

Die einzelnen Bände legen ihren Fokus zum einen auf einen ausgewählten Bildungsbereich, wie Kinder z. B. ihre sozio-emotionalen, sprachlichen, kognitiven, mathematischen oder motorischen Fähigkeiten entwickeln. Hierbei ist der Leitgedanke darzustellen, wie die einzelnen Entwicklungsniveaus der Kinder und Bildungsimpulse der pädagogischen Einrichtungen ineinandergreifen und welche Bedeutung dabei den pädagogischen Fachkräften zukommt. Die Reihe enthält zum anderen Bände, die zentrale bereichsübergreifende Probleme der Bildungsarbeit behandeln, deren angemessene Bewältigung maßgeblich zum Gelingen beiträgt.

Dazu zählen Fragen, wie pädagogische Fachkräfte ihre professionelle Responsivität den Kindern gegenüber entwickeln, wie sie Gruppen von Kindern stressfrei managen oder mit Multikulturalität, Integration und Inklusion umgehen können. Die einzelnen Bände bündeln fachübergreifend aktuelle Erkenntnisse aus den Bildungswissenschaften, der Entwicklungspsychologie, der Früh- und Sonderpädagogik sowie den Pflege- und Therapiewissenschaften und bereiten für den Einsatz in der Aus- und Weiterbildung, aber ebenso für die pädagogische Arbeit vor Ort vor. Die Lehrbuchreihe richtet sich sowohl an Studierende und Lehrende an Fach- und (Fach-)Hochschulen, die sich mit der Entwicklung und institutionellen Erziehung von Kindern befassen, als auch an die pädagogischen Fachkräfte insbesondere des Früh- und Elementarbereichs.

Der vorliegende Band »Schulbereitschaft« behandelt ein zwar altes, aber immer wieder brisantes Thema in der aktuellen bildungspolitischen Diskussion: Was für Fähigkeiten benötigen Kinder für einen erfolgreichen Schuleinstieg? Wie kann dieser Einstieg bestmöglich in der Elementarbildung vorbereitet und in der Grundschule strukturiert werden? Minja Dubowy und Marcus Hasselhorn führen ihr lesenswertes und informatives Lehrbuch mit einer Zeitgeschichte der Einschulungskonzepte ein, in der aktuell wieder das eigentlich schon überholte Konzept der »Schulreife« aufgegriffen wird. Diesen Konzepten stellen sie die wissenschaftliche Befundlage zu den förderlichen und hinderlichen Voraussetzungen in den einzelnen Entwicklungsdomänen der Kinder gegenüber und nutzen das Konzept der »Schulbereitschaft eines Kindes« als einen angemessenen »Oberbegriff für die individuellen Voraussetzungen eines gelingenden Schulstarts«. Es ist zu hoffen, dass diese wissenschaftlichen Erkenntnisse auch bei den Entscheidungsträgern in den Bundesländern und in der bildungspolitischen Diskussion gehört und berücksichtigt werden.

Das Lehrbuch thematisiert auf Seiten der Schulorganisation auch die sehr unterschiedlichen Rahmenbedingungen des Schulanfangs, die vom Bundesland abhängen, in dem ein Kind eingeschult wird. Auf Seiten des Kindes werden die wissenschaftlichen Befunde zusammengetragen, welche Kompetenzen ein Kind für einen erfolgreichen Schulstart benötigt und wie diese gefördert werden können. Dabei geht es insbesondere um sprachliche und kognitive Kompetenzen, um Vorläuferfertigkeiten und -fähigkeiten für den Schriftsprach- und Mathematikerwerb sowie um sozial-emotionale und motivationale Voraussetzungen. Daran anschließend wird in einem kompakt geschriebenen Überblick erläutert, durch welche diagnostischen Verfahren der Status dieser Voraussetzungen in den genannten Kompetenzbereichen festgestellt und durch welche Maßnahmen die Schulbereitschaft im Einzelnen gefördert werden kann.

Freiburg, Bielefeld und Heidelberg im Februar 2024
Dorothee Gutknecht, Manfred Holodynski und Hermann Schöler

Inhalt

Vorwort der Herausgeberin und der Herausgeber 5

1 Einführung 11

2 Genese des Konzepts der Schulbereitschaft 14
    2.1   Schulreife als biologisches Konstrukt 14
    2.2   Förderoptimismus und kompensatorische Frühförderung ... 15
    2.3   Schulfähigkeit des Kindes oder Kindfähigkeit der Schule?
           Ökosystemische Transitionsmodelle 18
    2.4   Schulbereitschaft als Oberbegriff für die individuellen
           Voraussetzungen eines gelingenden Schulstarts 19

3 Schulbereitschaft aller Kinder sichern: Eine gemeinsame Aufgabe von Kindertageseinrichtungen und Grundschulen .. 21
    3.1   Vom Schonraum zum Bildungsraum – Die Perspektive der
           Kindertageseinrichtungen 21
           3.1.1   Bildungspläne für den Elementarbereich 22
           3.1.2   Die Gestaltung des Übergangs als institutionen-
                    übergreifende Aufgabe: Zur Kooperation zwischen
                    Kindertageseinrichtung und Grundschule 26
    3.2   Lernen am Schulanfang: Konzepte der Grundschule 27
           3.2.1   Frühe Ansätze: Eingangsstufen, Vorklassen und
                    Schulkindergärten 27
           3.2.2   Die »Neue Eingangsstufe« 28
           3.2.3   Alternative Modelle des Schulanfangs 30
           3.2.4   Fazit zur Organisation des Schuleingangsunterrichts . 31

4 Rahmenbedingungen des Schulanfangs in Deutschland: Föderale Vielfalt oder Gefahr regionaler Bildungsungleichheit? 32
    4.1   Stichtagsregelungen 32
    4.2   Vorzeitige Einschulungen und Rückstellungen 34
    4.3   Schulärztliche Untersuchung 36
    4.4   Anmeldung in der Grundschule 37

5	**Individuelle Merkmale der Schulbereitschaft: Welche Kompetenzen braucht ein Kind für einen erfolgreichen Schulstart?**	39
5.1	Sprachliche Kompetenzen	42
	5.1.1 Kinder mit Defiziten in der deutschen Sprache	45
	5.1.2 Relevante sprachliche Kompetenzbereiche	47
5.2	Bereichsspezifische kognitive Vorläuferfertigkeiten	49
	5.2.1 Literale Basiskompetenzen als Vorläufer des Schriftspracherwerbs	49
	5.2.2 Frühe Vorläufer mathematischer Kompetenzen	53
5.3	Sozial-emotionale und motivationale Voraussetzungen	56
	5.3.1 Sozial-emotionale Kompetenzen	56
	5.3.2 Motivationale Voraussetzungen	62
5.4	Selbstregulation als übergeordnete Schlüsselkompetenz der Schulbereitschaft	65
	5.4.1 Woran erkennt man gute Selbstregulation vor Schuleintritt?	66
	5.4.2 »Heiße« und »kalte« Prozesse der Selbstregulation	67
	5.4.3 Exekutive Funktionen	67
	5.4.4 Selbstregulation und spätere Schulleistungen	69
5.5	Einschätzung der Merkmale der Schulbereitschaft aus Sicht von Eltern, pädagogischen Fachkräften und Lehrkräften	70
6	**Schuleingangsdiagnostik: Wie lässt sich die Schulbereitschaft eines Kindes feststellen?**	**72**
6.1	Methodische Ansätze der Schuleingangsdiagnostik	73
	6.1.1 Verhaltensbeobachtungen im Alltag	73
	6.1.2 Standardisierte und normierte diagnostische Verfahren	74
6.2	Traditionelle Schulfähigkeitstests	75
6.3	Aktuelle Entwicklungs- und Schulfähigkeitstests	77
	6.3.1 Diagnostische Verfahren in der ärztlichen Schuleingangsuntersuchung	77
	6.3.2 Weitere Entwicklungs- und Schulfähigkeitstests	81
	6.3.3 Verfahren zur Erfassung spezifischer Kompetenzbereiche	85
	6.3.4 Diagnostik von Vorläuferkompetenzen des Schriftspracherwerbs	88
	6.3.5 Diagnostik früher mathematischer Basiskompetenzen	90
	6.3.6 Kombinierte Verfahren zur Erfassung bereichsspezifischer Kompetenzen	92
	6.3.7 Verfahren zur Diagnostik selbstregulativer Kompetenzen	93
	6.3.8 Verfahren zur Diagnostik der Lernausgangslage	95

7	**Förderung der Schulbereitschaft**		**97**
	7.1	Kompensatorische Angebote für Kinder mit Förderbedarf in Deutschland	97
	7.2	Fördermaßnahmen im Rahmen der Schulvorbereitung in den Kindertageseinrichtungen	99
		7.2.1 Maßnahmen zur Sprachförderung vor der Einschulung	99
		7.2.2 Förderung der frühen Literalität	102
		7.2.3 Förderung der phonologischen Bewusstheit	103
		7.2.4 Förderung früher mathematischer Kompetenzen	105
		7.2.5 Förderung sozial-emotionaler Kompetenzen	108
	7.3	Internationale Programme zur Erhöhung der Schulbereitschaft durch Förderung der kindlichen Selbstregulation	111
8	**Fazit**		**115**
Literatur			**118**

1   Einführung

Die Einschulung ist ein zentrales und einschneidendes Ereignis im Leben jedes Kindes und markiert zugleich das Ende der frühen und den Beginn der mittleren Kindheit. Für die meisten Kinder ist der Übergang zum Schulkind sehr positiv besetzt. Er bedeutet in ihrer subjektiven Wahrnehmung einen »Statusgewinn« und ist mit positiven Veränderungen des Selbstbildes verbunden. Sie erwarten die Einschulung mit Neugier, Vorfreude und Spannung; viele fiebern ihr regelrecht entgegen. Auch Eltern und pädagogische Fachkräfte haben oft das Gefühl, dass es nun endlich »Zeit werde«, und dass die Kinder der vorschulischen Betreuung »entwachsen« seien.

Zugleich geht der Schritt in die Schule mit vielen neuen Herausforderungen einher, die manchmal auch zu Ängsten führen können. Bei einigen Eltern löst die bevorstehende Veränderung daher mitunter auch »Bauchschmerzen« und Befürchtungen aus, ob ihr Kind den Anforderungen der Schule tatsächlich schon gewachsen ist. In seltenen Fällen wird die bevorstehende Einschulung sogar in Frage gestellt und gemeinsam mit pädagogischen Fachkräften überlegt, ob der Zeitpunkt des Schuleintritts im Interesse des Kindes durch eine Rückstellung hinausgeschoben werden sollte.

Auf der anderen Seite gibt es Kinder, die vom Alter her noch nicht schulpflichtig sind, bei denen Eltern und Fachkräfte jedoch das Gefühl haben, diese seien in der Kindertageseinrichtung bereits unterfordert und schon bereit, den Übergang in die Grundschule zu bewältigen, sodass über eine frühzeitige Einschulung nachgedacht wird.

Oft ist es nur ein diffuses Gefühl, dass das Kind schon »so weit« sei – oder eben noch nicht. Dann ist der Rat von Fachleuten gefragt. Anhand detaillierter Diagnostik können sie klären, über welche Fähigkeiten und Fertigkeiten das Kind bereits verfügt, und ob möglicherweise Entwicklungsauffälligkeiten oder gar -defizite vorliegen.

Genau genommen lässt sich der Übergang nicht auf das singuläre Ereignis des ersten Schultags beschränken; vielmehr handelt es sich um einen längeren Prozess, der mit der Schulvorbereitung in der Kindertageseinrichtung beginnt und erst nach Abschluss der Schuleingangsphase der Grundschule abgeschlossen ist. Das Gelingen oder Misslingen dieses Prozesses kann anhaltende Auswirkungen auf die gesamte schulische Entwicklung des Kindes haben.

Doch woran wird die Einschätzung, ob ein Kind »bereit« für die Schule ist, überhaupt festgemacht? Reicht es, wenn es über längere Zeit stillsitzen und einen Stift korrekt halten kann? Oder andersherum gefragt: Ist ein Kind automatisch nicht schulbereit, wenn es diese Dinge noch nicht beherrscht? Wie sieht es mit spezifischen schulrelevanten Kompetenzen aus – erleichtert es den Übergang, wenn ein Kind schon viele Zahlen und Buchstaben kennt, oder ist es im Gegenteil vielleicht eher hinderlich, wenn es bei der Einschulung schon zu viel Wissen mitbringt? Welche konkreten Voraussetzungen benötigt ein Kind eigentlich, um den Übergang in die Schule erfolgreich zu bewältigen und in den ersten Schuljahren die Grundlagen für eine möglichst günstige Lernentwicklung in seiner weiteren Schullaufbahn legen zu können?

Zu manchen dieser Fragen herrscht auch unter Fachleuten keine eindeutige Übereinkunft. Studien zeigen, dass die Gewichtung unterschiedlicher Bereiche der Schulbereitschaft zwischen verschiedenen Berufsgruppen, wie Grundschullehrkräften und pädagogischen Fachkräften im Vorschulbereich, aber auch Eltern nicht einheitlich ausfällt. Unstrittig ist nur, dass die Schulbereitschaft viele Dimensionen umfasst und sich aus unterschiedlichen Kompetenzen zusammensetzt. Im vorliegenden Buch wird das multidimensionale Konzept der Schulbereitschaft aus verschiedenen Perspektiven betrachtet und die empirischen Befunde unterschiedlicher Disziplinen zusammengetragen. Dabei liegt der Schwerpunkt auf entwicklungspsychologischen Befunden zu den kindlichen Lernvoraussetzungen für einen erfolgreichen Schuleintritt. Hierzu werden wir sowohl übergreifende Kompetenzen darstellen, die sich auf die Lernentwicklung in allen schulischen Bereichen auswirken, wie die sprachliche und die sozial-emotionale Entwicklung des Kindes und seine Fähigkeit zur Selbstregulation, als auch bereichsspezifische Merkmale thematisieren, die für einen bestimmten inhaltlichen Lernbereich, insbesondere den Erwerb des Lesens, Schreibens oder Rechnens, von Bedeutung sind.

Die Einschätzung der Schulbereitschaft eines Kindes sollte nie allein auf einem »Bauchgefühl« basieren – insbesondere dann, wenn Zweifel bestehen, ob das Kind über die notwendigen Kompetenzen verfügt, um den Übergang erfolgreich zu bewältigen. Stattdessen sollte die Entscheidung immer auf Grundlage einer gründlichen, auf die individuelle Ausgangslage des Kindes zugeschnittenen Diagnostik mit evaluierten und etablierten diagnostischen Verfahren erfolgen. Diese soll Rückschlüsse auf Kompetenzen, eventuelle Defizite, aber auch Stärken des Kindes erlauben und gegebenenfalls die Basis für die Auswahl geeigneter Fördermaßnahmen darstellen. Entsprechend werden in diesem Buch die gängigen zur Schuleingangsdiagnostik verwendeten Verfahren für die verschiedenen Merkmalsbereiche vorgestellt.

Bestehen in einem oder mehreren Kompetenzbereichen relevante Entwicklungsrückstände oder gar Defizite, die das Gelingen des Übergangs fraglich erscheinen lassen, ist zu entscheiden, welche kompensatorischen Maßnahmen eingeleitet werden können, um die Schulbereitschaft frühzeitig zu fördern. Hier wollen wir einen Einstieg in die Grundsätze der vorschulischen Entwicklungsförderung geben sowie spezifische Ansätze zur Förderung in den verschiedenen Merkmalsbereichen vorstellen, deren Wirksamkeit empirisch belegt ist.

Lange Zeit wurde die Schulbereitschaft nur als ein individuelles Merkmal eines einzelnen Kindes aufgefasst, das losgelöst von den Rahmenbedingungen betrachtet werden könnte. Das ist aber nur die eine Seite der Medaille. Vollständig lässt sich die Schulbereitschaft nur im Kontext der jeweiligen vorschulischen und schulischen Bedingungen beschreiben. So kann es für die Lernentwicklung eines Kindes einen großen Unterschied machen, ob es in eine familiäre oder aber eine sehr große Klasse eingeschult wird, ob es in eine jahrgangsgemischte oder eine altershomogene Lerngruppe kommt, ob an seiner Schule ein Konzept mit einem eher »sanften« Übergang besteht oder eines, das mit einschneidenden Veränderungen einhergeht. Ebenso spielt es eine Rolle, ob es in der vorschulischen Einrichtung behutsam und entwicklungsangemessen auf den Übergang vorbereitet wurde oder eben nicht. Aus systemischer Sicht lautet die korrekte Frage daher nicht einfach, ob ein Kind schulbereit ist, sondern ob es bereit für einen erfolgreichen Übergang an eine spezifische Schule mit den dort gegebenen Fördermöglichkeiten ist. Folglich lässt sich die Frage der »Bereitschaft« auch umgekehrt formulieren: Nicht nur die Kinder müssen bereit für die Schule sein, sondern auch die Schule muss bereit für die aufzunehmenden Kinder sein. Als Konsequenz dieses Gedankens verlagerte sich der Schwerpunkt der Diskussion in den vergangenen Jahrzehnten von der einseitigen Fokussierung auf die kindlichen Voraussetzungen zu den Bedingungen für eine optimale Passung zwischen kindlichen Merkmalen und Umweltfaktoren. Schulorganisatorische Reformen, wie die Entwicklung und Erprobung der Neuen Eingangsstufe, waren Folge dieser Erkenntnis. Um dem systemischen Gesamtkontext des Schuleintritts Rechnung zu tragen, werden in diesem Buch daher auch die relevanten Umgebungsfaktoren des Übergangs dargestellt. Insbesondere wird hier auf die Bildungspläne der Bundesländer für den Elementarbereich sowie aktuelle Konzeptionen der Schuleingangsphase eingegangen.

Auch die formalen Rahmenbedingungen der Schulanmeldung können beeinflussen, ob ein Kind als schulbereit eingestuft wird. Hier zeigt sich in Deutschland eine sehr heterogene Ausgangslage, da sowohl die Stichtage für den Beginn der Schulpflicht als auch der Zeitpunkt und das Prozedere bei der Schulanmeldung sowie die zur Feststellung der Schulfähigkeit verwendeten Verfahren und Kriterien stark variieren. Mit einem Überblick über die relevanten Aspekte versuchen wir, einen Eindruck von der ausgeprägten Heterogenität des Einschulungsprozesses in Deutschland zu vermitteln.

Wir hoffen, dass es mit diesem Buch gelingt, der Leserin und dem Leser das multidimensionale Konzept der »Schulbereitschaft« verständlicher zu machen und sie für die Vielzahl der dabei zu beachtenden Faktoren zu sensibilisieren.

2   Genese des Konzepts der Schulbereitschaft

Seit Mitte des letzten Jahrhunderts hat es im deutschsprachigen Raum immer wieder intensive fachliche Auseinandersetzungen dazu gegeben, was die relevanten Entwicklungsmerkmale für den erfolgreichen Schulstart eines Kindes sind, und von welchen Faktoren diese Merkmale beeinflusst werden. Dabei haben sich die Grundannahmen zur Entwicklung und Beeinflussbarkeit der relevanten Merkmale im Laufe der Zeit immer wieder geändert, was sich auch in einem wiederkehrenden Wandel der bevorzugten Begrifflichkeiten niederschlägt.

2.1   Schulreife als biologisches Konstrukt

Den Beginn der Einschulungsdiskussion in Deutschland markiert der Begriff der »Schulreife«, der in den 1930er Jahren geprägt und bis in die 1970er Jahre hinein in der Literatur verwendet wurde. Im Alltag wird dieser Begriff auch heute noch oft gebraucht, insbesondere von Eltern. In der Fachliteratur wird er dagegen inzwischen vermieden. Bekannt wurde das Konzept der Schulreife durch die Arbeit von Artur Kern, der sich in seinem Buch »Sitzenbleiberelend und Schulreife« (1951) ausführlich mit der hohen Quote von Klassenwiederholungen in den Nachkriegsjahren auseinandersetzte. Kern vertrat die These, dass dieses Schulversagen in den meisten Fällen auf eine Diskrepanz zwischen dem individuellen Entwicklungsstand des Kindes und den schulischen Anforderungen zurückzuführen sei. Wenn mit der Einschulung nur lange genug gewartet würde, so seine Überzeugung, sei fast jedes Kind in der Lage, die schulischen Anforderungen zu bewältigen.

Dem von Kern verwendeten Begriff der Schulreife lag die Vorstellung zugrunde, dass die Bereitschaft des Kindes für eine angemessene Auseinandersetzung mit schulischen Anforderungen in erster Linie von biologisch bedingten Reifungsprozessen abhänge, also rein endogen gesteuert sei. Ein Kind, dem eine fehlende »Schulreife« attestiert wurde, benötigte dieser Auffassung nach einfach zusätzliche Reifungszeit, durch die es dann ohne äußeres Zutun, quasi »aus sich selbst heraus«, den notwendigen Entwicklungsstand erreiche. Kern ging davon aus, dass die kindliche Entwicklung einem strikten biologischen Bauplan folgt, der die Abfolge der psychischen und somatischen Entwicklungsschritte festlegt. Um das siebte Lebensjahr herum nahm er einen reifungsbedingten Entwicklungsschub an, der bei den meisten Kindern zur Erlangung der Schulreife führt. Als Konsequenz aus diesen

Überlegungen forderte Kern eine Heraufsetzung des Einschulungsalters, um möglichst vielen Kindern ein schulisches Scheitern zu ersparen. Exogene Faktoren spielten seiner Ansicht nach für das Erreichen der »Reife« allenfalls eine untergeordnete Rolle. Daher hielt er zusätzliche Förder- oder Unterstützungsangebote für noch nicht »schulreife« Kinder nicht für erforderlich. Dieser Überzeugung folgend wurden bis in die 1960er Jahre hinein Kinder, die den schulischen Anforderungen noch nicht gewachsen schienen, im Allgemeinen ohne zusätzliche Förderung zurückgestellt, in der Erwartung, dass sie ein Jahr später automatisch bereit für einen erfolgreichen Schulbesuch seien – allein aufgrund der gewährten zusätzlichen Reifungszeit.

Heute ist unstrittig, dass die kindliche Entwicklung nicht ausschließlich endogen gesteuert ist, sondern durch viele äußere (exogene) Faktoren, wie etwa Einflüsse der familiären Umgebung und Verfügbarkeit und Qualität von Lerngelegenheiten, entscheidend mitbeeinflusst wird. Bereits in den späten 1960er Jahren setzte sich die Erkenntnis durch, dass bei Kindern mit Entwicklungsdefiziten ein reines »Abwarten« in den seltensten Fällen zum Erreichen der Schulfähigkeit führt. Ein Kind, das nach drei Jahren in einer vorschulischen Einrichtung (wie es heute mit Besuchsquoten von über 90 % der Kinder über drei Jahren in Deutschland die Regel ist, vgl. Autorengruppe Bildungsberichterstattung, 2022) noch nicht schulbereit ist, wird durch ein reines Verbleiben dort, also ein weiteres Jahr in der bisherigen Lernumgebung, mit dem gleichen Anregungsangebot und zudem altersmäßig jüngeren Spiel- und Lernkameraden, die noch fehlenden Fähigkeiten ohne zusätzliche Förderung kaum erwerben. Entsprechend forderte der Deutsche Bildungsrat (1970) bereits zu Beginn der 1970er Jahre, die Bildungsangebote in vorschulischen Einrichtungen systematisch auszubauen. In der Folge setzte langsam ein Umdenken im Umgang mit noch nicht schulbereiten Kindern ein: Diese wurden nicht mehr einfach zurückgestellt, sondern sollten durch gezielte Fördermaßnahmen bestmöglich gefördert werden.

2.2 Förderoptimismus und kompensatorische Frühförderung

Ab Ende der 1960er Jahre kam es zu einem radikalen Umdenken im vorschulischen Bereich, das mit einem ausgeprägten Förderoptimismus einherging. Eine bedeutende Rolle spielten dabei sozialpolitisch motivierte Bemühungen in den USA, herkunftsbedingte Ungleichheiten im Bildungssystem frühzeitig abzubauen. Dort wurde damals eine Reihe kompensatorischer Förderprogramme initiiert, die heute als Klassiker der Frühförderung und Pioniere der Evaluationsforschung gelten (▶ Kasten 1). Erste positive Ergebnisse dieser Maßnahmen hatten eine regelrechte Aufbruchstimmung im Bereich der Frühförderung zur Folge. Das erklärte Ziel dieser Projekte war es, Kindern aus sozial und ökonomisch benachteiligten Familien frühzeitig angemessene Anregungen und Förderung zu bieten, um mögliche Entwicklungsrückstände bis zum Schulbeginn auszugleichen und tiefgreifenden Defiziten rechtzeitig vorzubeugen. Durch bestmögliche Vorbereitung auf die schulischen Anforderungen sollten die Kinder, die zuvor in der Regel vor dem Schuleintritt keinerlei institutionelle Förderung erhalten hatten, bessere Startchancen für eine erfolgreiche Schulkarriere und damit zur gesellschaftlichen Teilhabe erhalten. Die ersten empirischen Befunde zur Effektivität dieser Förderprojekte waren sehr vielversprechend. Sie zeigten, dass der schulische Erfolg der teilnehmenden Kinder durch eine intensive vorschulische Förderung nachhaltig gesteigert werden konnte (Schweinhart & Weikart, 1980). Der damit einsetzende Förderoptimismus erhielt um die Jahrtausendwende neue Nahrung, als substanzielle Langzeiteffekte der damaligen Programme bis ins Erwachsenenalter hinein nachgewiesen wurden (Campbell et al., 2012; Schweinhart et al., 2005). Bildungsökonomen unterfüttern mit diesen Langzeiteffekten seit vielen Jahren ihre Argumente zur volkswirtschaftlichen Rentabilität frühkindlicher Fördermaßnahmen (Heckman et al., 2010; Kluge, 2005).

Diese Studien belegen eindrücklich, dass eine Perspektive, die das Erlangen der Schulbereitschaft als rein endogen gesteuerten Prozess betrachtet, zu kurz greift, da die kindliche Entwicklung in hohem Maße von den sozialen Bedingungen, unter denen das Kind aufwächst, beeinflusst wird. Durch den gezielten Ausgleich fehlender familiärer Anregungen lässt sich die Bereitschaft des Kindes für eine erfolgreiche Schullaufbahn also sehr wohl unterstützen. Entsprechend sehen moderne Konzepte der Schuleingangsstufe (▶ Kap. 3.2.2) vor, durch Schaffung optimaler Lerngelegenheiten in der schulischen Anfangsphase den Erwerb fehlender Kompetenzen zu erleichtern und eine höhere Chancengleichheit zu gewährleisten. Auch an diagnostizierte Defizite oder Rückstellungen vom Schulbesuch schließen sich heute in der Regel vielfältige Fördermaßnahmen an. In Kapitel 7 werden Beispiele hierfür dargestellt (▶ Kap. 7).

Kasten 1: Fokus: Klassiker der kompensatorischen Frühförderung

Im Zuge sozialpolitischer Bestrebungen zum Ausgleich herkunftsbedingter Unterschiede in den USA startete im Jahr 1962 in der Stadt Ypsilanti (Bundesstaat Michigan) ein Projekt, das heute als einer der Pioniere und Klassiker erfolgreicher Sozialpolitik gilt. An dem unter den Namen *HighScope Perry Preschool Project* bekannten Programm (Schweinhart et al., 1993) nahmen 123 überwiegend afroamerikanische Kinder aus prekären sozioökonomischen Verhältnissen teil, die zu Beginn der Studie drei bis vier Jahre alt waren. Insgesamt 58 dieser Kinder kamen während der beiden letzten Vorschuljahre in den Genuss eines halbtägigen Förderprogramms, die übrigen bildeten die Kontrollgruppe. Über die kindzentrierte Förderung hinaus hatte die Projektarbeit auch eine familienbezogene Komponente, die Hausbesuche der Familien und Beratung der Eltern in Bildungs- und Erziehungsfragen beinhaltete. Die Ergebnisse zeigten neben positiven Effekten unmittelbar nach Abschluss der Förderung auch ausgeprägte Effekte auf die spätere schulische Entwicklung und teilweise sogar eindrucksvolle

Langzeiteffekte bis ins Erwachsenenalter hinein (Schweinhart & Weikart, 1980; Schweinhart et al., 2005).

Als weiterer Klassiker der kompensatorischen Frühförderung gilt das ein paar Jahre später in North Carolina gestartete *Abecedarian Intervention Project* (Campbell & Ramey, 1994), das sich an eine ähnliche Zielgruppe wie das *Perry Preschool Project* richtete, aber bereits im Säuglingsalter ansetzte und eine noch intensivere Förderung und Betreuung der Familien beinhaltete. Auch aus diesem Projekt liegen Belege für beeindruckende Langzeiteffekte bis ins Erwachsenenalter hinein vor (Campbell et al., 2012), d.h., mit einer sehr aufwändigen Förderung lassen sich durchaus überdauernde Effekte bewirken.

Als Konsequenz aus den beschriebenen Ergebnissen startete in den USA 1965 das (bis heute) größte landesweite kompensatorische Bildungsprogramm *Head Start*. Auch dieses Programm verfolgt das Ziel, benachteiligten Kindern einen möglichst guten Start ins Bildungssystem und in der Folge in das gesellschaftliche Leben zu ermöglichen. Nach mehr als 50 Jahren haben mittlerweile fast 30 Millionen Kinder daran teilgenommen, im Jahr 2011 waren es immer noch fast eine Million Kinder pro Jahr (Mervis, 2011). Ähnlich dem *Perry Preschool Project* nimmt auch bei *Head Start* die Eltern- und Familienarbeit einen hohen Stellenwert ein.

Die empirischen Belege zur Wirksamkeit von *Head Start* fallen gemischt aus: Zwar zeigten sich kurzzeitig positive Effekte, längerfristig stellten die meisten Studien jedoch ein »Auswaschen« der Effekte mit der Zeit fest (Barnett & Hustedt, 2005). Nach der Jahrtausendwende kam es daher zunehmend zu Kritik an der kostenintensiven Förderung. Der amerikanische Kongress gab in der Folge eine sogenannte *Impact Study* in Auftrag, um die Effektivität der Programme zu überprüfen (U. S. Department of Health and Human Services, 2010). Hieran nahmen 4700 Kinder teil, die für das Schuljahr 2002/2003 an 380 *Head Start*-Zentren für ein einjähriges Programm angemeldet worden waren. Die Ergebnisse bestätigten im Wesentlichen die Befunde früherer Studien, zeigten also kurzfristig positive Auswirkungen, jedoch kaum andauernde Effekte. Befürworter von *Head Start* führen das Ausbleiben überdauernder Effekte vor allem darauf zurück, dass ehemalige *Head Start*-Kinder später oftmals öffentliche Schulen von geringer Qualität besuchten, was die Effekte der Programme langfristig unterminiere. Zudem werde unter der Bezeichnung *Head Start* inzwischen eine Vielzahl von qualitativ sehr unterschiedlichen Förderprogrammen durchgeführt (vgl. Mervis, 2011). Obwohl das Ansehen von *Head Start* im Laufe der Zeit also etwas nachgelassen hat und es inzwischen eine ganze Reihe attraktiver Alternativen gibt, gilt *Head Start* auch heute noch als »das Original« unter den sozialpolitisch-kompensatorisch inspirierten Bildungsprogrammen in den USA.

2.3 Schulfähigkeit des Kindes oder Kindfähigkeit der Schule? Ökosystemische Transitionsmodelle

Auch wenn seit den 1970er Jahren unstrittig ist, dass die Schulbereitschaft eines Kindes prinzipiell beeinflussbar ist, wurde sie weiterhin primär eigenschaftstheoretisch verstanden, d. h. als individuelles Merkmal eines Kindes. Entsprechend galt es nach wie vor als vorrangige Aufgabe der Schuleingangsdiagnostik, anhand spezifischer Kriterien »schulfähige« Kinder von noch nicht schulfähigen zu differenzieren. Dabei stand der kognitive Entwicklungsstand der Kinder lange Zeit im Fokus der Diagnostik, während andere, heute als ebenso relevant erkannte Kompetenzbereiche vernachlässigt wurden. Auch wenn moderne Schuleingangsdiagnostik heute breiter ausgelegt ist und längst keine rein selektive Funktion mehr erfüllt, sondern das Ziel einer adaptiven, individuellen Förderung jedes einzelnen Kindes verfolgt, sieht sie sich weiter mit Kritik aus verschiedenen Richtungen konfrontiert.

Neben einer grundsätzlichen Ablehnung psychologisch-diagnostischer Ansätze durch Teile der Früh- und Elementarpädagogik wurden die eigenschaftstheoretischen Konzepte auch aus ökologisch-systemischer Perspektive kritisiert. In der Tradition von Bronfenbrenner (1981) sieht dieser Ansatz die Schulfähigkeit nicht als individuelles Merkmal des Kindes, sondern als eine gemeinsame Aufgabe des Systems aller Beteiligten, d. h. der Familie, der Kindertageseinrichtung und der Schule. Dieser Ansatz wurde in systemischen Transitionsmodellen weiter ausgearbeitet (vgl. z. B. ökologisch-psychologisches Schulreifemodell von Nickel, 1990; oder IFP-Modell, Griebel & Niesel, 2011). Schulfähigkeit wird in systemischen Transitionsmodellen als eine Kompetenz des gesamten sozialen Systems verstanden, die durch Prozesse der Ko-Konstruktion zwischen den verschiedenen Beteiligten entsteht. Hierzu tragen neben dem Kind selbst und seinen individuellen Voraussetzungen auch Kompetenzen der Systeme Familie, Kindertageseinrichtung und Schule bei. Die Schulfähigkeit wird dabei als optimale Passung zwischen den Voraussetzungen des Kindes und den verschiedenen Teilsystemen verstanden. Diese Passung, die zugleich immer das Ergebnis der Wechselwirkung zwischen den verschiedenen ökologischen Teilsystemen ist, bildet also das gemeinsame Ziel der pädagogischen Arbeit aller Beteiligten (Nickel, 1990).

Auf der Seite der Familie wirken sich laut Griebel und Niesel (2011) insbesondere die Bindungsqualität, die Qualität der Eltern-Kind-Interaktion sowie die Anpassungsfähigkeit der Familie auf die Entwicklung der Schulfähigkeit aus. Zu den relevanten Merkmalen von Kindertageseinrichtung und Schule gehören neben den persönlichen und beruflichen Kompetenzen und pädagogischen Orientierungen der Fachkräfte in beiden Institutionen auch systemische Kompetenzen der Einrichtungen auf den programmatischen Ebenen. Damit sind sowohl die konkreten Konzepte der jeweiligen Einrichtungen, etwa der Stellenwert individueller Förderung oder die Gestaltung der Schuleingangsphase, als auch die übergeordneten Lehr- und Bildungspläne für den schulischen und vorschulischen Bereich gemeint. Eine gute Passung der Konzepte von Kindertageseinrichtung und Schule, d. h. eine anschlussfähige Definition von Bildungszielen, ist aus systemtheoretischer Sicht günstig für die Ko-Konstruktion der Schulfähigkeit. Zudem ist die Kooperation auf der strukturellen Ebene von Bedeutung, also die Effektivität der institutionalisierten und informellen Kommunikation zwischen den Beteiligten.

Das Zusammenspiel der verschiedenen Faktoren beim Entstehen der Schulbereitschaft wird pointiert beschrieben durch den heute in der Kindheitspädagogik häufig verwendeten Begriff der »Kindfähigkeit der Schule« als Gegenpol zur »Schulfähigkeit des Kindes«. Dieser Begriff bringt zum Ausdruck, dass die Erwartungen und Anforderungen der Schule an die Schulanfänger und das Ausmaß ihrer Bereitschaft, jedes Kind in seiner Individualität anzunehmen, für einen erfolgreichen Schulanfang ebenso wichtig sind wie der individuelle Entwicklungsstand des Kindes. Damit wird die Verantwortlichkeit für das Gelingen des Übergangs nicht mehr einseitig dem Kind und seinen Kompetenzen und Fähigkeiten zugeschrieben, sondern der Passung zwischen seinen individuellen Voraussetzungen und den konkreten Gegebenheiten der aufnehmenden Schule (Griebel & Minsel, 2007).

Da der gemeinsame Prozess der Entwicklung der Schulfähigkeit nach dieser Definition erst nach Abschluss der Schuleingangsphase abgeschlossen ist, kann die Schulfähigkeit des Kindes folglich auch nicht mehr als Selektionskriterium *vor* der Einschulung fungieren. Vielmehr muss der Schulanfangsunterricht der Heterogenität der kindlichen Voraussetzungen Rechnung tragen.

Diese systemische Grundidee liegt der Entwicklung der unterschiedlichen Konzepte der Schuleingangsphase in den letzten 50 Jahren zugrunde (▶ Kap. 3.2.2). Die heute in verschiedenen Formen praktizierten Modelle der »Neuen Eingangsstufe« verfolgen ähnliche Ziele, nämlich einen an den Bedarfen der Kinder orientierten, also »kindfähigen« Anfangsunterricht, der auf jede Form der Vorselektion verzichtet, d.h., alle Kinder werden in die Grundschule aufgenommen und dort ihren individuellen Voraussetzungen entsprechend gefördert (▶ Kap. 3.2).

2.4 Schulbereitschaft als Oberbegriff für die individuellen Voraussetzungen eines gelingenden Schulstarts

Obwohl die Bedeutung des Konzepts »Schulreife« im Laufe der geschilderten Auseinandersetzungen immer wieder angepasst wurde, behielt der Begriff doch stets einen Beigeschmack im Sinne seiner ursprünglichen Definition als endogen gesteuerter Reifungsvorgang. Daher wurde der Begriff im fachlichen Diskurs inzwischen immer mehr durch den der »Schulbereitschaft« ersetzt. Dieser Begriff umfasst die Entwicklungsvoraussetzungen, die das Kind zur erfolgreichen Bewältigung des Schulanfangsunterrichts benötigt, und erkennt zugleich den Einfluss schulischer, familiärer und weiterer umweltbedingter Faktoren an, die zur Entwicklung dieser Voraussetzungen beitragen. Gegenüber dem Begriff der »Schulfähigkeit«, der den kognitiven Entwicklungsstand des Kindes stärker fokussiert, weist das Konzept der

Schulbereitschaft eine breitere Konnotation auf und bezieht auch motivationale und sozial-emotionale Faktoren mit ein. Der Begriff *Schulbereitschaft* umfasst alle individuellen Lernvoraussetzungen, die sich als bedeutsam für den Übergang von der vorschulischen Einrichtung in die Grundschule und die damit einhergehenden Anforderungen erwiesen haben.

Diese Definition berücksichtigt, dass systemische Faktoren auf Seiten der Familien, Kindertageseinrichtungen und Schulen zum schulrelevanten Entwicklungsstand des Kindes beitragen. In Kapitel 3 dieses Bandes werden die institutionellen Rahmenbedingungen in Kindertageseinrichtungen und Schulen thematisiert, die den Übergang des Kindes begleiten (▶ Kap. 3). Die zweifellos bedeutsamen familiären Einflüsse auf die kindliche Entwicklung und den erfolgreichen Übergang sind dagegen so vielfältig, dass wir uns aus Gründen der Schwerpunktsetzung entschieden haben, diese im vorliegenden Buch weitestgehend auszuklammern. Stattdessen liegt der Schwerpunkt dieses Buches auf der Entwicklung der individuellen Lernvoraussetzungen des Kindes, die in Kapitel 5 ausführlich behandelt werden (▶ Kap. 5).

Abschließend möchten wir an dieser Stelle die sehr breite Definition von Schulbereitschaft zitieren, die dem hessischen Modellprojekt »Qualifizierte Schulvorbereitung« (Hessisches Sozialministerium, 2014) zugrunde liegt:

> »Schulvorbereitung« dient nicht alleine der Vorbereitung auf die Schule, sie ist eine umfassende, ganzheitliche Vorbereitung auf das Leben. Sie beginnt mit der Geburt. Jedes Kind […] soll möglichst früh, optimal und nachhaltig gefördert werden. Kinder erwerben so all diejenigen Kompetenzen, die sie brauchen, um sich später in der Schule oder im Leben aktiv zu beteiligen, selbstständig und in der Interaktion mit anderen zu lernen, für sich selbst und andere Verantwortung übernehmen zu können und kompetent mit Wandel und Veränderung umzugehen. Das Ziel der Qualifizierten Schulvorbereitung ist, möglichst optimale Startchancen für alle Kinder herzustellen und damit zu mehr Chancengerechtigkeit im Bildungssystem beizutragen. (Hessisches Sozialministerium, 2014, S. 14)

3 Schulbereitschaft aller Kinder sichern: Eine gemeinsame Aufgabe von Kindertageseinrichtungen und Grundschulen

3.1 Vom Schonraum zum Bildungsraum – Die Perspektive der Kindertageseinrichtungen

Die Einschulung stellt einen entscheidenden Einschnitt in der Bildungsbiographie jedes Kindes dar. Auch wenn moderne Konzeptionen des Schulanfangsunterrichts betonen, dass die Sicherstellung der Schulbereitschaft auch eine Aufgabe der Schule ist, gilt nach wie vor, dass wichtige schulrelevante Kompetenzen im Vorschulalter erworben werden. Ökologisch-systemische Transitionsmodelle (▶ Kap. 2.3) sehen in den vorschulischen Einrichtungen daher einen zentralen Akteur, der gemeinsam mit dem Kind, den Eltern und der Schule die Aufgabe hat, die Schulbereitschaft des Kindes sicherzustellen. Entsprechend spielen die Anschlussfähigkeit der in Kindertageseinrichtung und Grundschule verfolgten Bildungsziele sowie die Kooperation zwischen beiden Einrichtungen eine entscheidende Rolle für das Gelingen des Übergangs.

Im Selbstverständnis der elementarpädagogischen Einrichtungen in Deutschland ist der Stellenwert schulvorbereitender Aktivitäten im Vergleich zu anderen Bildungs- und Erziehungsaufgaben, insbesondere dem sozialen Lernen, auch heute noch umstritten. Viele pädagogische Fachkräfte in den Einrichtungen stehen der Betonung einer frühen, oft kognitiv ausgerichteten Schulvorbereitung eher skeptisch gegenüber. Dies hat seine Wurzeln auch im traditionell unterschiedlichen Selbstverständnis von Kindertageseinrichtung und Grundschule in Deutschland, welches lange Zeit von starken Tendenzen der Abgrenzung geprägt war. Über Jahrzehnte hinweg waren deutsche Kindergärten geprägt vom Ideal eines Schonraums für die »ganzheitliche«, persönliche und soziale Entfaltung des Kindes, der möglichst frei von Leistungsdruck und schulnahen Anforderungen sein sollte. Erst in den letzten Jahrzehnten kam es auch in der deutschen Elementarpädagogik zu einer zunehmenden Berücksichtigung der Erkenntnis, dass die Grundlagen der schulischen Kompetenzentwicklung bereits in den Vorschuljahren gelegt werden, und dass eine spielerische und entwicklungsangemessene Förderung von Vorläuferfertigkeiten und Lernvoraussetzungen im Vorschulalter für die weitere Entwicklung der Kinder in hohem Maße bedeutsam ist. Einen wichtigen Beitrag hierzu hat die Entwicklung der Bildungspläne der Bundesländer geleistet, die dem Elementarbereich erstmals einen expliziten Bildungsauftrag zuwiesen. Seit ihrer Einführung ist eine spürbare Annäherung der Institutionen zu beobachten: Die Etablierung einer engeren Zusammenarbeit zwischen Kindertageseinrichtungen und

Grundschulen soll dazu beitragen, die institutionellen Bedingungen des Übergangs zu optimieren. Institutionsübergreifende Bildungspläne liefern hierfür gute Grundlagen. Zentrale Voraussetzung für das Gelingen der Zusammenarbeit ist ein vertrauensvolles Miteinander und eine respektvolle Kooperation auf Augenhöhe, die von gegenseitiger Wertschätzung geprägt ist.

3.1.1 Bildungspläne für den Elementarbereich

Die Ergebnisse der internationalen Schulleistungsstudie PISA (Deutsches PISA-Konsortium, 2001) entfachten um die Jahrtausendwende in Deutschland eine politische und öffentliche Diskussion über die Qualität des Bildungssystems. Obwohl der Elementarbereich gar nicht Thema der genannten Studien war, rückte er unversehens ins Zentrum bildungspolitischer Kontroversen. Von vielen Seiten wurde gefordert, mit der individuellen Förderung der Kinder früher zu beginnen, um gravierende schulische Defizite und Ungleichheiten gar nicht erst entstehen zu lassen. 2004 veröffentlichten die Jugendminister- und die Kultusministerkonferenz einen *Gemeinsamen Rahmen der Länder für die frühe Bildung in Kindertageseinrichtungen*, in dem dem Elementarbereich erstmals ein eigenständiger Bildungsauftrag zugewiesen und konkretisiert wurde.

Während für Schulen verbindliche Lehrpläne seit Langem selbstverständlich sind, existierten im Elementarbereich in Deutschland bis dahin keine vergleichbaren Vorgaben. Dies hängt neben dem bereits genannten unterschiedlichen Selbstverständnis der Einrichtungen auch mit den formalen Zuständigkeiten in Deutschland zusammen: Auch heute noch fällt die Verantwortung für den vorschulischen Bereich in vielen Bundesländern nicht in die Zuständigkeit der Kultusministerien, sondern in die der Sozial-, Jugend- oder Familienministerien. Hinzu kommt, dass die Einrichtungen von unterschiedlichen, zumeist kommunalen, konfessionellen oder privaten Trägern betrieben werden. Aufgrund der gesetzlich verankerten Trägerautonomie besteht eine enorme Bandbreite bezüglich der in Kindertageseinrichtungen verwendeten pädagogischen Ansätze und Konzeptionen und der vermittelten Weltanschauung (für einen Überblick vgl. Gold & Dubowy, 2013).

In der Rahmenfeststellung formulierten die 16 Bundesländer erstmals gemeinsam die Leitprinzipien zum Bildungsauftrag von Kindertageseinrichtungen im Elementarbereich, um den Bildungsgedanken verbindlich in die Einrichtungen zu tragen. Dieser Rahmen enthält zwar einen weithin akzeptierten Konsens zu den Grundprinzipien von Bildung im Elementarbereich, ist aber eher allgemein und unverbindlich gehalten. Zur konkreten Ausgestaltung wurden die Bundesländer aufgefordert, spezifischere Bildungs- oder Rahmenpläne zu erarbeiten, die die Ziele und Anforderungen an die frühe Bildung in den Einrichtungen ihres Landes festlegen. Hierzu heißt es:

> Bildungspläne sind Orientierungsrahmen, auf deren Grundlage die Tageseinrichtungen unter Berücksichtigung der lokalen Gegebenheiten träger- oder einrichtungsspezifische Konzeptionen erstellen. Sie enthalten keinen umfassend geregelten Ablauf der pädagogischen Arbeit, belassen einen großen pädagogischen Freiraum und setzen auf die Berücksichtigung individueller Unterschiede und spielerischer, erkundender Lernformen. (Jugendministerkonferenz/Kultusministerkonferenz, 2004, S. 2)

Als Konsequenz entstanden die ersten Bildungspläne der Bundesländer für den Elementarbereich. Entsprechend der Vorgaben finden sich auch darin keine verbindlichen Festlegungen, sondern eher übergreifende Zielvorstellungen und allgemeine Hinweise zum pädagogischen Handeln. Die eingeschränkte Verbindlichkeit der Bildungspläne wird oft schon an der Namensgebung deutlich, etwa durch die Betitelung als »Orientierungsplan« oder »Bildungs- und Erziehungsempfehlungen«.

Bei der Erstellung der Bildungspläne gingen die Bundesländer unterschiedliche Wege. Während einige Länder externe Institutionen, wie z. B. Universitäten oder das bayerische Staatsinstitut für Frühpädagogik, mit der Erarbeitung eines Bildungsplans beauftragten und die so entstandenen Entwürfe erst anschließend zur Diskussion in der Praxis stellten, gingen andere Länder den umgekehrten Weg und banden öffentliche und private Träger von vornherein in die Entwicklung ihrer Bildungspläne ein. Dieser Unterschied in der Entstehungsgeschichte spiegelt sich oft im Umfang und in der mehr oder weniger ausgeprägten Theoriebezogenheit der Produkte wider. Davon unabhängig durchliefen die meisten Pläne verschiedene Erprobungsphasen, in denen Anregungen und Rückmeldungen aus der Praxis aufgegriffen wurden. Für die Akzeptanz der Bildungspläne durch die in ihrer Arbeit unmittelbar betroffenen pädagogischen Fachkräfte erscheint ein solches Vorgehen unerlässlich.

Immer wieder wurden die Bildungspläne überarbeitet und angepasst, ohne dass sie dadurch in ihrer Ausgestaltung, ihren Schwerpunktsetzungen und ihrem Umfang einheitlicher wurden. So stehen im Jahr 2023 etwa 33 Textseiten in Brandenburg über 500 Seiten in Bayern gegenüber. Tabelle 1 gibt einen Überblick über die derzeit vorliegenden Bildungspläne (Stand: Herbst 2023, ▶ Tab. 1).

Tab. 1: Überblick über die Bildungspläne der 16 Bundesländer (Stand: Herbst 2023)

Bundesland	Titel	Aktuelle Version
Baden-Württemberg	Orientierungsplan für Bildung und Erziehung in baden-württembergischen Kindergärten und weiteren Kindertageseinrichtungen	2011
Bayern	Der Bayerische Bildungs- und Erziehungsplan für Kinder in Tageseinrichtungen bis zur Einschulung	2019
Berlin	Berliner Bildungsprogramm für Kitas und Kindertagespflege	2014
Brandenburg	Grundsätze elementarer Bildung in Einrichtungen der Kindertagesbetreuung im Land Brandenburg	2016
Bremen	Pädagogische Leitlinien zum Bildungsplan für Kinder von 0 bis 10 Jahren	2018
Hamburg	Hamburger Bildungsempfehlungen für die Bildung und Erziehung von Kindern in Tageseinrichtungen	2012
Hessen	Bildung von Anfang an: Bildungs- und Erziehungsplan für Kinder von 0 bis 10 Jahren in Hessen	2019

Tab. 1: Überblick über die Bildungspläne der 16 Bundesländer (Stand: Herbst 2023) – Fortsetzung

Bundesland	Titel	Aktuelle Version
Mecklenburg-Vorpommern	Bildungskonzeption für 0- bis 10-jährige Kinder in Mecklenburg-Vorpommern	2011
Niedersachsen	Orientierungsplan für Bildung und Erziehung im Elementarbereich niedersächsischer Tageseinrichtungen	2023
Nordrhein-Westfalen	Bildungsgrundsätze für Kinder von 0 bis 10 Jahren in Kindertagesbetreuung und Schulen im Primarbereich in Nordrhein-Westfalen	2018
Rheinland-Pfalz	Bildungs- und Erziehungsempfehlungen für Kindertagesstätten in Rheinland-Pfalz plus Qualitätsempfehlungen	2018
Saarland	Bildungsprogramm mit Handreichungen für saarländische Krippen und Kindergärten	2018
Sachsen	Der Sächsische Bildungsplan – ein Leitfaden für pädagogische Fachkräfte in Krippen, Kindergärten und Horten sowie für Kindertagespflege	2011
Sachsen-Anhalt	Bildung: elementar – Bildung von Anfang an. Bildungsprogramm für Kindertageseinrichtungen in Sachsen-Anhalt	2013
Schleswig-Holstein	Erfolgreich starten – Leitlinien zum Bildungsauftrag in Kindertagesstätten	2020
Thüringen	Thüringer Bildungsplan bis 18 Jahre	2019

Eigene Darstellung

In einem Resümee zum Zwischenstand der Konzeptionen unterscheidet Fthenakis (2010) zwischen Bildungsplänen der ersten und solchen der zweiten Generation. Als Bildungspläne der zweiten Generation bezeichnet er Konzeptionen, in denen explizit zwischen den zu vermittelnden Basiskompetenzen und den inhaltlichen Lernfeldern, in denen diese Kompetenzen in geeigneter Weise gefördert werden können, unterschieden wird. Die meisten aktuellen Bildungspläne nennen vier bereichsübergreifende Basiskompetenzen oder Schlüsselqualifikationen, die im Elementarbereich vermittelt werden sollen (teilweise unter Verwendung unterschiedlicher Begrifflichkeiten):

1. Sachkompetenz,
2. Methodenkompetenz,
3. persönliche Kompetenz und
4. Sozialkompetenz.

Die in den Plänen benannten inhaltlichen Lernfelder – wahlweise auch als Bildungsbereiche, Erfahrungs- oder Entwicklungsfelder bezeichnet – lassen sich in der

Regel den folgenden Bereichen zuordnen (wiederum mit unterschiedlichen Bezeichnungen und unterschiedlichem Differenzierungsgrad):

1. Sprache/Kommunikation/Medien,
2. Mathematik/Natur/Technik,
3. Sozialverhalten/Kultur/Wertevermittlung,
4. Musik/Kunst und
5. Gesundheit/Bewegung.

Eine überaus differenzierte Untergliederung der inhaltlichen Entwicklungsbereiche nimmt etwa der Hessische Bildungs- und Entwicklungsplan vor, der insgesamt 15 Bildungsbereiche aufführt.

Während die frühen Versionen der Bildungspläne in der Regel zumeist exklusiv für den Elementarbereich formuliert waren, sind neuere Konzeptionen zunehmend altersübergreifend konzipiert und decken neben dem Vorschulalter oft auch den Bereich der Grundschule (inkl. Horte und weitere Betreuungsangebote für Schulkinder) ab. Dies spiegelt die zunehmende Einsicht in die Bedeutung anschlussfähiger Bildungsprozesse und institutionenübergreifender Zusammenarbeit wider. Hessen hat beispielsweise schon 2007 einen Bildungs- und Entwicklungsplan vorgelegt, der institutionsübergreifend den gesamten Altersbereich von der Geburt bis zum zehnten Lebensjahr abdeckt. Diesem Beispiel folgten Mecklenburg-Vorpommern, Nordrhein-Westfalen und Bremen. Thüringen ging 2019 sogar noch einen Schritt weiter und legte einen Bildungsplan für Kinder und Jugendliche bis 18 Jahren vor. Dieser ist sehr breit angelegt und berücksichtigt neben den formalen, institutionellen Bildungsorten (vorschulische Einrichtungen und Schulen) auch nonformale und informelle Bildungsprozesse und -orte, wie Familien, Freizeitangebote und Jugendarbeit. Dabei wird die angestrebte Anschlussfähigkeit zu den schulischen Lehrplänen betont.

In allen Bildungskonzeptionen wird das Thema Übergang in die Schule ausführlich behandelt. Auch hier wird die Bedeutung der Anschlussfähigkeit der Bildungsziele und der engen Kooperation und Kommunikation zwischen den beteiligten Institutionen sowie zwischen diesen Institutionen und den Familien hervorgehoben. Inhaltlich findet sich die Förderung der Schulbereitschaft in den verschiedenen Lernfeldern wieder, insbesondere in den Bereichen Sprache/Kommunikation/Medien und Mathematik/Natur/Technik.

Da manche Konzeptionen sehr umfangreich ausfallen und eher abstrakt und wenig praxisnah gestaltet sind, haben einige Länder zusätzlich Handreichungen für die praktische Umsetzung im pädagogischen Alltag ergänzt, die praktische Beispiele und konkrete Hinweise zur Förderung enthalten.

Auch wenn die Bildungspläne wenig konkrete, verbindliche Vorgaben für die pädagogische Arbeit im Elementarbereich enthalten, wird darin die Bedeutung vorschulischer Bildung für die spätere Schullaufbahn explizit anerkannt und erstmals als Auftrag an die Einrichtungen festgeschrieben. Ein weiterer positiver Effekt der Bildungspläne liegt besteht darin, dass in ihnen der Arbeit der pädagogischen Fachkräfte endlich die lange überfällige Anerkennung und Wertschätzung entgegengebracht wird.

3.1.2 Die Gestaltung des Übergangs als institutionenübergreifende Aufgabe: Zur Kooperation zwischen Kindertageseinrichtung und Grundschule

Die Zusammenarbeit von vorschulischer Kindertageseinrichtung und Grundschule zur Bewältigung des Übergangs ist nicht nur in den Bildungsplänen der Bundesländer verankert, sondern wird auch in der Praxis mehr oder weniger flächendeckend praktiziert. Gemeinsame Maßnahmen, wie Besuche von Erstklässlern in den Kindertageseinrichtungen, Schnuppertage der Vorschulkinder in der Schule oder ihre probeweise Teilnahme am Schulunterricht haben sich bewährt. Darüber hinaus stellt ein regelmäßiger Austausch zwischen pädagogischen Fachkräften aus Kindertageseinrichtung und Schule eine wichtige, in der Praxis leider noch zu selten umgesetzte Maßnahme dar. In einer finnischen Längsschnittstudie (Ahtola et al., 2011) konnte gezeigt werden, dass sich gemeinsame Aktivitäten beider Einrichtungen positiv auf die späteren Schulleistungen der Kinder auswirken können.

Günstig für die Kooperation zwischen den Einrichtungen ist die Bildung von sogenannten Tandems, die aus einer Grundschule und einer oder mehreren »Zuliefereinrichtungen« bestehen. Erschwert wird diese Form der Zusammenarbeit in Fällen, in denen keine eindeutige Zuordnung von abgebenden und aufnehmenden Einrichtungen gegeben ist, wie etwa in Großstädten, wo Grundschulen oft Kinder aus einer Vielzahl verschiedener Einrichtungen aufnehmen und umgekehrt die Kinder derselben vorschulischen Einrichtung auf viele unterschiedliche Schulen wechseln.

Als Schlüsselelemente für eine gute Zusammenarbeit bei der gemeinsamen Gestaltung des Übergangs gelten der gegenseitige Respekt aller Beteiligten und eine Kooperation »auf Augenhöhe«. Nur wenn die Fachkräfte im Vorschulbereich und die Lehrkräfte in den Grundschulen die Rahmenbedingungen und die tägliche Arbeit der jeweils anderen Berufsgruppe kennen und deren fachliche Kompetenzen wertschätzen, kann eine vertrauensvolle Zusammenarbeit zum Wohle der übertretenden Kinder gelingen. Daneben ist die Schaffung von institutionellen Routinen zum wechselseitigen Austausch, wie regelmäßige Gespräche oder gegenseitige Besuche, idealerweise vor und nach der Einschulung, hilfreich. Um eine erfolgreiche Kooperation zwischen den Einrichtungen zu ermöglichen, müssen die pädagogischen Fachkräfte wissen, was die von ihnen betreuten Kinder in der Schule erwartet, und die Lehrkräfte eine Vorstellung davon haben, an welche Strukturen und Anforderungen die neu eingeschulten Kinder gewöhnt sind und welche Lernerfahrungen sie mitbringen.

In den letzten Jahren wurden vermehrt institutionenübergreifende Modellprojekte gestartet, die die Zusammenarbeit zwischen Kindertageseinrichtungen und Grundschulen weiter intensivieren sollen. Beispiele hierfür sind etwa das Projekt *Qualifizierte Schulvorbereitung* (QSV) in Hessen (Hessisches Ministerium für Soziales und Integration, 2014) oder das *Bildungshaus für Drei- bis Zehnjährige* in Baden-Württemberg (Ministerium für Kultus, Jugend und Sport Baden-Württemberg, 2010). Zentrale Elemente des letztgenannten, im Schuljahr 2007/08 gestarteten Modellprojekts sind gemeinsame Lern- und Spielzeiten in institutions- und jahrgangsübergreifenden Gruppen. Auf Basis des Orientierungsplans für die vorschulischen Einrichtungen und des Lehrplans der Grundschule soll ein pädagogischer Verbund entstehen, durch den die vorschulischen Einrichtungen und die Grundschulen nahtlos miteinander verknüpft werden.

Institutionenübergreifende Modellprojekte, die die gezielte Förderung der Schulbereitschaft als gemeinsame Aufgabe fokussieren, wie etwa das Projekt »Schulreifes Kind« in Baden-Württemberg, werden in Kapitel 7 dargestellt (▶ Kap. 7).

3.2 Lernen am Schulanfang: Konzepte der Grundschule

Bereits in den 1970er Jahren gab es im Rahmen milieuorientierter pädagogischer Ansätze verstärkte Bemühungen, den Anfangsunterricht in der Grundschule neu zu gestalten, um die Schule »kindfähig« zu machen. Die damals entwickelten Ideen konnten sich jedoch nicht flächendeckend durchsetzen. In den 1990er Jahren kam es abermals zur Entwicklung neuer Konzepte für die Gestaltung des Schulanfangs. Als besonders einflussreich hat sich das Modell der sogenannten »Neuen Eingangsstufe« erwiesen, das in zahlreichen Modellprojekten bundesweit evaluiert wurde.

3.2.1 Frühe Ansätze: Eingangsstufen, Vorklassen und Schulkindergärten

Schon in den 1970er Jahren gab es erste Versuche, den Schulanfang neu zu organisieren, um den Übergang in die Schule »kindgerechter« zu gestalten. Dabei verlief die Entwicklung in zwei parallelen Linien, die von der Bund-Länder-Kommission für Bildungsplanung (1974) einerseits und dem Deutschen Bildungsrat (1970, 1975) andererseits ausgingen. Beide Initiativen hatten zum Ziel, eine »Brückeninstitution« (Faust, 2006) zwischen Kindergarten und Grundschule zu etablieren, in der Kinder ohne Selektion ihren individuellen Ausgangslagen entsprechend gefördert und an das schulische Lernen herangeführt werden. Entsprechend wurden in mehreren Bundesländern Varianten des Übergangs erprobt, so z. B. Lernangebote in jahrgangsgemischten Gruppen im Kindergarten oder die Schaffung einer zweijährigen Eingangsstufe zur Förderung fünf- und sechsjähriger Kinder in der Grundschule (für einen Überblick vgl. Liebers, 2008). Alle diese Ansätze setzten einen Schwerpunkt auf die individuelle Förderung aller Kinder und den (kompensatorischen) Ausgleich sozialer Benachteiligungen. Unterschiedliche Modelle wurden in verschiedenen Bundesländern als Schulversuche oder an Muster- oder Reformschulen eingeführt und teilweise auch erfolgreich evaluiert (Bund-Länder-Kommission für Bildungsplanung, 1974), konnten sich aber letztlich nicht flächendeckend durchsetzen. In einigen Ländern gibt es jedoch auch heute noch einzelne Schulen, in denen diese Modelle umgesetzt werden (▶ Kap. 3.2.3).

Weitere Modelle, die aus dieser Zeit stammen, sind an den Grundschulen angesiedelte Vor(schul)klassen und Schulkindergärten. Während in ersteren, wie in den Eingangsstufen, alle Fünfjährigen ohne vorherige Selektion auf die Anforderungen der ersten Klasse vorbereitet wurden, erfolgte die Einrichtung der Schulkindergärten speziell zur vertieften Förderung von schulpflichtigen Kindern, die aufgrund ihres Entwicklungsstands vom Unterricht der ersten Klasse zurückgestellt wurden.

3.2.2 Die »Neue Eingangsstufe«

Die »Neue Eingangsstufe« greift einen Teil der Merkmale der beschriebenen Ansätze aus den 1970er Jahren wieder auf, setzt jedoch neue Schwerpunkte. Während damals eine wesentliche Zielsetzung der Reformen im Ausgleich von herkunftsbedingten Benachteiligungen lag, betont die Neue Eingangsstufe die Akzeptanz der Unterschiedlichkeit der kindlichen Lebensumstände und Ausgangsbedingungen. Dieser Ansatz trägt der Tatsache Rechnung, dass die Zusammensetzung der Schülerschaft in Regelschulen durch die Inklusion von Kindern mit sonderpädagogischem Förderbedarf, den gestiegenen Anteil von Kindern mit Migrationshintergrund und die insgesamt stärkere Pluralität der Familienmodelle in Deutschland gegenüber den 1970er Jahren deutlich heterogener geworden ist.

Auch die Neue Eingangsstufe setzt Ideen um, die sich aus den in Kap. 1.3 skizzierten ökosystemischen Transitionsmodellen (▶ Kap. 1.3) ableiten, d.h., es wird eine optimale Passung von Schule und Kind und eine Ausrichtung der schulischen Rahmenbedingungen an den kindlichen Bedarfen angestrebt. Die kindliche Schulbereitschaft gilt nicht mehr als notwendige Voraussetzung der Einschulung, sondern ihre Entwicklung wird zur zentralen Aufgabe des neu gestalteten schulischen Anfangsunterrichts. Folglich wird auf jede Form der vorgeschalteten Selektion verzichtet: Alle Kinder sollen in die Eingangsstufe aufgenommen und dort ihren jeweiligen Ausgangslagen entsprechend individuell unterrichtet werden. Kinder ohne hinreichende Schulbereitschaft, die früher zurückgestellt worden wären, werden integriert im Klassenverband gefördert. Die genannten Ziele sollen durch verschiedene Maßnahmen erreicht werden, die jedoch nicht in allen Varianten der Neuen Eingangsstufe vollständig realisiert werden.

Ein zentrales Kennzeichen des Modells ist die zusätzliche Förderung durch sozialpädagogische Fachkräfte, die in den Schuleingangsklassen im Team mit den Grundschullehrkräften unterrichten, um zusätzlichen Spielraum für individuelle Förderung, adaptiven Unterricht und offene Lernformen zu bieten. Ein weiteres wesentliches Merkmal ist die Lernzeitflexibilisierung, d.h. eine flexible Verweildauer von einem bis zu drei Jahren in Abhängigkeit von der individuellen Lerngeschwindigkeit des Kindes. Demnach durchlaufen nicht alle Kinder den Lernstoff der ersten beiden Schuljahre in derselben Zeit, sondern schwächere Schüler können drei Jahre in der Eingangsstufe bleiben, ohne dass das zusätzliche Jahr als Klassenwiederholung gewertet wird, während besonders leistungsstarke Schüler bereits nach einem Jahr in die dritte Klasse wechseln können. Im Idealfall geht die Lernzeitflexibilisierung mit jahrgangsübergreifendem Unterricht in den ersten beiden Klassen einher, sodass ein längeres oder kürzeres Verweilen in der Eingangsstufe nicht mit einem Wechsel der Klassengemeinschaft einhergeht. Dieser Baustein wird jedoch nicht immer umgesetzt. Eine weitere Variante der Neuen Eingangsstufe sieht die Kombination der Jahrgangsmischung mit einem zusätzlichen Einschulungstermin zum Halbjahr vor, d. h., jeweils vier Schülerkohorten werden in einem Klassenverband unterrichtet. Für die Kinder bedeutet diese Flexibilisierung, dass sich der Zeitpunkt der Einschulung stärker an ihrem individuellen Entwicklungsstand orientieren kann.

In den 1990er Jahren wurden in insgesamt 15 der 16 Bundesländer Modellprojekte zur Neuen Eingangsstufe gestartet (zur Übersicht vgl. Faust, 2006), in denen jedoch nicht immer alle zuvor beschriebenen Merkmale umgesetzt wurden. Zu diesen Projekten wurde eine Reihe von Evaluationen durchgeführt, allerdings handelt es sich dabei selten um systematische Vergleiche, sodass die Ergebnisse zum Teil wenig aussagekräftig sind.

In Hessen wurden in den Jahren 1994 bis 1999 verschiedene Formen der Realisierung der Neuen Eingangsstufe erprobt (vgl. ausführliche Darstellung bei Burk et al., 1998). Dabei zeigte sich, dass ein zusätzlicher Einschulungstermin zum Halbjahr mit mehr vorzeitigen Einschulungen und einer im Durchschnitt kürzeren Verweildauer in der Eingangsstufe einherging. Insgesamt kam es in Schulen mit Eingangsstufe in der gesamten Grundschulzeit seltener zu Klassenwiederholungen (Hessisches Kultusministerium, 2006).

Bei der Evaluierung der sogenannten FLEX-Klassen in Brandenburg (Liebers, 2008) zeigte sich, dass Klassen mit jahrgangsübergreifender Eingangsstufe in den länderübergreifenden Vergleichsarbeiten im Leseverständnis vergleichbare Leistungen und in der Lesegeschwindigkeit sowie in der Mathematik zum Teil leicht bessere Leistungen erreichten als Kinder in regulären Jahrgangsklassen. Der Anteil auffällig schwach lernender Kinder fiel in FLEX-Klassen geringer aus, was insofern bemerkenswert ist, als die in herkömmlichen Klassen praktizierte Selektion durch Rückstellungen oder Klassenwiederholungen hier nicht stattfand. Eine mögliche Interpretation hierfür ist, dass die individuelle Förderung in den FLEX-Klassen bei lernschwachen Kindern präventiv gewirkt haben könnte. Auch bezüglich der sozialemotionalen Entwicklung, z. B. bei den Indikatoren kindliches Wohlbefinden, Selbstkonzept, Lernfreude und Anstrengungsbereitschaft, schnitten die FLEX-Klassen durchschnittlich bis gut ab. Zudem deuten die Ergebnisse darauf hin, dass auch leistungsstarke Kinder von den FLEX-Klassen profitierten.

In der Evaluationsstudie zum Modellprojekt »Schulanfang auf neuen Wegen« in Baden-Württemberg (Arbeitskreis wissenschaftliche Begleitung »Schulanfang auf neuen Wegen«, 2006) konnte gezeigt werden, dass insbesondere Risikokinder hinsichtlich ihres Leseverständnisses und ihrer mathematischen Leistungen von der Aufnahme in die Schuleingangsstufe profitierten und das politische Ziel eines insgesamt niedrigeren Durchschnittsalters durch die Neugestaltung des Anfangsunterrichts ohne Nachteile für Kinder mit Entwicklungsrückständen erreicht wurde.

Seit Abschluss der Modellprojekte werden in vielen Bundesländern weiterhin Formen der neuen Schuleingangsstufe praktiziert, meist jedoch nicht flächendeckend, sondern nur regional oder als Angebot einzelner Schulen. Zudem werden oftmals, wie schon angedeutet, nicht alle der oben beschriebenen Merkmale des Modells umgesetzt. Insbesondere auf die Doppelbesetzung mit sozialpädagogischen Fachkräften wird aus Kostengründen häufig verzichtet, und auch die Jahrgangsmischung findet nicht in allen Schulen statt (vgl. Faust, 2006; Liebers, 2008). Mehrere Länder (z. B. NRW) haben die Neue Eingangsstufe offiziell zur Regel erklärt, allerdings wird auch hier oft nur ein Teil der Merkmale tatsächlich realisiert. Als Hinderungsgründe für die konsequente Umsetzung führt Faust (2006) in erster Linie den höheren Ressourcenbedarf an. Auch der erhöhte Arbeitsaufwand für Lehrkräfte, ein gesteigerter Fortbildungsbedarf während der Umstellung und fehlende Materialien erschweren den Einsatz in der schulischen Praxis.

3.2.3 Alternative Modelle des Schulanfangs

In einigen Ländern gibt es auch heute noch vereinzelt Schulen, in denen die in Kapitel 3.2.1 beschriebenen frühen Modelle der Eingangsstufe umgesetzt werden (▶ Kap. 3.2.1). So bestehen etwa in Hessen aktuell noch rund 50 Grundschulen mit einer Eingangsstufe, in die alle fünfjährigen Kinder ohne vorherige Selektion aufgenommen werden. Diese Form der Eingangsstufe umfasst zwei Jahre und ersetzt das letzte Vorschuljahr und das erste Schuljahr. Ein Team aus Grundschullehrkräften und sozialpädagogischen Fachkräften betreut die Kinder während dieser Zeit gemeinsam und führt sie behutsam an das Lernen und Arbeiten im Unterricht der Grundschule heran. An den zweijährigen Besuch der Eingangsstufe schließen sich die Klassen 2 bis 4 an, sodass die Grundschulzeit insgesamt fünf Jahre beträgt. Ein Teil dieser Schulen arbeitet mit Jahrgangsklassen, in anderen werden die beiden zur Eingangsstufe gehörigen Jahrgänge altersgemischt geführt.

Ebenfalls aus der Reformbewegung der 1970er Jahre stammen an Grundschulen angesiedelte Vorschulklassen für Fünfjährige, die als optionales Angebot aktuell noch in Hamburg bestehen. Für schulpflichtige Kinder, die aufgrund ihres Entwicklungsstands vom Schulbesuch zurückgestellt wurden, ist diese Option verpflichtend. Mit diesen Vorschulklassen, die von sozialpädagogischen Fachkräften geleitet werden, wird das Ziel verfolgt, die Kinder gezielt auf die erste Grundschulklasse vorzubereiten.

Nicht damit zu verwechseln sind verschiedene Organisationsformen, in denen (ausschließlich) vom Alter her schulpflichtige, aber als noch nicht hinreichend schulbereit eingestufte Kinder vor der Einschulung in die reguläre Grundschule für ein Jahr unterrichtet werden. Dazu zählen beispielsweise die in einigen Bundesländern noch vereinzelt existierenden Schulkindergärten (z. B. Niedersachsen) oder sogenannte Vorklassen (z. B. Hessen) oder Grundschulförderklassen (Baden-Württemberg). Alle diese Formen sind der Grundschule angegliedert und speziell zur Förderung von Kindern konzipiert, die vom Schulunterricht zurückgestellt wurden und hier ein Jahr lang gezielt auf die schulischen Anforderungen vorbereitet werden sollten, damit sie die notwendigen Voraussetzungen zur erfolgreichen Bewältigung der Anforderungen des Schulanfangsunterrichts erwerben. Verfügt eine Grundschule über eine solche Einrichtung, ist der Besuch für zurückgestellte Kinder in der

Regel verpflichtend. Durch die Verbreitung der Neuen Eingangsstufe werden solche Einrichtungen zunehmend überflüssig, da alle vormals hierhin überwiesenen Kinder hier regulär in die Eingangsstufe aufgenommen werden sollen. Folglich wurden die entsprechenden Einrichtungen in einigen Bundesländern inzwischen komplett abgeschafft.

3.2.4 Fazit zur Organisation des Schuleingangsunterrichts

Insgesamt lässt sich festhalten, dass die Neue Eingangsstufe sich trotz bundesweiter Modellprojekte und insgesamt positiver wissenschaftlicher Bewertung in Deutschland nicht zum Regelfall entwickelt hat. In der Praxis werden vielmehr die verschiedensten Formen von Schulanfangsunterricht parallel praktiziert, oft auch innerhalb eines Bundeslandes und sogar innerhalb eines Schulbezirks. Viele Schulen haben, aufbauend auf ihren spezifischen Erfahrungen, eigene Modelle entwickelt, in denen sie einzelne Merkmale der Eingangsstufe, die sich bei ihren Ausgangsbedingungen und ihrer Schülerschaft bewährt haben, mit anderen Maßnahmen kombinieren. Einige Länder haben auch neue Schulversuche gestartet, die z. B. unter dem Titel »flexible Eingangsstufe« einzelne Merkmale der Neuen Eingangsstufe umsetzen. Diese Pluralität kann einerseits als Merkmal einer vielfältigen Bildungslandschaft interpretiert werden, in der verschiedene Angebote dazu beitragen, möglichst vielen Kindern optimale Förderung zu ermöglichen. Andererseits wird es Eltern, insbesondere denen aus bildungsfernen Schichten oder mit Migrationshintergrund, durch die entstandene Heterogenität erschwert, sich im deutschen Schulsystem zu orientieren und angesichts der verschiedenen Formen den Überblick zu behalten. Erschwerend kommt hinzu, dass nicht jedes Modell in jedem Bundesland, geschweige denn in jedem Schulbezirk angeboten wird, und die Begrifflichkeiten für unterschiedliche Konzepte sehr ähnlich sind. Selbst wenn in einem Schulbezirk verschiedene Modelle praktiziert werden, ist die Zuordnung zur Grundschule in den meisten Regionen nach wie vor nach dem Sprengelprinzip organisiert, d.h., das Kind wird der seinem Wohnsitz am nächsten liegenden Grundschule zugeordnet. Folglich ist die Entscheidung, nach welchem Modell ein Kind zum Schulbeginn unterrichtet wird, letztlich in den meisten Fällen keine, die sich an seinen individuellen Voraussetzungen und Bedarfen orientiert, sondern wird von den eher zufälligen Gegebenheiten seines Wohnsitzes bestimmt.

4 Rahmenbedingungen des Schulanfangs in Deutschland: Föderale Vielfalt oder Gefahr regionaler Bildungsungleichheit?

Angesichts der zwischen den Bundesländern stark variierenden gesetzlichen Vorgaben fällt es schwer, einen Überblick über Ablauf und zentrale Kennzahlen des Schulanfangs in Deutschland zu geben. Unterschiede finden sich beispielsweise im Anmeldetermin, den gültigen Stichtagen und den Kriterien für vorzeitige und verspätete Einschulungen. Der folgende Überblick über die zentralen Regelungen und Zahlen zur Einschulung in Deutschland ist daher notgedrungen selektiv und zudem immer nur eine Momentaufnahme (Stand: Herbst 2023), da die bestehenden Festlegungen in den Bundesländern immer wieder geändert werden.

4.1 Stichtagsregelungen

Schon Mitte des letzten Jahrhunderts war das optimale Einschulungsalter Gegenstand kontroverser Diskussionen (▶ Kap. 2). Infolge der Thesen von Artur Kern kam es zu einer Heraufsetzung des Einschulungsalters durch Verlegung des Stichtags vom 31.12. auf den 30.06. des Einschulungsjahres. Dieser Termin wurde durch das Hamburger Abkommen der Kultusministerkonferenz (KMK) 1964 bundeseinheitlich festgelegt, sodass alle Kinder, die bis zum 30.6. eines Jahres sechs Jahre alt wurden, zum Beginn des neuen Schuljahres automatisch schulpflichtig wurden. Bei Kindern, die bis zum 31.12. des Einschulungsjahres das sechste Lebensjahr vollendeten, war auf Antrag der Eltern und nach Prüfung seiner individuellen Voraussetzungen eine frühzeitige Einschulung möglich. Kinder, bei denen die Schulfähigkeit zum Zeitpunkt der Einschulungsuntersuchung als noch nicht gegeben beurteilt wurde, wurden für ein Jahr zurückgestellt.

Dieser Konsens hatte bis zur Jahrtausendwende Bestand, als im Kontext der PISA-Diskussion das im internationalen Vergleich in Deutschland vergleichsweise hohe Alter von Kindern beim Schuleintritt wieder zum Thema wurde. Mit dem erklärten Ziel, das Durchschnittsalter der Schulanfänger zu senken, übergab die KMK 1997 die Entscheidung über das Einschulungsalter an die Bundesländer. In den Folgejahren kam es zu einer zunehmenden Uneinheitlichkeit zwischen den Ländern, aber auch zu häufigen Änderungen der Stichtagsregelungen innerhalb eines Landes. Zum einen nahmen viele Länder schrittweise Verlegungen des Stichtags über mehrere Jahre hinweg vor, d. h., der Stichtag wurde z. B. in jedem Jahr um einen Monat nach hinten geschoben, zum anderen wurden nicht selten die beschlossenen

Änderungen nach einiger Zeit wieder zurückgenommen. Ursprünglich entschieden sich acht Länder für eine Verschiebung des Stichtages, um das durchschnittliche Schuleintrittsalter zu senken. Das Spektrum reichte von der Verschiebung um nur einen oder zwei Monate (auf den 01.08. bzw. 31.08. in Thüringen und Rheinland-Pfalz) bis zu einem Sprung um ganze sechs Monate auf den 31.12. (Berlin), womit bei fristgerechter Einschulung automatisch ein Großteil der Schulanfänger an ihrem ersten Schultag erst fünf Jahre alt war.

Die Erfahrungen der Schulen mit den jüngeren Schulanfängern und eine fehlende Akzeptanz der früheren Einschulung bei vielen Eltern führten jedoch schon bald dazu, dass in etlichen Bundesländern die vorgenommenen Verschiebungen wieder rückgängig gemacht wurden. So galt etwa in Berlin der späte Stichtag 31.12. nur bis zum Schuljahr 2017/18, seitdem liegt er beim 30.09. In Bayern sah der Plan des Kultusministeriums ursprünglich eine schrittweise Verlegung des Stichtags um jeweils einen Monat pro Schuljahr vor, beginnend im Schuljahr 2005/06. Im Laufe der schrittweisen Verlegung zeigte sich jedoch, dass der Anteil der Kinder, die von der Einschulung zurückgestellt wurden, kontinuierlich anstieg, d. h., die Einschulung jüngerer Kinder wurde offensichtlich von einer Mehrheit der Eltern und Schulen nicht mitgetragen. So wurden im Schuljahr 2009/10 nur ca. 20 % der schulpflichtigen Kinder, die im November geboren wurden, tatsächlich eingeschult (Qualitätsagentur am Bayerischen Staatsinstitut für Schulqualität und Bildungsforschung, 2010). Die bayerische Staatsregierung reagierte auf diese Entwicklung, indem sie die weitere schrittweise Verschiebung vor dem Erreichen des ursprünglichen Ziels 31.12. stoppte und ab dem Schuljahr 2010/11 den 30.09. als Stichtag festlegte.

Damit liegt der Stichtag aktuell (Stand Schuljahr 2023/2024) in neun Ländern beim 30.06. oder 01.07. In fünf Ländern gilt der 30.09., dazwischen liegen Thüringen (01.08.) und Rheinland-Pfalz (31.08.) (▶ Tab. 2).

Tab. 2: Stichtagsregelungen der 16 deutschen Bundesländer (Stand: Schuljahr 2023/2024)

Bundesland	Stichtag
Baden-Württemberg	30.06.
Bayern	30.09.
Berlin	30.09.
Brandenburg	30.09.
Bremen	30.06.
Hamburg	01.07.
Hessen	30.06.
Mecklenburg-Vorpommern	30.06.
Niedersachsen	30.09.
Nordrhein-Westfalen	30.09.

Tab. 2: Stichtagsregelungen der 16 deutschen Bundesländer (Stand: Schuljahr 2023/2024) – Fortsetzung

Bundesland	Stichtag
Rheinland-Pfalz	31.08.
Saarland	30.06.
Sachsen	30.06.
Sachsen-Anhalt	30.06.
Schleswig-Holstein	30.06.
Thüringen	01.08.

Eigene Darstellung

Zudem wurden in einigen Ländern sogenannte »Einschulungskorridore« eingeführt, d. h., die Eltern von innerhalb eines bestimmten Zeitraums um den Stichtag herum geborenen Kindern können nach Beratung und Empfehlung durch die Schulen entscheiden, ob ihr Kind zum kommenden Schuljahr oder erst ein Jahr später eingeschult werden soll.

Die genannten Beispiele zeigen, dass die Bestrebungen, das Einschulungsalter massiv zu senken, sich aus heutiger Sicht nicht dauerhaft durchsetzen konnten. Regelungen, nach denen ein großer Teil der Schulanfänger Fünfjährige gewesen wären, wurden letztlich in allen Ländern wieder zurückgenommen; aktuell geht der Trend sogar wieder klar zurück in Richtung des ursprünglichen Stichtages 30.06. Die skizzierte Entwicklung verdeutlicht, dass Änderungen gegen den Willen einer Mehrheit der Betroffenen, insbesondere der Eltern, kaum durchzusetzen sind. Das jahrelange Experimentieren der Länder mit dem Stichtag und die entstandene Uneinheitlichkeit belegen, wie schwierig es ist, einen tragfähigen Konsens über das geeignete Alter für den Schuleintritt zu erzielen. Aus entwicklungspsychologischer Sicht ist die Suche nach dem »richtigen Alter« angesichts der großen interindividuellen Entwicklungsunterschiede zwischen Kindern auch gar nicht unbedingt zielführend. Stattdessen erscheint eine stärkere Flexibilisierung der Regeln und Ausrichtung am individuellen Entwicklungsstand des Kindes wünschenswert. Hier sind neuere Entwicklungen zur Einführung von »Einschulungskorridoren«, innerhalb derer nach individuellem Entwicklungsstand des Kindes entschieden werden kann, vielversprechend.

4.2 Vorzeitige Einschulungen und Rückstellungen

Für Kinder, die nach der Stichtagsregelung noch nicht schulpflichtig, aber aus Sicht der Eltern und/oder der Kindertageseinrichtung bereits schulbereit sind, ist in allen

Ländern die Möglichkeit einer vorzeitigen Einschulung vorgesehen. Allerdings gibt es auch hier kein bundesweit einheitliches Prozedere: In einigen Ländern können die Eltern innerhalb vorgegebener Geburtskorridore die Entscheidung über die frühzeitige Einschulung selbst fällen. In den meisten entscheidet aber die Schule über die Aufnahme jüngerer Kinder, manchmal ist auch eine schulärztliche oder schulpsychologische Stellungnahme notwendig. In einigen Ländern ist eine vorzeitige Einschulung auf Kinder begrenzt, die innerhalb des Einschulungsjahres (d. h. bis zum 31.12.) das sechste Lebensjahr vollenden, in anderen können auch Kinder, die noch später geboren sind, auf Antrag schon eingeschult werden. Oft unterscheidet sich das notwendige Prozedere in Abhängigkeit vom Alter der Kinder: So ist mancherorts bis zum 31.12. eine frühzeitige Einschulung auf Wunsch der Eltern möglich, bei noch jüngeren Kindern setzt diese oft zusätzlich eine schulärztliche Begutachtung voraus. In einigen Ländern wird ganz oft darauf verzichtet, einen Stichtag für vorzeitige Einschulungen festzulegen, sondern ausschließlich die Schulbereitschaft des Kindes als Kriterium angegeben.

Der Anteil vorzeitiger Einschulungen lag deutschlandweit im Schuljahr 2021/22 bei 2,9 % (Statistisches Bundesamt, 2022). Allerdings ist diese bundesweite Kennzahl aufgrund der unterschiedlichen Stichtage wenig aussagekräftig. So gilt etwa ein im August geborenes Kind, das zum Einschulungszeitpunkt gerade sechs Jahre alt geworden ist, in Sachsen oder im Saarland als vorzeitig, in Bayern oder Niedersachsen jedoch als fristgerecht eingeschult. Erwartungsgemäß liegt der Anteil der früheingeschulten Kinder in den Ländern mit Stichtag 30.06. höher als in den Ländern mit einem späteren Stichtag, in denen die Kinder regulär früher schulpflichtig werden (Schuljahr 2016/17: 2,1 % bei spätem Stichtag, 4,3 % bei frühem Stichtag; Autorengruppe Bildungsberichterstattung, 2018).

Bei fehlender Schulbereitschaft besteht in den meisten Ländern die Möglichkeit einer Rückstellung vom Schulbesuch, d. h., die Einschulung wird um ein Jahr hinausgeschoben. Eine Rückstellung setzt in der Regel eine schulärztliche oder schulpsychologische Begutachtung voraus. Viele Länder haben die Möglichkeiten zur Rückstellung jedoch deutlich eingeschränkt. Insbesondere die Bundesländer, die Formen der Neuen Eingangsstufe (▶ Kap. 3.2.2) eingeführt haben, sind bestrebt, Rückstellungen zur absoluten Ausnahme zu machen, da eine Selektion vor der Einschulung dem Grundgedanken dieses Konzepts widerspricht und möglichst vermieden werden soll. Vielmehr sollen im Schulanfangsunterricht alle Kinder ihrem individuellen Entwicklungsstand und ihren Bedürfnissen entsprechend gefördert werden. So sollen z. B. in Nordrhein-Westfalen Rückstellungen nur noch vorgenommen werden, wenn diese aus gesundheitlichen Gründen erforderlich sind. Hierüber entscheidet die Schulleitung zusammen mit dem schulärztlichen Dienst.

Im Schuljahr 2021/22 wurden deutschlandweit 6,7 % der Kinder verspätet eingeschult (Statistisches Bundesamt, 2022), allerdings schwankt auch dieser Anteil stark zwischen den Ländern: So wurden in Nordrhein-Westfalen im Schuljahr 2016/17 aufgrund der relativ restriktiven Regelungen im Einklang mit den Prinzipien der Neuen Eingangsstufe nur 0,9 % der Kinder zurückgestellt, während es in Bayern bei gleichem Stichtag 14 % waren. In Berlin, wo zu diesem Zeitpunkt noch der Stichtag 31.12. galt, wurden mit einer Rückstellungsquote von 20,5 % über ein Fünftel der eigentlich schulpflichtigen Kinder verspätet eingeschult (Autorengruppe Bildungsberichterstattung, 2018). Diese Zahlen spiegeln einerseits den unterschiedlichen Umgang der Länder mit dem Instrument der Rückstellung in Abhängigkeit vom verfolgten Konzept der Schulanfangsphase wider, illustrieren andererseits aber auch, dass der jeweils geltende Stichtag (▶ Kap. 4.1) starke Auswirkungen auf den Wunsch der Eltern nach Rückstellung ihres Kindes hat.

In den Fällen, in denen eine Rückstellung erfolgt, sollen zwischen Eltern, Schule und vorschulischer Einrichtung angemessene Fördermaßnahmen vereinbart werden, um sicherzustellen, dass das Kind die bisher fehlende Schulbereitschaft erwirbt und in die Lage versetzt wird, im Folgejahr den regulären Anfangsunterricht zu besuchen. In einigen Ländern gibt es auch eigene schulische Organisationsformen, in denen zurückgestellte Kinder gezielt gefördert werden (▶ Kap. 3.2.3). In Hessen etwa können diese Kinder in sogenannte Vorklassen an den Grundschulen aufgenommen werden, in denen sie ein Jahr lang intensiv auf die schulischen Anforderungen vorbereitet werden. In Hamburg ist der Besuch einer ebenfalls an der Grundschule angesiedelten Vorschulklasse für zurückgestellte Kinder verpflichtend, in Niedersachsen werden die betroffenen Kinder in einen Schulkindergarten aufgenommen. In Baden-Württemberg können die Eltern dagegen wählen, ob ihr Kind bei Rückstellung in eine Grundschulförderklasse gehen soll, die gezielt auf den Besuch der Grundschule vorbereitet, oder ob es weiterhin die Kindertageseinrichtung besuchen soll.

4.3 Schulärztliche Untersuchung

In allen Bundesländern ist vor der Einschulung eine schulärztliche Untersuchung des Kindes vorgesehen, in deren Rahmen beurteilt wird, ob sein gesundheitlicher und allgemeiner Entwicklungsstand die Prognose einer erfolgreichen Einschulung erlaubt. Diese Untersuchung setzt sozusagen die Reihe der kinderärztlichen U-Untersuchungen fort, mit denen die Entwicklung des Kindes von der Geburt bis zur Vollendung des fünften Lebensjahres dokumentiert wird. Die schulärztliche Untersuchung findet in der Regel innerhalb des letzten Jahres vor der Einschulung, oftmals um den sechsten Geburtstag des Kindes herum statt. Werden zu diesem Zeitpunkt schulbereitschaftsrelevante Defizite in der Entwicklung des Kindes festgestellt, bleibt allerdings bis zum Schulbeginn nur noch wenig Zeit zur Einleitung von Fördermaßnahmen. Daher gibt es seit einiger Zeit Bestrebungen hin zu einer Vorverlegung der ärztlichen Einschulungsuntersuchung, die insbesondere für diejenigen Kinder wichtig ist, bei denen die U-Untersuchungen im Vorschulalter unvollständig sind.[1] So wurde etwa in Bayern im Rahmen des Pilotprojekts *Gesundheits- und Entwicklungsscreening im Kindergartenalter* (GESiK; Nairz et al., 2020) in mehreren Regionen ein mehrstufiges Vorgehen erprobt, in dem alle Kinder mit vier

---

1 In einigen Bundesländern sind auch die U-Untersuchungen verpflichtend, d. h., die Wahrnehmung wird von den Gesundheitsämtern überprüft.

Jahren ein vorgezogenes Screening durchlaufen, und diejenigen, bei denen Auffälligkeiten festgestellt werden, im Anschluss schulärztlich untersucht werden. Im Jahr vor der Einschulung werden dann in der Regel nur diese Kinder noch einmal untersucht. Das Pilotprojekt wurde von den Beteiligten sehr positiv bewertet, da auffällige Kinder damit deutlich früher identifiziert werden können.

Da sich der Termin der schulärztlichen Untersuchung meistens nach dem Geburtstag des Kindes richtet, während der Anmeldetermin in der Schule für alle Kinder einheitlich festgelegt ist, findet sie in vielen Fällen erst nach der Schulanmeldung statt. In Bundesländern, in denen die Anmeldung und die darauf eventuell folgende Einleitung von Fördermaßnahmen deutlich nach vorne gezogen wurden (▶ Kap. 4.4), ist dies sogar standardmäßig bei allen Kindern der Fall. Entsprechend kann das Ergebnis der schulärztlichen Einschulungsuntersuchung kein entscheidendes Kriterium für die Entscheidung über die Einschulung mehr sein, sondern stellt vielmehr eine zusätzliche Informationsquelle für die Feststellung eventuellen Förderbedarfs des Kindes dar, mit einem besonderen Schwerpunkt auf medizinisch notwendigen Behandlungen.

In vielen Bundesländern kommt inzwischen im Rahmen der medizinischen Einschulungsuntersuchung das ursprünglich für den Einsatz in Nordrhein-Westfalen entwickelte *sozialpädiatrische Entwicklungsscreening für Schuleingangsuntersuchungen* (SOPESS; Petermann et al., 2009) zum Einsatz, in einigen auch das *Screening des Entwicklungsstands bei Einschulungsuntersuchungen* (S-ENS; Döpfner et al., 2005). Beide Verfahren werden in Kapitel 6.3.1 ausführlicher vorgestellt (▶ Kap. 6.3.1).

4.4 Anmeldung in der Grundschule

Den zentralen Schritt im Einschulungsprozedere stellt die Anmeldung des Kindes an der zuständigen oder alternativ einer von den Eltern gewählten Grundschule dar. Diese findet in den meisten Bundesländern im Laufe des der Einschulung vorangehenden Schuljahres statt; oft im Herbst, mancherorts aber auch erst im Frühjahr vor der Einschulung. Um bei Kindern mit Entwicklungsrückständen und Auffälligkeiten, insbesondere solchen mit Defiziten in der deutschen Unterrichtssprache, mehr Zeit zur Einleitung von Fördermaßnahmen zu haben, wurde in einigen Bundesländern das Datum der Anmeldung an den Grundschulen inzwischen deutlich vorverlegt. In Hessen beispielsweise findet die Anmeldung zur Schule bereits im März/April des Jahres statt, das dem Beginn der Schulpflicht vorausgeht, also fast eineinhalb Jahre vor der Einschulung, wenn die Kinder durchschnittlich viereinhalb Jahre alt sind. Hamburg sieht eine noch frühzeitigere Vorstellung in der Schule vor: Hier werden Kinder bereits fast zwei Jahre vor der Einschulung (d. h. im Herbst des vor-vorhergehenden Schuljahres) in der Schule vorgestellt. Dieser Termin geht mit der Möglichkeit zur optionalen Anmeldung für eine Vorschulklasse (▶ Kap. 3.2.2) einher.

In den meisten Fällen entscheidet die Schulleitung der aufnehmenden Grundschule über die Aufnahme des Kindes, eventuell unter Einbezug der Ergebnisse der schulärztlichen Untersuchung, sofern diese zum Anmeldetermin bereits vorliegen. Nur in Ausnahmefällen, etwa wenn die Schulbereitschaft fraglich ist oder Schule oder Kindertageseinrichtung und Eltern zu unterschiedlichen Einschätzungen kommen, werden weitere Stellen bzw. Informationsquellen, wie etwa Schulpsychologen oder externe Gutachten, hinzugezogen.

In Schulen, die nach dem Prinzip der Neuen Eingangsstufe arbeiten, steht bei der Schulanmeldung weniger die Frage der Aufnahme des Kindes im Vordergrund als die der Bereitstellung von optimalen Lerngelegenheiten vor und nach der Einschulung, um Kinder mit Förderbedarf ihren individuellen Bedarfen entsprechend unterstützen zu können.

Für das konkrete Vorgehen bei der Schulanmeldung bestehen nur sehr allgemeine Vorgaben durch die Schulämter oder Ministerien. Hier wird dem pädagogischen Sachverstand und der Erfahrung der Schulleitungen vertraut. Verbindliche Standards zur Beurteilung der Schulbereitschaft der Kinder liegen nicht vor, sodass davon auszugehen ist, dass vielfältige und kaum vergleichbare Vorgehensweisen realisiert werden. Das Spektrum der verwendeten Möglichkeiten reicht von informellen Gesprächen mit dem Kind und den Eltern über die Bearbeitung schulnaher Aufgaben bis hin zu »selbstgestrickten« diagnostischen Verfahren. Eine formelle Diagnostik nach psychologisch-diagnostischen Kriterien findet vermutlich eher selten statt.

Eine besondere Rolle bei der Entscheidung über die Aufnahme eines Kindes spielt die Überprüfung seines Sprachstands in der deutschen Unterrichtssprache. Dass deren kompetente Beherrschung eine Schlüsselqualifikation für das schulische Lernen ist und sprachliche Defizite das Risiko für schulische Leistungsprobleme – nicht nur in der Schriftsprache – deutlich erhöhen, ist unstrittig (▶ Kap. 5.1). Über die (formelle oder informelle) Beurteilung des Sprachstands im Rahmen des Anmeldegesprächs hinaus werden daher in den meisten Bundesländern inzwischen standardisierte Sprachstandserhebungen im Vorschulalter eingesetzt, die entweder in der Schule oder in den Kindertageseinrichtungen durchgeführt werden (▶ Kap. 6.3.3).

5 Individuelle Merkmale der Schulbereitschaft: Welche Kompetenzen braucht ein Kind für einen erfolgreichen Schulstart?

Auch wenn die in den vorherigen Kapiteln beschriebenen Rahmenbedingungen den Ablauf des Schulanfangs in Deutschland regeln, bleibt das zentrale Kriterium für die Einschulungsentscheidung der erreichte Entwicklungs- und Kompetenzstand des Kindes. Die Kernfrage des Themas Schulbereitschaft lautet daher: Welche individuellen Voraussetzungen braucht ein Kind, um den Übergang in die Schule erfolgreich zu bewältigen?[2]

Auch die Fachwelt ist sich nicht einig darüber, welche individuellen Merkmalskonstellationen die Schulbereitschaft eines Kindes bestimmen und wie diese in ihrer Bedeutung zu gewichten sind. Während die zentrale Bedeutung der kindlichen Sprachkompetenzen in diesem Zusammenhang unstrittig ist, gilt dies für weitere Kompetenzbereiche keineswegs. So wird etwa die zentrale Bedeutung von Kompetenzen der Selbstregulation insbesondere in der Entwicklungspsychologie betont (Roebers & Hasselhorn, 2000), nicht aber in anderen Disziplinen. Die Bemühungen um eine konsensfähige Definition der für die Schulbereitschaft notwendigen individuellen Voraussetzungen werden auch dadurch erschwert, dass sich mitunter die Begrifflichkeiten zur Beschreibung vergleichbarer Kompetenzen von Disziplin zu Disziplin unterscheiden.

Weithin akzeptiert ist die Unterscheidung zwischen bereichsspezifischen und bereichsübergreifenden Kompetenzen. Erstere lassen sich einem spezifischen schulischen Anforderungsbereich zuordnen, wie etwa basisnumerische Fertigkeiten der Mathematik oder phonologische Vorläuferkompetenzen der Schriftsprache. Bereichsübergreifende Kompetenzen wirken sich dagegen auf den Erwerb von Fertigkeiten und anderen Kompetenzen in allen (oder zumindest vielen) Inhaltsbereichen aus. Zu ihnen zählen etwa die sozialen oder die selbstregulativen Kompetenzen des Kindes.

In den meisten Bildungsplänen für den Elementarbereich (▶ Kap. 3.1.1) werden vier grundlegende übergreifende Kompetenzbereiche oder Schlüsselqualifikationen genannt (teilweise mit unterschiedlichen Begrifflichkeiten), die im Elementarbereich vermittelt werden sollen:

---

2 Der Begriff der Kompetenz wird in der Psychologie seit Langem kontrovers diskutiert. In der interdisziplinären Bildungsforschung dient er jedoch inzwischen der einvernehmlichen Verständigung zwischen den Disziplinen, um begrifflich zu fassen, was eine Person aktuell leisten kann. In diesem Band verwenden wir den Kompetenzbegriff im Sinne der Definition von Weinert (2001), nach der die Kompetenz individuelle Fähigkeiten, Fertigkeiten, Wissen und Einstellungen einer Person umfasst. Für eine kritische Diskussion des Kompetenzbegriffs siehe Schöler, 2019 (▶ Kap. 2.1).

1. Sachkompetenz,
2. Methodenkompetenz,
3. persönliche Kompetenz und
4. Sozialkompetenz.

Die zu vermittelnden sachlichen, persönlichen und sozialen Kompetenzen werden dabei meistens relativ konkret ausformuliert und mit Beispielen illustriert, sodass sich Eltern und pädagogische Fachkräfte gut vorstellen können, was hier von ihren Kindern erwartet wird. Doch was genau ist mit der »Methodenkompetenz« gemeint, und wie kann man diese bei jungen Kindern fördern? Die Bildungspläne bleiben hierzu eher vage und unkonkret. Von pädagogischen Fachkräften hört man mitunter die Formulierung, die Kinder müssten »das Lernen lernen«. Jedoch bleibt fraglich, ob dies eine Voraussetzung für eine erfolgreiche Bewältigung der Anforderungen des Schulanfangsunterrichts ist, oder ob dies nicht vielmehr ein zentrales Lernziel der Schule selbst darstellt, das erst im Laufe der Grundschuljahre erreicht wird. Insgesamt spricht die Forschungslage dafür, dass die Fähigkeit zu selbstreguliertem oder sogar strategischem Lernverhalten weniger eine Voraussetzung für einen erfolgreichen Schulanfang darstellt als vielmehr eine Folge erfolgreicher Beschulung (▶ Kasten 2).

Kasten 2: Fokus: Lernmethodische Kompetenzen

Der Begriff der lernmethodischen Kompetenz ist eines der Schlagworte, die in modernen Bildungskonzeptionen und aktuellen bildungspolitischen Diskussionen oft verwendet, jedoch selten mit konkreten Inhalten gefüllt werden. Lernmethodische Kompetenzen können allgemein als die Befähigung zum selbstregulierten Lernen beschrieben werden. In der Entwicklungspsychologie wird hierzu unter Rückgriff auf das Konzept der *metakognitiven Kompetenzen* geforscht. Darunter versteht man das Wissen über das eigene Denken und Lernen sowie über Strategien zu deren Verbesserung. Die Steuerung und Überwachung eigener Lernprozesse und das Wissen über Lernstrategien und ihre erfolgreiche Anwendung sind zentrale Voraussetzung für selbstreguliertes Lernen. Diese Kompetenzen bilden sich allerdings erst im Laufe der Grundschuljahre heraus und verbessern sich bis ins Jugend- oder sogar Erwachsenenalter hinein weiter (Hasselhorn & Artelt, 2018; Schneider & Lockl, 2006). Am Schulanfang verfügen Kinder dagegen erst über rudimentäre Formen metakognitiver Kompetenzen. Auch wenn Hinweise darauf vorliegen, dass die kognitiv anspruchsvollere Umgebung in der Schule diesbezüglich bei den Kindern einen Entwicklungsschub bewirkt (Haberkorn et al., 2014; Morrison et al., 1995), kann die gezielte Nutzung dieses Wissens für die Steuerung des eigenen Lernens bei den meisten Kindern erst ungefähr ab dem neunten Lebensjahr beobachtet werden (vgl. Hasselhorn, 2011). Damit können derartige Kompetenzen nicht als Merkmal der Schulbereitschaft betrachtet werden.

Im Folgenden beschränken wir uns daher auf die zur erfolgreichen Bewältigung des Schulanfangsunterrichts erforderlichen sogenannten persönlichen, sozialen und sachlichen Kompetenzen. Hierzu finden sich in den Bildungsplänen spezifische inhaltliche Lernfelder, in denen die entsprechenden Kompetenzen erworben werden sollen:

1. Sprache/Kommunikation/Medien,
2. Mathematik/Natur/Technik,
3. Sozialverhalten/Kultur/Wertevermittlung,
4. Musik/Kunst,
5. Gesundheit/Bewegung.

In den Bildungsplänen wird implizit davon ausgegangen, dass Kinder mit altersangemessenen Kompetenzen in allen diesen Inhaltsbereichen eine günstige Prognose für einen gelingenden Schulstart haben.

Die Themenfelder Musik und Kunst sowie Gesundheit und Bewegung nehmen in dieser Auflistung eine Sonderstellung ein. Obwohl die musikalisch-künstlerische Erziehung durchaus zur Vorbeugung von Schwierigkeiten beim Schriftspracherwerb und zur Förderung der für die Schulbereitschaft wichtigen selbstregulatorischen Kompetenzen geeignet zu sein scheint (Degé & Frischen, 2022), haben wir bis heute keine Hinweise auf konkrete musikalische Kompetenzen als relevante individuelle Voraussetzung der Schulbereitschaft.

Das Themenfeld Gesundheit und Bewegung deckt die körperlich-motorischen Voraussetzungen des Kindes ab, die im Rahmen der routinemäßig durchgeführten medizinischen Einschulungsuntersuchungen gründlich untersucht werden. Diese werden in folgendem Kasten (▶ Kasten 3) kurz beschrieben, darüber hinaus allerdings nicht weiter thematisiert.

Kasten 3: Fokus: Körperliche und motorische Entwicklung als Indikator für die Schulbereitschaft?

Ein Aspekt, der in der schulärztlichen Einschulungsuntersuchung eine nicht unerhebliche Rolle spielt, ist der körperliche Entwicklungsstand des Kindes. Defizite in der Motorik führen in der Regel nicht zu einer Rückstellung vom Schulbesuch (sofern diese überhaupt noch vorgesehen ist), sondern eher zur Einleitung kompensatorischer Maßnahmen. Bei gravierenden körperlichen Einschränkungen erfolgt gegebenenfalls die Überprüfung von sonderpädagogischem Förderbedarf und die Einleitung entsprechender schulischer Unterstützungsmaßnahmen.

Zu den motorischen Entwicklungsschritten, die im Rahmen der schulärztlichen Einschulungsuntersuchung erfasst werden, zählen insbesondere die grob- und feinmotorischen Fertigkeiten des Kindes. Im Bereich der Grobmotorik liegt ein Schwerpunkt der Untersuchung auf der Körperkoordination, also inwieweit ein Kind in der Lage ist, seine Bewegungen bewusst und gezielt zu koordinieren. Hierzu wird etwa im diagnostischen Schuleingangsverfahren S-ENS (Döpfner et al., 2005, ▶ Kap. 6.3.1) die Fähigkeit zum beidbeinigen Hin- und Herspringen, auf einem Bein zu stehen oder auf einer Linie am Boden entlangzugehen geprüft. Auch die ganzkörperliche Bewegungsgeschwindigkeit des Kindes spielt in diesem Zusammenhang eine Rolle. Im Bereich der Feinmotorik wird vor allem die altersadäquate Auge-Hand-Koordination, wie etwa die korrekte Stifthaltung und -führung, die für den Erwerb der graphomotorischen Aspekte des Schreibprozesses relevant sind, überprüft. Auch die kindlichen Wahrnehmungsfähigkeiten, insbesondere die Fähigkeit zur visuellen Diskrimination sowie ein adäquates Seh- und Hörvermögen, werden in der ärztlichen Untersuchung sichergestellt.

Eltern und pädagogische Fachkräfte betrachten die kindliche Grob- und Feinmotorik oft als besonders relevant für die Schulbereitschaft, da diese Fertigkeiten die Selbstständigkeit des Kindes stark beeinflussen. Hat ein Kind Probleme, den Reißverschluss seiner Jacke alleine zu schließen oder seinen Bleistift ohne Hilfe anzuspitzen, kann es im schulischen Alltag zu praktischen Problemen kommen, die mitunter dazu führen können, dass seine allgemeine Leistungsfähigkeit von den Lehrkräften unterschätzt wird. Da motorische Defizite in der Regel bereits in den vorschulischen Einrichtungen auffallen, besteht jedoch die Möglichkeit, frühzeitig gegenzusteuern.

Aufgrund der unbestrittenen Bedeutung der kindlichen Sprachkompetenzen für einen gelingenden Schulanfang und die gesamte weitere Schullaufbahn geben wir diesen Kompetenzen besonders viel Raum (▶ Kap. 5.1). Da mittlerweile mehr als jedes dritte Kind, das in Deutschland eingeschult wird, eine andere Erstsprache als Deutsch hat, wird auch auf die besondere Situation von Kindern, die Deutsch als Zweitsprache erwerben, und die damit einhergehenden Chancen und Herausforderungen eingegangen und das Vorgehen bei der Sprachstandsfeststellung vor der Einschulung kritisch diskutiert.

In den weiteren Abschnitten werden die relevanten Vorläufer der Schriftsprache und der Mathematik als domänenspezifische Kompetenzen der Schulbereitschaft thematisiert (▶ Kap. 5.2), bevor die domänenübergreifenden Kompetenzen sozial-emotionaler Art (▶ Kap. 5.3) behandelt werden. Kapitel 5.4 widmet sich dann der Bedeutung selbstregulatorischer Kompetenzen als einer zentralen Schlüsselqualifikation für die Schulbereitschaft (▶ Kap. 5.4).

5.1 Sprachliche Kompetenzen

Die zentrale Bedeutung der kindlichen Sprachkompetenzen für die Schulbereitschaft ist mittlerweile unstrittig. Dies erstaunt nicht, ist die Beherrschung der deutschen Unterrichtssprache doch eine Grundvoraussetzung, um dem Unterrichtsgeschehen zu folgen, mit der Lehrkraft zu kommunizieren, ihre Anweisungen zu verstehen und mit anderen Kindern im sozialen Austausch interagieren zu können. Darüber hinaus ist die Sprache das zentrale Vermittlungsmedium für fast alle inhaltlichen Lerngegenstände, d. h., auch der Wissens- und Fertigkeitenerwerb in nicht primär sprachlichen Lernbereichen setzt entsprechende Sprachkompetenzen des Kindes voraus. Empirisch gut belegt ist, dass die sprachlichen Kompetenzen von Vorschulkindern schon früh mit ihrem allgemeinen Wissensstand zusammenhängen – vermutlich, weil schon im vorschulischen Bereich die meisten Lernanregungen in sprachlicher Form erfolgen (Dubowy et al., 2008). Kinder mit unzureichenden Sprachkompetenzen können diese Anregungen oft nur unzureichend nutzen, was schon früh Wissensdefizite nach sich zieht, die im Schulalter rasch kumulieren. Dass sprachliche Defizite ein gravierendes Risiko für ungünstige schulische Leistungsentwicklungen darstellen, ist empirisch hinreichend abgesichert (z. B. Stanat, 2006; Schwippert et al., 2007; Baumert & Schümer, 2001).

Auch im Hinblick auf den Erwerb von Vorläuferfertigkeiten der Schriftsprache, wie der phonologischen Bewusstheit und der frühen Literalität, wurden Nachteile von Kindern mit Defiziten in den sprachlichen Kompetenzen vielfach nachwiesen (z. B. Weber et al., 2007). Da es diesen Kindern oft schwerfällt, inhaltliche Anregungen vollständig zu verstehen und diese effektiv zum Aufbau eigener Kompetenzen zu nutzen, können sie darüber hinaus auch Lerngelegenheiten in anderen Inhaltsbereichen, wie Angebote zur mathematischen Frühförderung oder zur Vermittlung von naturwissenschaftlichem Wissen, weniger gut nutzen.

Die sprachlichen Fähigkeiten wirken sich auch auf andere bereichsübergreifende Kompetenzen aus, etwa die Sozialkompetenz oder motivationale Merkmale des Kindes. Kinder mit sprachlichen Entwicklungsstörungen oder fehlenden deutschen Sprachkompetenzen haben es schwerer, Kontakte zu anderen Kindern zu knüpfen und sich in die Klassengemeinschaft zu integrieren, ihre eigenen Bedürfnisse angemessen zu artikulieren und ihre Position bei Konflikten überzeugend zu vertreten. Damit einhergehende frühe Erfahrungen von schulischen und sozialen Misserfolgen beeinträchtigen zudem oftmals nachhaltig die Lernfreude und Lernmotivation.

Sprachliche Kompetenzen sind also ein zentraler Schlüssel für das schulische Lernen. Sie spielen eine entscheidende Rolle für den Bildungserfolg und für die soziale Integration von Kindern. Der hohe Stellenwert der Förderung der sprachlichen und frühen schriftsprachlichen Entwicklung in den Bildungsplänen der Bundesländer für den Elementarbereich ist daher gut begründet: Frühzeitige Fördermaßnahmen im Vorschulalter können präventiv wirken, damit schulische und sozial-emotionale Folgeprobleme gar nicht erst entstehen. Sprache wird in allen Bildungsplänen als einer der wichtigsten Förderbereiche genannt, und auch in der öffentlichen Wahrnehmung gilt Sprachförderung als eine der zentralen Aufgaben der Kindertageseinrichtungen.

In keinem anderen Bildungsbereich wurden seit der Jahrtausendwende so viele Gutachten, Expertisen und Forschungsprojekte initiiert wie im Sprachbereich (z. B. Ehlich et al., 2012; Jampert et al., 2007; Lisker, 2011; Roßbach & Weinert, 2008; Zimmer, Schulte & Kuger, 2021). Ein prominentes Beispiel für die bildungspolitische Bedeutung, die der Förderung der Sprachentwicklung zugemessen wird, ist die Bund-Länder-Initiative *Bildung durch Sprache und Schrift* (BiSS) (▶ Kasten 4), die Konzepte zur systematischen Weiterentwicklung der Sprachförderung, Sprachdiagnostik und Leseförderung in Deutschland erarbeiten soll (Titz et al., 2018a, 2018b, 2020).

In vielen Bundesländern werden heute flächendeckende Sprachstandserfassungen im Vorschulbereich durchgeführt, spätestens im Rahmen der Schuleingangsuntersuchung. Dabei sind allerdings große Unterschiede im Vorgehen festzustellen, u. a. bezüglich des Alters der untersuchten Kinder, der eingesetzten Verfahren sowie der erfassten Sprachbereiche (vgl. Übersichten bei Kammermeyer & King, 2018; Lengyel, 2012; Neugebauer & Becker-Mrotzek, 2013; Redder et al., 2011). In einigen Bundesländern wird der Sprachstand aller Kinder erfasst, in anderen nur der von Kindern mit nicht-deutscher Familiensprache, in wieder anderen nur von Kindern, die eine Kindertageseinrichtung besuchen, oder gerade von denen, die dies nicht tun. Auch bezüglich der bei festgestellten Entwicklungsrückständen eingeleiteten Maßnahmen und ihrer Verbindlichkeit besteht kein einheitliches Vorgehen.

Über die Inhalte und Organisationsformen der notwendigen Maßnahmen zur Sprachförderung wird mitunter kontrovers diskutiert. Dazu trägt auch die Vielzahl der beteiligten Fachdisziplinen (Sprachwissenschaften, Erziehungswissenschaft, Sprachheilpädagogik, Psychologie) bei, die jeweils unterschiedliche Prämissen, Herangehensweisen und Schwerpunkte einbringen.

Kasten 4: Fokus: Bildung durch Sprache und Schrift (BiSS)

Im Jahr 2013 startete die Bund-Länder-Initiative *Bildung durch Sprache und Schrift (BiSS)*. Diese Initiative zielt auf eine Verbesserung von Sprachdiagnostik, Sprachförderung und Leseförderung in Deutschland und gründet auf einer Vereinbarung zwischen dem Bundesministerium für Bildung und Forschung (BMBF), dem Bundesministerium für Familie, Senioren, Frauen und Jugend (BMFSFJ), der Kultusministerkonferenz (KMK) und der Jugend- und Familienministerkonferenz der Länder (JFMK). Zielgruppen sind der Elementar- und der Primarbereich sowie die Sekundarstufe I.

Im Elementarbereich beteiligten sich ca. 30 Verbünde aus mehreren Kindertageseinrichtungen und/oder Schulen und entwickelten ihre Konzepte zur Sprachbildung und -förderung weiter. Die erarbeiteten Konzepte waren in sechs inhaltlichen Modulen angesiedelt, die sich hinsichtlich des angezielten Altersbereichs, der Art der Förderung (Fokus auf alltagsintegrierter Sprachbildung oder intensiver Sprachförderung) und des adressierten sprachlichen Bereichs (z. B. Wortschatz, Literacy) unterschieden. Die meisten Elementarverbünde waren Modulen der alltagsintegrierten sprachlichen Bildung zugeordnet, zum Teil kombiniert mit spezifischen Fördermodulen (z. B. intensive Förderung der phonologischen Bewusstheit); andere arbeiteten gezielt an einer Optimierung des Übergangs zwischen Kindertageseinrichtungen und Grundschulen im Bereich Sprache. Die Module zur alltagsintegrierten sprachlichen Bildung dienten der primären Prävention, d. h., durch eine qualitativ hochwertige sprachliche Anregung sollten Entwicklungsrisiken im Bereich der Sprache gar nicht erst entstehen. Spezifische Fördermodule fokussierten die sekundäre Prävention, also die Verringerung der Wahrscheinlichkeit des Auftretens behandlungsbedürftiger Entwicklungsstörungen, Lese-Rechtschreib-Schwierigkeiten oder anderer

Schulleistungsprobleme durch eine intensive zusätzliche Förderung indizierter Risikogruppen. In jedem Modul wurde gezielt auf die Erfassung und Dokumentation des Sprachstands (Diagnostik), die Förderung und Sprachanregung als solche und die Professionalisierung der Fachkräfte geachtet.

5.1.1 Kinder mit Defiziten in der deutschen Sprache

Kinder mit sprachlichem Förderbedarf stellen eine sehr heterogene Gruppe mit sehr verschiedenen Untergruppen dar. In der öffentlich geführten Diskussion stehen zumeist die mehrsprachigen Kinder im Vordergrund, die Deutsch zusätzlich zu einer oder mehreren weiteren Sprachen erwerben. In Deutschland stammen mittlerweile knapp über 40 % der Kinder unter sechs Jahren aus Familien mit Zuwanderungsgeschichte, d.h., mindestens ein Elternteil oder die Großeltern sind nach Deutschland zugewandert (Autorengruppe Bildungsberichterstattung, 2022). In vielen westdeutschen Großstädten und Ballungsräumen liegt der Anteil deutlich höher und es ist davon auszugehen, dass er zukünftig eher noch steigen wird.[3] Die meisten dieser Kinder erwerben Deutsch zusätzlich zu ihrer Erstsprache; man spricht in diesem Zusammenhang von Kindern mit Deutsch als Zweitsprache (DaZ). Ungefähr ein Fünftel der drei- bis sechsjährigen Kinder in Kindertageseinrichtungen wächst in Familien auf, in denen vorrangig eine andere Sprache als Deutsch gesprochen wird (Autorengruppe Bildungsberichterstattung, 2022).

Tracy und Gawlitzek-Maiwald (2000) unterscheiden zwischen dem *simultanen* (oder bilingualen) Erstspracherwerb, der vorliegt, wenn das Kind von Geburt an oder innerhalb der ersten beiden Lebensjahre regelmäßigen Kontakt zu zwei Sprachen hat, und der *sukzessiven Zweisprachigkeit* (dem *additiven Bilingualismus*), bei der die zweite Sprache erst später hinzutritt, wenn das Kind bereits feste Strukturen in der Erstsprache ausgebildet hat. Simultan bilinguale Kinder beherrschen in der Regel bereits im Vorschulalter beide Sprachen flüssig, und auch die meisten sukzessiv zweisprachigen Kinder holen bei früh beginnendem Besuch einer vorschulischen Einrichtung schnell auf und haben bis zum Schulbeginn angemessene Sprachkompetenzen im Deutschen erworben, um dem Unterricht problemlos folgen zu können. Für diese Kinder stellt die Mehrsprachigkeit einen individuellen und gesellschaftlichen Gewinn dar, dessen Chancen und Möglichkeiten leider in Deutschland noch zu häufig ignoriert werden. Bei ungefähr einem Fünftel (22 %) der Fünfjährigen werden allerdings im Rahmen der vorschulischen Sprachstandserhebungen Defizite in der deutschen Sprache diagnostiziert (Autorengruppe Bildungsberichterstattung, 2020).

Als entscheidend für die sprachlichen Kompetenzen gilt die Kontakthäufigkeit zur deutschen Sprache, die wiederum stark vom Zeitpunkt der Zuwanderung abhängt: Während 91 % der Kinder, deren Familien bereits in der dritten Generation in Deutschland leben, zu Hause Deutsch sprechen, ist dies bei Kindern der ersten

---

3 Auf die Diskussion um die Definition des Begriffs Migrationsstatus kann hier nicht näher eingegangen werden. Eine ausführliche Erörterung hierzu findet sich bei Dubowy et al. (2011).

Einwanderergeneration in 72 % nicht der Fall (Autorengruppe Bildungsberichterstattung, 2020). Insgesamt betrug der Anteil der Kinder, die zu Hause vorrangig nicht Deutsch sprechen, unter den Drei- bis Sechsjährigen in Kindertageseinrichtungen im Jahr 2019 22 %; in einigen Bundesländern (Berlin, Bremen, Hessen) traf dies sogar auf jedes dritte Kind zu (Autorengruppe Bildungsberichterstattung, 2020). Ein Teil der mehrsprachigen Kinder kommt also erst in den vorschulischen Bildungseinrichtungen oder sogar erst in der Schule in Kontakt mit der deutschen Sprache. Diese eingeschränkten Spracherfahrungen bedingen wiederum Defizite in der Unterrichtssprache Deutsch zum Schuleintritt.

Als problematisch ist in diesem Kontext die Tatsache einzuschätzen, dass die Bildungsbeteiligung von Kindern mit Migrationshintergrund im Elementarbereich immer noch niedriger ist als bei den Kindern ohne Migrationshintergrund: So besucht mit 81 % zwar die überwiegende Mehrheit der drei- bis sechsjährigen Kinder mit Migrationshintergrund eine Kindertageseinrichtung, das sind jedoch immer noch deutlich weniger als bei den Kindern ohne Migrationshintergrund, wo mit nahezu 100 % eine quasi vollständige Bildungsbeteiligung in dieser Altersgruppe erreicht wird. Noch gravierender fällt die Differenz in der Gruppe der unter Dreijährigen aus: Hier liegt der Anteil der Kinder, die eine Kindertageseinrichtung besuchen, bei den Kindern ohne Migrationshintergrund mit 42 % doppelt so hoch wie bei den Kindern mit Migrationshintergrund (21 %) (alle Zahlen: Autorengruppe Bildungsberichterstattung, 2020). Der Erwerb der deutschen Sprache wird bei vielen mehrsprachigen Kindern auch dadurch erschwert, dass es aufgrund der ungleichen regionalen Verteilung der Kinder mit Migrationshintergrund in westdeutschen Ballungsräumen inzwischen viele Einrichtungen gibt, in denen die mehrsprachigen Kinder die Mehrheit stellen, sodass die Möglichkeiten zum Kontakt mit gleichaltrigen deutschsprachigen Kindern im Alltag, der für den Spracherwerb so wichtig ist, eingeschränkt sind.

Nicht zuletzt durch die in den internationalen Schulleistungsstudien sichtbar gewordenen gravierenden Nachteile von Kindern mit Migrationshintergrund im deutschen Bildungssystem (Schwippert et al., 2007; Stanat, 2006) gerieten die sprachlichen Kompetenzen dieser Kinder in den letzten beiden Jahrzehnten verstärkt in den Fokus der Öffentlichkeit und setzten die politischen Verantwortungsträger unter Handlungszwang. Eine frühe und effektive Sprachförderung in den vorschulischen Einrichtungen gilt mittlerweile als Schlüsselelement für die Prävention von Bildungsbenachteiligungen dieser Kinder.

Mehrsprachige Kinder sind aber nicht die einzige Gruppe, in der sprachliche Defizite die Schulbereitschaft gefährden können. Darüber hinaus gibt es auch einsprachig deutsch aufwachsende Kinder, deren Spracherwerb nicht altersgemäß verläuft und deren Schulbereitschaft und zu erwartende Lern- und Leistungsentwicklung ebenfalls mit Problemen verbunden sein kann. Dies gilt insbesondere für Kinder aus sogenannten »bildungsfernen« Familien, die zu Hause nicht genügend oder zu wenig anspruchsvolle sprachliche Anregungen erhalten, um auf die schulischen Anforderungen ausreichend vorbereitet zu sein (Weinert & Ebert, 2013).

Von den Kindern mit (deutsch-)sprachlichen Defiziten aufgrund ungünstiger Sozialisationsbedingungen ist die in sich wiederum heterogene Gruppe von Kindern mit spezifischen Sprachentwicklungsstörungen abzugrenzen. Bei dieser Gruppe kommt es unabhängig vom sprachlichen Anregungsniveau des Elternhauses zu Verzögerungen und Störungen des normalen Spracherwerbs, die häufig auch Schwierigkeiten im Erwerb des Lesens und Schreibens zur Folge haben (Kany & Schöler, 2012). Während bei Kindern mit sozialisationsbedingtem sprachlichen Förderbedarf eine alltagsintegrierte Förderung und ein angereichertes Sprachangebot in der Kindertageseinrichtung häufig ausreichen, um die Defizite bis zum Schulbeginn ausgleichen zu können, bedürfen Kinder mit Sprachentwicklungsstörungen individueller Fördermaßnahmen durch speziell ausgebildete Fachkräfte, insbesondere durch Logopädinnen oder Sprachheilkräfte.

5.1.2 Relevante sprachliche Kompetenzbereiche

Der Spracherwerb gehört zu den zentralen Entwicklungsaufgaben der frühen Kindheit. Innerhalb einer vergleichsweise kurzen Zeitspanne von weniger als fünf Jahren erlernen die meisten Kinder das komplexe Regelwerk ihrer Muttersprache und erwerben zudem elementare pragmatisch-kommunikative Kompetenzen (für einen ausführlichen Überblick über die Sprachentwicklung in Erst- und Zweitsprache vgl. Schulz & Grimm, 2012; Szagun, 2019; Tracy, 2008). Für die Schulbereitschaft eines Kindes entscheidend sind zum einen die Sprachkompetenzen im engeren Sinne, die es ihm erlauben, dem Unterricht zu folgen und mit der Lehrkraft und anderen Kindern zu kommunizieren, zum anderen aber auch spezifische sprachliche Kompetenzen, die für einen erfolgreichen Schriftspracherwerb notwendig sind. Für die erfolgreiche Bewältigung der schulischen Anforderungen sind insbesondere gute Kompetenzen in den folgenden Sprachbereichen relevant (für einen Überblick vgl. Ruberg & Rothweiler, 2012):

a) **Semantik**
Der Begriff der Semantik bezeichnet das Wissen über die Bedeutung von Wörtern, also den Wortschatz oder das Lexikon des Kindes. Je besser der aktive Wortschatz eines Kindes entwickelt ist, desto besser kann es sich ausdrücken, seine Unterrichtsbeiträge formulieren und seine Bedürfnisse gegenüber der Lehrkraft und anderen Kindern äußern. Der passive Wortschatz bedingt dagegen sein Verständnis der gestellten Anforderungen und Aufgaben sowie der vermittelten inhaltlichen Unterrichtsgegenstände. Der kindliche Wortschatzerwerb steht in einem engen Zusammenhang mit der Quantität und Qualität des familialen sprachlichen Inputs (Hart & Risley, 1992).

b) **Morphologie/Syntax**
Hierunter versteht man das komplexe grammatische Regelwerk einer Sprache, das z. B. die korrekte Pluralbildung, Bildung verschiedener Zeitformen, die korrekte Satzstellung oder die Flexion und Deklination von Wörtern umfasst. Darunter fallen sowohl Regeln der Wortbildung (morphologische Regeln) als auch solche der Satzbildung (syntaktische Regeln). Zwar sind die wenigsten Menschen in der Lage, die grammatischen Regeln ihrer Muttersprache explizit zu formulieren; die implizite Anwendung dieser Regeln beeinflusst jedoch in hohem Maße ihre Fähigkeit, sich angemessen verständlich zu machen. Während

Defizite in der Grammatik in der mündlichen Kommunikation mit verständnisvollen Gesprächspartnern häufig noch ausgeglichen werden können, treten sie spätestens im Rahmen des Schriftspracherwerbs deutlich zu Tage und stellen mit zunehmenden schulischen Anforderungen ein gravierendes Hindernis für die Lernentwicklung des Kindes dar.

c) Phonologische Basisqualifikationen

Die Qualität der lautlichen (phonischen) Verarbeitung wird bestimmt durch die Wahrnehmung, Unterscheidung und Produktion von Lauten, Silben und Wörtern sowie die Nutzung prosodischer Merkmale (z. B. der Intonation bei der Formulierung von Fragen oder Aussagen). Diese lautsprachlichen Kompetenzen sind insbesondere für den Schriftspracherwerb von besonderer Bedeutung. So hat sich die Fähigkeit zur Zerlegung von Sätzen in einzelne Wörter und zur Segmentation von Wörtern in Laute als prädiktiv für den erfolgreichen Schriftspracherwerb erwiesen (z. B. Schneider & Marx, 2008; Schneider et al., 2000). Die phonologischen Basisqualifikationen werden daher in den Ausführungen zu den spezifischen Vorläuferfertigkeiten des Schriftspracherwerbs (▶ Kap. 5.2.1) noch einmal ausführlich behandelt.

d) Pragmatik

Die pragmatischen Kompetenzen umfassen die zur sprachlichen Kommunikation mit anderen und zum sozialen Sprechhandeln notwendigen Kenntnisse und bilden die kommunikative Grundlage des Spracherwerbs. Zuerst erwirbt das Kind basale diskursive Strukturen, wie das Prinzip des Sprecherwechsels. Später kommen Fähigkeiten zum komplexen sprachlichen Handeln dazu, z. B. die Erzählfähigkeit. Die pragmatischen Fähigkeiten sind nicht an eine spezifische Sprache gebunden, d. h., sie können von Kindern mit Deutsch als Zweitsprache in der Regel aus der Erstsprache übernommen werden.

e) Literale Kompetenzen

Unter literalen Basiskompetenzen versteht man die Summe der frühen Erfahrungen des Kindes mit Sprache und Schrift, wie Vorlesen, Bilderbücher anschauen, Geschichten erzählen, Reime oder Lieder singen. Diese Erfahrungen wirken sich sowohl auf den Spracherwerb im engeren Sinne als auch auf den Schriftspracherwerb positiv aus. Da den literalen Kompetenzen im Hinblick auf die Schulbereitschaft besondere Bedeutung zukommt, wird auch auf diese in Kap. 5.2.1 (▶ Kap. 5.2.1) noch genauer eingegangen.

Das sprachliche Angebot der Umgebung spielt eine zentrale Rolle für den kindlichen Spracherwerb. Sowohl die Menge der sprachlichen Äußerungen, die die Kinder erfahren, als auch eine Vielzahl qualitativer Merkmale der (Eltern-)Sprache erwiesen sich in empirischen Studien als bedeutsam für den Spracherwerb (z. B. Ritterfeld, 2000).

Das familiäre Sprachangebot unterscheidet sich jedoch in Abhängigkeit von sozialen Variablen: Kinder aus Familien mit einem höheren sozioökonomischen Status erfahren in der Regel quantitativ mehr sprachliche Anreize und einen qualitativ höherwertigen Input als Kinder aus sozial schwächer gestellten Familien (Hart & Risley, 1992; Hoff-Ginsberg, 1998). Bereits relativ früh lassen sich folglich auch soziale Ungleichheiten in der kindlichen Sprachkompetenz nachweisen (Weinert et al., 2010). Allerdings konnte in einer Reihe von Studien gezeigt werden, dass man Eltern und Erzieherinnen relativ leicht beibringen kann, den Spracherwerb von Kindern durch den Einsatz einfacher Sprachlehrstrategien oder durch ein dialogisches Vorlesen effektiv zu unterstützen (Buschmann et al., 2010).

Häufig wird zwischen der Alltagssprache und der sogenannten Bildungssprache unterschieden (Gogolin & Lange, 2011). Während die Alltagssprache sich an der mündlichen Kommunikation orientiert, lexikalisch und grammatisch eher einfach aufgebaut und in der Regel in einen Kontext eingebunden ist, zeichnet sich die Bildungssprache durch einen kognitiv anspruchsvollen, stark an der Schriftlichkeit orientierten Stil und einen höheren Abstraktionsgrad aus. In schulischen Kontexten werden mit steigender Klassenstufe zunehmend bildungssprachliche Kompetenzen vorausgesetzt. Gerade Kinder aus bildungsfernen Schichten und zweisprachige Kinder weisen insbesondere im bildungssprachlichen Bereich Defizite auf (Berendes et al., 2013). Selbst Kinder, die sich in der mündlichen Alltagssprache gut verständlich machen können, erfahren mit Fortschreiten der Schulaufbahn zunehmend Nachteile gegenüber Kindern aus bildungsnahen Familien, die mit diesem Sprachtyp vertrauter sind.

Auf praktische Implikationen für die Feststellung und auf Fördermöglichkeiten sprachlicher Kompetenzen wird weiter unten in diesem Band eingegangen. In Kapitel 6.3.3 werden verschiedene diagnostische Verfahren zur Erfassung des Sprachstands von Vorschulkindern thematisiert (▶ Kap. 6.3.3). In Kapitel 7.2.1 kommen wir dann auf das Thema der Sprachförderung zurück, um Ansätze zur alltagsintegrierten Förderung der kindlichen Sprache im Elementarbereich sowie Programme zur gezielten Förderung spezifischer Vorläufer des Schriftspracherwerbs vorzustellen und zu diskutieren (▶ Kap. 7.2.1).

5.2 Bereichsspezifische kognitive Vorläuferfertigkeiten

5.2.1 Literale Basiskompetenzen als Vorläufer des Schriftspracherwerbs

Die Beherrschung der deutschen Sprache wirkt sich bereichsübergreifend auf die schulische Entwicklung des Kindes in allen (inhaltlichen, sozialen und motivational-emotionalen) Bereichen aus. Darüber hinaus lassen sich vor Schuleintritt spezifische sprachliche Merkmale identifizieren, die als Vorläuferfertigkeiten des Schriftspracherwerbs gelten. Dabei handelt es sich nicht um die Vorwegnahme konkreter schulischer Inhalte, d. h., für die Schulbereitschaft eines Kindes ist es nicht so sehr entscheidend, wie viele Buchstaben es etwa bereits kennt – vielmehr sind die angesprochenen Vorläuferfertigkeiten grundlegende Basiskompetenzen, die den Erwerb der Schriftsprache ermöglichen bzw. erleichtern. Fachleute weisen immer wieder darauf hin, dass der Erwerb der Schriftsprache nicht erst mit dem formalen Unterricht in der Schule beginnt, sondern die Kinder sich bereits lange davor literale Kompetenzen aneignen. Besonders wichtig sind in diesem Zusammenhang die lautsprachlichen Basiskompetenzen.

Kasten 5: Fokus: Stufen des Schriftspracherwerbs

Die meisten Kinder interessieren sich schon früh für Schrift und entwickeln erste Vorstellungen von ihrer Funktion. Ein zentraler Schritt beim Erwerb literaler Kompetenzen besteht im Begreifen, dass Schrift symbolhaft und bedeutungstragend ist. Diese Erkenntnis ist essentiell für die weitere Entwicklung. Indem Kinder z.B. so tun, als ob sie jüngeren Kindern etwas vorlesen oder beim Spielen gekritzelte Briefe oder Einkaufszettel »schreiben«, zeigen sie, dass sie die Funktion der Schrift begriffen haben.

Theorien zum Schriftspracherwerb gehen von mehreren aufeinander aufbauenden Stufen aus (vgl. Überblick bei Rhyner, Haebig & West, 2009). Nach dem Entwicklungsmodell des Leseerwerbs von Frith (1985) durchlaufen Kinder bereits im Vorschulalter eine als logographemisch bezeichnete Phase, in der sie bereits in der Lage sind, ausgewählte Schriftzüge, wie z.B. Markennamen, anhand markanter logographischer Merkmale zu identifizieren (z.B. Lego®). Die Schrift wird in dieser Stufe allerdings noch rein aufgrund visueller Merkmale verarbeitet, eine Zuordnung von Buchstaben und Lauten findet noch nicht statt. Viele Kinder können in dieser Phase auch schon ihren eigenen Namen erkennen und schreiben. Um den Zeitpunkt des Übergangs in die Grundschule erwerben die meisten Kinder das Prinzip der phonemisch-graphemischen Zuordnung, das der Schriftsprache zugrunde liegt. Dies markiert den Übergang in die alphabetische Phase, in der das Kind seine Kenntnisse kontinuierlich um immer mehr Buchstaben erweitert und in der Lage ist, Wörter zu erlesen und lautgetreu zu verschriftlichen. In dieser Stufe lernen die Kinder das Lesen und Schreiben im eigentlichen Sinne. Im Laufe des Grundschulalters erwerben sie in der orthographischen Stufe dann zunehmend Kompetenzen, die über die reine phonographische Zuordnung hinausgehen, und lernen, die in ihrer spezifischen Sprache geltenden Rechtschreibregeln anzuwenden.

Komponenten früher literaler Kompetenzen

Die frühen schriftsprachrelevanten Kenntnisse der Kinder werden in der Fachliteratur auch als *Frühe Literalität (emergent literacy)* bezeichnet. Mitunter wird der Begriff der frühen Literalität sehr weit gefasst und beinhaltet die Summe aller kindlichen Erfahrungen mit der mündlichen und schriftlichen Sprache, also im Umgang mit Schrift und gesprochener Sprache, z.B. über Bücher, Vorlesen, Singen und Geschichten. Teale und Sulzby (1989) etwa fassen unter *emergent literacy* alle diesbezüglichen Erfahrungen des Kindes, die vor dem Schriftspracherwerb stattfinden. Whitehurst und Lonigan (1998) definieren *emergent literacy* etwas spezifischer als die Fertigkeiten, das Wissen und die Einstellungen des Kindes in Bezug auf die

Schriftsprache sowie die Umweltbedingungen, die den Erwerb dieser Merkmale fördern. Dazu zählen einerseits linguistische, metalinguistische und phonologische Kompetenzen, andererseits aber auch konzeptuelles Wissen über das Lesen und Schreiben, wie z. B. das Wissen, dass die Schrift (in unserem Sprachraum) von links nach rechts und von oben nach unten gelesen wird, oder die Kenntnis von Begriffen wie Überschrift, Kapitel oder Autor.

Eine besondere Rolle spielt in diesem Kontext das gemeinsame Lesen in der Familie oder der Kindertageseinrichtung. So konnte in vielen Studien gezeigt werden, dass sich das Vorlesen von (Bilder-)Büchern positiv auf die schulische Leseentwicklung der Kinder auswirkt (Leseman & de Jong, 1998; Bus et al., 1995). Das gemeinsame Anschauen von Bilderbüchern sowie regelmäßiges Vorlesen in der Familie oder im Gruppenalltag der Kindertageseinrichtungen weckt die Neugier und Lesemotivation der Kinder, bietet ihnen reichhaltige sprachliche Anregungen und sagt den Schulerfolg im Lesen vorher. Die frühe Literalität lässt sich als Entwicklungskontinuum vom frühen Kindesalter bis zum Schulbeginn beschreiben.

So wie beim Lesenlernen üblicherweise zwei Domänen unterschieden werden, nämlich einerseits das Dekodieren von Schriftzeichen, also die Lesefertigkeit im engeren Sinne, und andererseits das Leseverständnis (z. B. Snow, 1999), lassen sich auch zwei Komponenten der frühen Literalität differenzieren (vgl. Whitehurst & Lonigan, 1998): die sogenannten *inside-out*-Fertigkeiten, die sich auf das spätere Dekodieren auswirken, und die *outside-in*-Fertigkeiten, die das spätere Leseverständnis beeinflussen. Zu den *inside-out*-Fertigkeiten zählen vor allem die Buchstabenkenntnis und die phonologische Bewusstheit; die *outside-in*-Fertigkeiten umfassen die allgemeinen Sprachkompetenzen und das konzeptuelle Wissen des Kindes. Nickel (2013) bezeichnet die *outside-in*-Fertigkeiten auch als Erfahrungswissen und Lesesozialisation der Kinder. Beide Komponenten werden durch unterschiedliche Lernerfahrungen des Kindes beeinflusst.

Eine umfangreiche Metaanalyse zum Einfluss früher Vorläuferfertigkeiten auf den Schriftspracherwerb wurde im Rahmen des *National Literacy Panels* in den USA durchgeführt und berücksichtigt die Ergebnisse von fast 300 Studien zum Lesen- und Schreibenlernen (Shanahan & Lonigan, 2010). Dabei konnten sechs Merkmale identifiziert werden, die eine besonders verlässliche Prognose des Schriftspracherwerbs erlauben:

1. die phonologische Bewusstheit,
2. die frühe Buchstabenkenntnis,
3. die Benenngeschwindigkeit für Buchstaben und Zahlen,
4. die Benenngeschwindigkeit für Objekte und Farben,
5. das Schreibenkönnen des eigenen Namens und
6. die Funktionstüchtigkeit des phonologischen Arbeitsgedächtnisses.

Der hohe Vorhersagewert dieser sechs Merkmale blieb auch dann erhalten, wenn die allgemeine Intelligenz der Kinder berücksichtigt wurde.

Als weitere Merkmale mit moderatem Einfluss auf den Schriftspracherwerb erwiesen sich das konzeptuelle Wissen über Schrift, die mündliche Sprache und die visuelle Informationsverarbeitung. Die Ergebnisse stützen auch die Annahme, dass sich der Schriftspracherwerb aus zwei verschiedenen Erwerbskomponenten zusammensetzt (Snow, 1999; Whitehurst & Lonigan, 1998): Buchstabenkenntnis und phonologische Bewusstheit erwiesen sich insbesondere für die Dekodierfähigkeit, also die Lesefertigkeit im engeren Sinne, als bedeutsam, während die mündliche Sprachkompetenz eher für das Leseverständnis relevant war. Auch in einer Längsschnittstudie mit deutschsprachigen Kindern erwiesen sich Benenngeschwindigkeit, phonologische Bewusstheit und Worterkennen zu Schulbeginn als besonders gute Prädiktoren für die spätere Leseflüssigkeit (Landerl & Wimmer, 2008).

Frühe lautsprachliche Kompetenzen der phonologischen Bewusstheit

Die lautsprachlichen Basiskompetenzen der Kinder sind ein zentraler bereichsspezifischer Vorläufer des Schriftspracherwerbs. Liegen hier Defizite vor, erhöht dies das Risiko für das Auftreten von Schwierigkeiten beim Erlernen des Lesens und Schreibens (Schneider et al., 2000). Dabei spielt insbesondere die sogenannte *phonologische Bewusstheit* eine große Rolle (Bus & van Ijzendoorn, 1999; Schneider, 2012; Wagner & Torgesen, 1987). Hierunter versteht man die Fähigkeit, die lautliche Struktur einer Sprache zu erkennen, also Laute und Silben in Wörtern bewusst wahrzunehmen. Hierzu muss ein Kind seine Aufmerksamkeit vom Inhalt der Worte lösen können und sie auf die formalen Aspekte der Sprache richten. Dies scheint für das Lernen von Lesen und Schreiben unabdingbar zu sein. Um eigenständig Wörter und Sätze erlesen zu können, muss das Kind ein Bewusstsein erworben haben, dass einzelne Laute zu größeren Einheiten, eben Wörtern und Sätzen, zusammengesetzt werden können. Andersherum muss es zunächst begreifen, dass sprachliche Äußerungen sich in kleinere Einheiten, nämlich Laute (Phoneme) zerlegen lassen, bevor es selbst aus Buchstaben Wörter und Sätze bilden kann.

Verbreitet ist die Unterscheidung von Skowronek und Marx (1989) zwischen der phonologischen Bewusstheit im engeren und der im weiteren Sinne. Die *phonologische Bewusstheit im weiteren Sinne* bezieht sich auf das Analysieren größerer sprachlicher Einheiten, wie das Entdecken von Silben in Wörtern und Sätzen, aber auch das Erkennen und Bilden von Reimen. Diese Fähigkeiten erwerben die meisten Kinder im Laufe des Vorschulalters beiläufig durch den alltäglichen Umgang mit der Sprache. Die *phonologische Bewusstheit im engeren Sinne* umfasst die Lautebene und bezeichnet die bewusste Wahrnehmung der kleinsten lautsprachlichen Einheiten der gesprochenen Sprache, also der Phoneme, aus denen sich Wörter zusammensetzen, und den bewussten Umgang damit. Für den Erwerb schriftsprachlicher Fertigkeiten ist vor allem die phonologische Bewusstheit im engeren Sinne zentral, da sie das Erlernen der Zuordnung von Buchstaben zu Lauten erleichtert. Diese Kompetenz bildet sich üblicherweise erst im Kontext des angeleiteten Schriftspracherwerbs in der Schule aus, basiert aber auf den frühen lautsprachlichen Basiskompetenzen.

Inzwischen wird durch zahlreiche Studien belegt, dass der vorschulische Entwicklungsstand der phonologischen Bewusstheit für die Prognose der späteren Lese- und Rechtschreibleistungen gut geeignet ist (z. B. Goswami & Bryant, 1990; Landerl & Wimmer, 2008; Wagner & Torgesen, 1987). Kinder, die im letzten Jahr vor der

Einschulung Probleme in der lautsprachlichen Wahrnehmung und Verarbeitung aufweisen, haben ein deutlich erhöhtes Risiko für Schwierigkeiten beim Erwerb des Lesens und Schreibens in der Schule (Schneider et al., 2000). Es liegt daher nahe, durch ein frühes Training der phonologischen Bewusstheit das Risiko für Probleme im schulischen Schriftspracherwerb zu reduzieren. Tatsächlich zeigen sich positive Effekte derartiger Trainings auf die späteren Lese- und Rechtschreibleistungen im Grundschulalter (Bus & van Ijzendoorn, 1999; Ehri et al., 2001; Suggate, 2014). Allerdings schwächen sich die Effekte mit zunehmendem zeitlichen Abstand zu den Trainingsmaßnahmen ab. Eine Metaanalyse von Fischer und Pfost (2015) zeigt auch für den deutschen Sprachraum einen signifikanten Effekt der Förderung der phonologischen Bewusstheit auf die späteren Leistungen im Rechtschreiben, der jedoch im Vergleich zu den im englischen Sprachraum berichteten Effekten schwächer ausfällt. Diese vergleichsweise niedrigeren Effekte werden auf Unterschiede in der Orthographie der beiden Sprachen zurückgeführt, insbesondere auf die ausgeprägtere Graphem-Phonem-Korrespondenz des Deutschen im Vergleich zum Englischen. Auch zeigt sich, dass sich ein systematisches Training der phonologischen Bewusstheit im Deutschen insbesondere auf den Erwerb der Rechtschreib- und weniger auf die Lesekompetenzen der Kinder auswirkt (vgl. Moll et al., 2014). Das schmälert jedoch nicht die Bedeutung der phonologischen Bewusstheit als eine wichtige Vorläuferfertigkeit für den Schriftspracherwerb.

5.2.2 Frühe Vorläufer mathematischer Kompetenzen

Neben dem Lesen und Schreiben zählt das Rechnen zu den elementaren Kulturtechniken, die in der Grundschule vermittelt werden. Insofern erstaunt es nicht, dass auch die frühen mathematischen Kompetenzen für die Beurteilung der Schulbereitschaft eines Kindes zentral sind. In den ersten Schuljahren werden numerische und arithmetische Grundfertigkeiten erworben und gefestigt, die grundlegend für alle später zu erlernenden höheren arithmetischen und algebraischen Operationen sind. Kinder, die nicht über die zum Erwerb dieser Fertigkeiten notwendigen Grundlagen verfügen, laufen daher Gefahr, schon in den ersten Schuljahren im Mathematikunterricht den Anschluss zu verlieren, da ihnen das Fundament für die weitere Lernentwicklung in der gesamten Schullaufbahn fehlt (Lorenz, 2016).

Doch welches sind die numerischen Basiskompetenzen, die Kinder im Vorschulalter erwerben (sollten)? Hier ist weniger relevant, ob ein Kind schon bis 5, 10, 50 oder 100 zählen kann – entscheidend ist vielmehr das grundlegende Verständnis der dem Zählvorgang zugrunde liegenden Konzepte der *Anzahl*, der *Kardinalität* und der *Größenrelationen*. Ein angemessenes Verständnis dieser Konzepte bildet die Grundlage für alle in der Grundschule vermittelten arithmetischen Kompetenzen. Die basalen numerischen Kompetenzen sind das Fundament für die arithmetische Kompetenzentwicklung und in hohem Maße prädiktiv für die späteren Schulleistungen in Mathematik (Krajewski & Schneider, 2009). Rechenschwache Kinder weisen häufig noch am Ende der Grundschulzeit erhebliche Defizite in den numerischen Basiskompetenzen auf (Gaupp et al., 2004). Die frühen basisnumerischen

Kompetenzen sind sogar noch für die Mathematikleistungen in der Sekundarstufe von Bedeutung (Ennemoser et al., 2011).

Im deutschsprachigen Raum haben Krajewski (2013) sowie Fritz und Ricken (2008) Entwicklungsmodelle des mathematischen Verständnisses vorgelegt (für weitere Modelle vgl. auch Lorenz, 2016). In beiden dieser im nächsten Abschnitt skizzierten Modelle wird von einem stufenweisen Erwerb der verschiedenen Basisfertigkeiten über die Vorschuljahre hinweg ausgegangen.

Entwicklungsmodelle numerischer Basiskompetenzen

Nach dem *Entwicklungsmodell der Zahl-Größen-Verknüpfung* (ZGV-Modell) von Krajewski (2013) ist die Verknüpfung von Zahlen mit Größen und Größenrelationen der entscheidende Entwicklungsschritt, der es dem Kind ermöglicht, die Anforderungen des mathematischen Schulanfangsunterrichts erfolgreich zu bewältigen. Auf dem Weg dorthin durchläuft das Kind drei Entwicklungsstufen oder Ebenen. Die im Modell beschriebenen Basiskompetenzen haben sich in zahlreichen Studien als geeignet für die Vorhersage der schulischen Mathematikleistungen erwiesen (Krajewski & Schneider, 2009).

Ebene 1: Basisfertigkeiten: Zahlwörter und Ziffern ohne Größenbezug

Von Geburt an verfügen Kinder über bestimmte mathematische Grundkenntnisse. Zu diesen angeborenen Fertigkeiten zählt vor allem ein grober Mengenbegriff, der es dem Kind ermöglicht, eine Unterscheidung in »mehr« oder »weniger« vorzunehmen. Dabei erfolgt die Klassifizierung im Wesentlichen anhand der räumlichen Ausdehnung und gelingt umso besser, je größer, also visuell offensichtlicher der Unterschied zwischen zwei Mengen ist. Auf dieser Grundlage erwirbt das Kind dann im Laufe der Vorschuljahre erste Kenntnisse von Zahlwörtern und Ziffern. Viele Kinder beginnen früh mit einer basalen Form des Zählens, indem sie Zahlwörter in einem kleinen Zahlenraum in der richtigen Reihenfolge aufsagen. Das frühe Zählen in diesem Stadium ist allerdings noch nicht mit der Mengenwahrnehmung verknüpft, d. h., die Kinder können eine Zahlenreihe auswendig aufsagen, ohne den Zusammenhang mit den dahinterstehenden Mengen zu begreifen. Auch können viele Kinder früh erste arabische Ziffern erkennen und benennen, allerdings auch hier in der Regel ohne einen Bezug zu ihrer Bedeutung.

Ebene 2: Verknüpfung von Zahlwörtern und Ziffern mit Größen (Anzahlkonzept)

Ab dem Alter von etwa drei Jahren gelingt den Kindern allmählich die Verknüpfung von Zahlwort und Anzahl, d. h., der Zusammenhang zwischen den Zahlen und den Größen, die sie repräsentieren, wird ihnen zunehmend bewusst. Dabei lassen sich zwei Phasen der Entwicklung abgrenzen:

1. *Phase des unpräzisen Anzahlkonzepts (2a):*
   In dieser Phase ist die Zuordnung von Zahlwörtern zu verbalen Mengenbegriffen noch recht grob und erfolgt im Wesentlichen kategorial, d. h., das Kind ordnet Zahlwörter einer bestimmten Kategorie zu (z. B. 100 ist viel, 3 ist wenig). Ein Vergleich von Mengen ist nur bei großem Abstand möglich.
2. *Phase des präzisen Anzahlkonzepts (2b):*
   Im nächsten Entwicklungsschritt differenziert sich das Anzahlkonzept weiter aus, d. h., die Vorstellung von den repräsentierten Größen wird präziser. Die Kinder beherrschen die Zahlenreihenfolge immer sicherer und können bald auch nahe beieinanderliegende Zahlen unterscheiden. Damit einher geht auch das Verständnis des Kardinalprinzips von Zahlen, also die Erkenntnis, dass jede Zahl immer genau eine Menge bezeichnet und dass die beim Zählen zuletzt genannte Zahl zugleich der Gesamtsumme der gezählten Objekte entspricht. Dieser Schritt stellt die Voraussetzung für Vergleiche von Zahlen dar. Allerdings lassen die Kinder sich auf dieser Entwicklungsstufe oft noch durch Widersprüche zwischen der Anzahl und der Flächenmenge verwirren, sodass ihnen ein Vergleich bei gleichem Material bereits gut gelingt, bei unterschiedlichen Materialarten dagegen noch schwerfällt.

Ebene 3: Verknüpfung von Zahlwörtern und Ziffern mit Größenrelationen (Anzahlrelationen)

Auf der dritten Entwicklungsstufe erwerben die Kinder ein tieferes Verständnis der Beziehungen zwischen Mengen und Zahlen. Sie verstehen nun, dass eine Menge sich aus verschiedenen Anzahlen zusammengesetzt und wiederum in diese zerlegt werden kann. Damit einher geht auch die Erkenntnis, dass der Unterschied zwischen zwei Zahlen wieder mit einer Zahl quantifiziert werden kann. Dieses Verständnis für Relationen zwischen Zahlen markiert den Übergang zum kompetenten Rechnen und signalisiert, dass das Kind für den Erwerb erster mathematischer Fertigkeiten bereit ist.

Fritz und Ricken (2008; Fritz et al., 2013) postulieren in dem von ihnen vorgelegten Entwicklungsmodell basisnumerischer Kompetenzen eine Sequenz von fünf Kompetenzstufen, deren Grundzüge und Erwerbsreihenfolge einige Ähnlichkeiten mit den Stufen von Krajewski aufweisen, jedoch mit anderen Begrifflichkeiten und differenzierterer Untergliederung. Auf den fünf aufeinander aufbauenden Stufen dieses Modells wird das Verständnis der folgenden Konzepte erworben:

1. Stufe: Zählzahl: Reihenbildung und Mengenvergleich
2. Stufe: Ordinaler Zahlenstrahl und zählendes Rechnen
3. Stufe: Kardinalität und Zerlegbarkeit
4. Stufe: Klasseninklusion und Enthaltensein: Teile/Ganzes-Zerlegbarkeit
5. Stufe: Relationalität und Teilmengenverständnis

Grundsätzlich erfolgt die Entwicklung des mathematischen Verständnisses zwar stufenweise, jedoch können die Stufen überlappen, d. h., das Kind kann sich zum selben Zeitpunkt auf unterschiedlichen Ebenen der Stufensequenz befinden, abhängig z. B. von der Repräsentationsform (verbal benannte oder schriftliche Ziffern) oder dem betrachteten Teil des Zahlenraums. So kann ein Kind etwa im Zahlenraum bis 10 bereits die Anzahlrelation verstanden haben, während es im höheren Zahlenraum erst über das Anzahlkonzept verfügt.

Eine erfolgreiche Bewältigung des mathematischen Anfangsunterrichts setzt in der Regel voraus, dass die Kinder zumindest über ein gefestigtes Anzahlkonzept und ein Verständnis der Kardinalität verfügen. In Kapitel 7 werden empirisch bewährte Förderprogramme vorgestellt, mit denen die numerischen Basiskompetenzen von Vorschulkindern gezielt gefördert werden können (▶ Kap. 7).

5.3 Sozial-emotionale und motivationale Voraussetzungen

Neben den bereits beschriebenen sprachlichen Kompetenzen und den für den Erwerb von Schriftsprache und Mathematik relevanten Vorläuferkompetenzen gehören zur Schulbereitschaft auch bereichsübergreifende Kompetenzen, die für das schulische Verhalten und den Lernerfolg des Kindes in allen inhaltlichen Lernbereichen von Bedeutung sind. Dazu zählen insbesondere sozial-emotionale und motivationale Voraussetzungen des Kindes.

5.3.1 Sozial-emotionale Kompetenzen

Fragt man Eltern und pädagogische Fachkräfte nach ihrer Meinung, welche Merkmale die Schulbereitschaft eines Kindes ausmachen, rangiert das Sozialverhalten stets ganz weit vorne. In einer Studie von Pohlmann-Rother et al. (2011) belegte es bei den pädagogischen Fachkräften im Vorschulbereich den ersten und sowohl bei Eltern als auch bei Lehrkräften den zweiten Platz; nur die Bedeutung von Ausdauer und Konzentrationsfähigkeit wurde von den beiden letztgenannten Gruppen noch höher eingeschätzt.

Schulisches Lernen findet in der Regel in Gruppen und damit im sozialen Kontext statt, sodass es stets in soziale Prozesse eingebettet ist (Zins et al., 2007). Es liegt daher nahe, dass sich die Fähigkeit eines Kindes, sich in einer Gruppe angemessen zu verhalten, auf seinen Schulerfolg auswirkt. Auch in den Bildungsplänen der Bundesländer für den Elementarbereich nimmt die soziale und emotionale Entwicklung von Kindern eine zentrale Stellung ein. Doch in welchen konkreten Verhaltensweisen zeigen sich die in der Schule benötigten sozial-emotionalen Kompetenzen?

Unter Sozialverhalten versteht man das Handeln in sozialen Situationen. Um dies erfolgreich zu gestalten, muss eine Person mit den eigenen Gefühlen und Bedürfnissen sowie mit denen anderer Menschen angemessen umgehen können. Soziale Fertigkeiten und soziales Wissen sind die Grundlagen für ein erfolgreiches Sozialverhalten. Zur sozial-emotionalen Kompetenz gehört daher, seine eigenen und die Gefühle anderer Personen zu erkennen und benennen zu können, positive und negative Emotionen zu verstehen und zu regulieren sowie Empathie und prosoziale Verhaltensweisen angemessen zeigen zu können (Wiedebusch & Petermann, 2011). Rose-Krasnor (1997) beschreibt soziale Kompetenz als Effektivität in sozialen Interaktionen mit anderen Menschen. Nach Denham und Brown (2010) zählen dazu die wahrgenommene Selbstwirksamkeit, positive Beziehungen zu Gleichaltrigen und die Akzeptanz in der Peergruppe. Unstrittig ist, dass die Entwicklung des Sozialverhaltens mit der Entwicklung kognitiver Fähigkeiten in Beziehung steht. So stellt etwa die Fähigkeit zum Erkennen verschiedener Perspektiven, die sich bei den meisten Kindern ungefähr im vierten Lebensjahr einzustellen beginnt, eine notwendige Voraussetzung für den Erwerb sozial angemessener Verhaltensweisen dar. Im Folgenden werden die verschiedenen Facetten der sozialen Kompetenz, die für den Schulanfang relevant sind, weiter ausdifferenziert.

Aspekte des Sozialverhaltens

Da der Besuch einer vorschulischen Kindertageseinrichtung heute mit einer Besuchsquote von über 95% in Deutschland der Regelfall ist, bringen die meisten Kinder bei der Einschulung bereits Erfahrungen mit Gruppenstrukturen und im Umgang mit Gleichaltrigen mit. Trotzdem stellt der Schulbeginn das Kind in sozialer Hinsicht noch einmal vor ganz neue Herausforderungen: Es muss neue Beziehungen zu bisher fremden Kindern und Lehrkräften aufbauen und sich in einer unvertrauten Gruppe zurechtfinden. Es muss neue Regeln und Routinen für das gemeinsame Lernen und soziale Miteinander verstehen und verinnerlichen. Es muss lernen, Freundschaften aufzubauen und aufrechtzuerhalten, mit anderen Kindern kooperativ zusammenzuarbeiten und Konflikte altersadäquat zu lösen. Dafür sind prosoziale und kooperative Verhaltensweisen, soziale Problemlösestrategien und kommunikative Kompetenzen erforderlich. Ein hilfsbereites, kooperatives Kind, das in der Lage ist, die Bedürfnisse anderer Kinder zu erkennen und darauf einzugehen, wird sich mit dem »Ankommen« in der neuen Klasse deutlich leichter tun als ein Kind, das über diese Kompetenzen nicht verfügt.

Ein erfolgreicher Schulbesuch setzt außerdem voraus, dass das Kind seine Gefühle regulieren kann und über eine altersadäquate Frustrationstoleranz und emotionale Stabilität verfügt, um mit Misserfolgen und Konflikten angemessen umgehen zu können. Während im Vorschulalter oft noch eine gewisse Toleranz gegenüber kindlichen Wutanfällen bei Misserfolgserlebnissen besteht, wird in der Schule allgemein erwartet, dass die Kinder negative Impulse bei unangenehmen Erlebnissen »unter Kontrolle haben« und ihr Verhalten angemessen steuern können.

Im Laufe der Grundschuljahre wächst zudem die Erwartung an die Kinder, selbstständig zu agieren, d.h. sich emotional von den Eltern zu lösen und im schulischen Alltag immer weniger auf die Anleitung und Unterstützung der Lehrkräfte angewiesen zu sein.

Weitere Aspekte, die sich auf die soziale Integration des Kindes und darüber hinaus unmittelbar auf seine erfolgreiche Bewältigung der schulischen Anforderungen auswirken, sind sein Verhalten im Unterricht sowie seine Einstellungen zum schulischen Lernen und zur Schule. Im englischen Sprachraum werden diese Merkmale unter den Begriff *classroom adjustment* gefasst (Denham et al., 2015; Ladd et al., 1999). Ein Kind, das ständig den Unterricht stört und sich nicht auf das Unterrichtsgeschehen einlassen kann, wird kaum in der Lage sein, den Lernstoff adäquat aufzunehmen und positive Beziehungen zu den anderen Kindern und zur Lehrkraft aufzubauen.

Mit dem Oberbegriff Sozialverhalten wird also eine Vielzahl emotionaler, kooperativer und selbst-regulativer Kompetenzen bezeichnet. Kinder, die nicht über entsprechende soziale Fertigkeiten verfügen, haben ein erhöhtes Risiko, an der Bewältigung des schulischen Alltags zu scheitern, und werden von anderen Kindern oft abgelehnt. Das kann wiederum dazu führen, dass sie nicht gerne in die Schule gehen, ihre Lernfreude abnimmt und sie häufiger fehlen (Birch & Ladd, 1997). Hieraus kann schnell ein Teufelskreis entstehen, der immer schwieriger zu durchbrechen ist: Je stärker ein Kind von anderen Kindern gemieden wird und je häufiger es fehlt, umso weniger Gelegenheiten erhält es, die fehlenden sozialen Kompetenzen in der Interaktion mit anderen Kindern zu erwerben. Durch fehlende soziale Kompetenzen gerät es in der Klasse immer stärker in die Außenseiterrolle und wird häufig ausgeschlossen, sodass es noch weniger gerne in die Schule geht und noch seltener positive Kontakte mit Klassenkameraden üben kann. Als weitere Folge können Lernlücken durch verpassten Lernstoff entstehen, die sich wiederum zusätzlich negativ auf die Lernmotivation und das Verhältnis des Kindes zur Schule auswirken.

In der zweiten Studie zur Gesundheit von Kindern und Jugendlichen in Deutschland (KIGGS Welle 2; Klipker et al., 2018) zeigten ca. 21 % der Jungen und 14 % der Mädchen im Vorschulalter in der Elterneinschätzung psychische Auffälligkeiten, wie emotionale Probleme, Probleme mit Gleichaltrigen, Verhaltensprobleme oder Hyperaktivität. Auch in einer Befragung von pädagogischen Fachkräften wurden für 20 % der Vorschulkinder Auffälligkeiten und nicht altersgemäß entwickelte sozial-emotionale Kompetenzen berichtet (Tröster & Reineke, 2007). Die in allen vorliegenden Studien höhere Prävalenz bei Jungen wird darauf zurückgeführt, dass diese häufiger nach außen gerichtete Muster, wie störendes oder aggressives Verhalten gegenüber anderen Kindern zeigen, während Mädchen eher nach innen gerichtete, emotionale Probleme entwickeln, die von der Umwelt weniger stark wahrgenommen werden.

Mangelnde sozial-emotionale Kompetenzen stellen also für etwa jedes fünfte Kind eines Jahrgangs eine ernsthafte Hürde auf dem Weg zu einem gelungenen Start der Schullaufbahn dar.

Wissen über Emotionen und Emotionsregulation

Unter Emotionen versteht man psychische Prozesse und Zustände, die als Reaktion auf bestimmte Situationen auftreten. Sie gehen mit spezifischen Kognitionen, körperlichen (peripherphysiologischen und endokrinologischen) Veränderungen und subjektivem Gefühlserleben einher. Emotionen können auch eine handlungsleitende Funktion haben und zu einer Verhaltensänderung führen.

Damit ein Kind lernen kann, seine Gefühle angemessen zu regulieren, muss es diese erst einmal bewusst wahrnehmen und differenzieren können. Die bewusste Wahrnehmung, das Benennen und Verstehen der eigenen Gefühle und die willentliche Emotionsregulation stellen zentrale Entwicklungsaufgaben des Vorschulalters dar (Seeger & Holodynski, 2022). Nur wenn ein Kind in der Lage ist, neben seinen eigenen auch die Bedürfnisse anderer Menschen zu erkennen, kann es auf diese eingehen und sie in seinen Handlungen berücksichtigen. Dabei steht der Erwerb des Wissens über Emotionen in enger Beziehung zur kognitiven Entwicklung. So ist beispielsweise das Verständnis darüber, dass verschiedene Menschen eine unterschiedliche Perspektive auf einen Sachverhalt haben können, eine notwendige Voraussetzung für die Wahrnehmung der Emotionen anderer Menschen (▶ Kasten 6).

Das kindliche Wissen über Emotionen ist somit eine zentrale Grundlage der sozial-emotionalen Kompetenz. Auch viele aktuell im Vor- und Grundschulalter eingesetzte Förderansätze zielen auf dieses Wissen ab. Dazu gehören das Wissen über eigene Emotionen und deren Regulation sowie das Erkennen der Emotionen anderer Menschen.

Kasten 6: Fokus: Wie Kinder Wissen über Emotionen erwerben

> Aus der Entwicklungspsychologie ist bekannt, dass das Wissen über sogenannte Basisemotionen und ihr Erkennen im Ausdruck anderer Menschen im Wesentlichen im Laufe der Vorschuljahre erworben und ausdifferenziert werden. Bereits mit ca. drei Jahren sind die meisten Kinder in der Lage, die Basisemotionen Freude, Ärger, Trauer und Furcht in Gesichtern zu erkennen. Ungefähr ein Jahr später können sie diese auch korrekt benennen (Widen & Russell, 2010). In den folgenden Jahren differenziert sich das Wissen über Emotionen immer weiter aus. Erst im Übergang zum Schulalter werden auch komplexere Gefühle, wie z. B. Scham, Stolz oder Neid, benannt und verstanden, auch wenn die Emotionen selbst bereits zum Ende des Kleinkindalters auftreten.
>
> Ab dem Alter von ca. fünf Jahren begreifen die Kinder allmählich den Zusammenhang zwischen Situationen und den durch sie ausgelösten Emotionen, d. h., sie erkennen, dass bestimmte Situationen und Ereignisse mit spezifischen Gefühlen verbunden sind (Janke, 2008). Wenig später können sie auch interne Zustände als Auslöser für Gefühle sprachlich identifizieren. Im frühen Grundschulalter verstehen die meisten Kinder, dass der Ausdruck von Emotionen nicht immer authentisch sein muss, sondern auch sozialen Regeln folgen kann, wie z. B. die gesellschaftliche Erwartung, dass auf Geschenke mit Freude reagiert

werden sollte, selbst wenn man vom Geschenk enttäuscht ist (für einen Überblick vgl. Klinkhammer, Voltmer & von Salisch, 2022).

Die Entwicklung der Fähigkeit, Emotionen bei anderen zutreffend vorherzusagen, steht im engen Zusammenhang mit der Fähigkeit zur Perspektivenübernahme. Das ist die Fähigkeit zu erkennen, dass andere Personen eine andere Perspektive auf einen Emotionsanlass haben können und damit auch andere Gefühle als man selbst. In der Entwicklungspsychologie spricht man vom Erwerb einer *Theory of Mind* (ToM). Kennzeichnend für den angemessenen Erwerb der ToM ist, dass Menschen anderen Personen mentale Zustände (wie wissen, denken oder fühlen) zuschreiben und versuchen, deren Handlungen und Emotionen damit zu erklären und vorherzusagen (Wimmer & Perner, 1983). Zwischen drei und fünf Jahren begreifen Kinder zunehmend, dass Menschen, in Abhängigkeit von ihrer Perspektive und ihrem Wissensstand, unterschiedliche Erwartungen an eine Situation und in der Folge unterschiedliche Emotionen haben können, und dass die Erwartungen anderer auch falsch sein können, wenn ihr Informationsstand nicht der Realität entspricht (Konzept der »False-beliefs«). Entsprechend können auch die Emotionen anderer Personen in Abhängigkeit von ihrer Perspektive mit steigendem Alter besser vorhergesagt werden. Dreijährige sind in der Regel noch nicht in der Lage, bei der Vorhersage der Handlung oder der Emotionen eines anderen Kindes dessen Wissensstand und seine Erwartung zu berücksichtigen, wenn diese von ihrem eigenen Wissen und ihrer Erwartung abweichen. Das Verhalten der Kinder in einer klassischen Versuchsanordnung verdeutlicht dies sehr anschaulich: Zuerst wird den Kindern gezeigt, dass sich etwa in einer Schachtel ein erwartungswidriger Inhalt befindet (z. B. ein Radiergummi in einer Smarties-Schachtel). Dreijährige antworten auf die Frage, was ein anderes Kind, das noch nicht hineingeschaut habe, in der Schachtel erwarte, noch mehrheitlich mit ihrem eigenen Wissensstand (Radiergummi). Bis zum sechsten Lebensjahr gelingt die Berücksichtigung der falschen Erwartung der anderen Person bei nicht zu komplexen Anforderungen immer besser. Beim Erwerb dieser Fähigkeit spielen die sprachlichen und die allgemeinen kognitiven Fähigkeiten des Kindes eine zentrale Rolle (Ebert, 2020).

Auch in den verschiedenen theoretischen Modellen der sozialen Kompetenz spielen das Wissen über Emotionen und die Emotionsregulation eine zentrale Rolle. So wird etwa im Pyramidenmodell von Rose-Krasnor (1997) die soziale Kompetenz als Ergebnis zugrunde liegender kognitiver und emotionaler Fertigkeiten betrachtet, die sich wiederum in selbst- und fremdbezogene unterteilen lassen. Denham und Brown (2010) haben diese Fertigkeiten noch weiter spezifiziert und unterscheiden drei emotionale (Verständnis der eigenen Emotionen, Verständnis fremder Emotionen, Selbstregulation eigener Emotionen) und zwei prosoziale Fertigkeiten (Treffen verantwortungsvoller Entscheidungen und Beziehungsfähigkeit). Alle diese Fertigkeiten hängen erwartungsgemäß eng miteinander zusammen und wirken sich wiederum auf die Selbstwirksamkeitserwartung (also die Überzeugung des Kindes, ein angestrebtes Ziel erreichen zu können), seine Beziehungen zu Gleichaltrigen und seine Akzeptanz in der Peergruppe aus. Folglich haben Kinder, die über eine gute Emotionswahrnehmung und -regulation und altersangemessene prosoziale Kompetenzen verfügen, gute Ausgangsbedingungen, um von anderen Kindern akzeptiert zu werden, positive Beziehungen zu ihnen aufzubauen, und werden sich selbst eher als selbstwirksam wahrnehmen. In beiden skizzierten Modellen wird betont, dass sich die Fertigkeiten, die in sozialen Situationen benötigt werden, je nach Kontext unterscheiden können, d. h., für eine gute Beziehung zu Peers sind andere Fertigkeiten erforderlich als für die zur Lehrkraft, und in der Schule werden wiederum andere Fertigkeiten als in der Familie benötigt (vgl. Seeger & Holodynski, 2022).

Dass das Wissen über Emotionen für die kindliche Sozialkompetenz von hoher Bedeutung ist, ist nicht nur theoretisch einleuchtend, sondern wird auch durch zahlreiche empirische Untersuchungen belegt. So konnte das kindliche Wissen über Emotionen die Lehrereinschätzung der sozialen Kompetenzen von Schulkindern und ihr positives Verhalten im Klassenraum (classroom adjustment) vorhersagen (Voltmer & von Salisch, 2022). Zudem sind deutliche Zusammenhänge zwischen dem kindlichen Wissen über Emotionen und ihren schulischen Leistungen belegt (Garner & Waajid, 2012; Trentacosta & Izard, 2007). Darüber hinaus hängt das Wissen über Emotionen positiv mit prosozialem Verhalten, der Beliebtheit und Akzeptanz in der Peergruppe und einer positiven Bewertung durch andere Kinder zusammen (Denham et al., 2015), während die Verbindung zu aggressivem Verhalten negativ ausfällt (Denham et al., 2002).

Peer-Beziehungen und soziale Akzeptanz

Die Fähigkeit, positive Beziehungen zu anderen Kindern und Lehrkräften aufzubauen und aufrecht zu erhalten, trägt in erheblichem Maße zur Akzeptanz und Integration eines Kindes in die Klassengemeinschaft bei und wirkt sich dadurch günstig auf sein schulisches Wohlbefinden aus. Hierbei spielen Freundschaften eine wichtige Rolle. Vorschulkinder haben noch ein recht einfaches Verständnis von Freundschaft: Ein Freund oder eine Freundin ist ein anderes Kind, mit dem man gerne zusammen spielt. Im Laufe des Schulalters wird das Konzept der Freundschaft differenzierter und um weitere Facetten, wie gegenseitiges Vertrauen, Fürsorge und gleiche Interessen erweitert. Das Gelingen des Schulstarts wird positiv beeinflusst, wenn Kinder leicht Freunde gewinnen oder bereits gemeinsam mit bestehenden Freunden eingeschult werden (Ladd et al., 1999). Doch warum knüpfen manche Kinder scheinbar mühelos Kontakte und werden von anderen automatisch akzeptiert und geschätzt, während sich andere damit extrem schwertun?

Die Initiierung positiver Beziehungen wird durch ein gutes Wissen über Emotionen (s. o.) und das Beherrschen prosozialer Verhaltensweisen erleichtert. Nach der sozialen Lerntheorie (Bandura, 1977) spielt das Modelllernen beim Erwerb prosozialer Verhaltensweisen eine große Rolle: Kinder erwerben prosoziale Handlungskompetenzen und Problemlösestrategien, indem sie diese bei Modellen, z. B. Eltern, älteren Geschwistern oder Erzieherinnen, beobachten. Darüber hinaus scheint das elterliche Interaktionsverhalten eine große Rolle zu spielen. So sind positive Peer-Beziehungen, soziale Akzeptanz und prosoziales Verhalten der Kinder assoziiert mit einer guten familiären Beziehungsqualität und emotional positiven Eltern-Kind-Interaktionen (Clark & Ladd, 2000).

Förderung schulrelevanter sozial-emotionaler Kompetenzen

In den vorangehenden Absätzen wurde deutlich, dass sich ein positives Sozialverhalten durch eine Vielzahl prosozialer und emotionaler Merkmale auszeichnet, die sich in vielfältiger Weise auf Verhalten, Wohlbefinden, Integration und Leistung der Kinder auswirken und damit entscheidend zum Gelingen eines erfolgreichen Übergangs in die Schule beitragen. Kinder mit Defiziten in einem Bereich tun sich in der Regel auch in anderen Bereichen schwer, sodass es wenig sinnvoll ist, mit Fördermaßnahmen nur an einem isolierten Punkt anzusetzen. Da sich das Sozialverhalten naturgemäß vorwiegend in der Gruppe äußert, bietet der reguläre Gruppenalltag den natürlichen Rahmen, um Kindern mit problematischem Verhalten Möglichkeiten zum Einüben neuer Verhaltensweisen anzubieten, diese durch Lob und Aufmerksamkeit zu verstärken und dadurch positive Erfahrungen zu ermöglichen.

Dabei ist es hilfreich, wenn die pädagogischen Fachkräfte sensitiv für die Bedürfnisse der Kinder sind und das Befinden aller Kinder in der Gruppe korrekt wahrnehmen, und zwar sowohl im Hinblick auf Kinder mit offensichtlich auffälligem, störendem Verhalten, als auch in Bezug auf solche, die eher zurückhaltend und passiv sind. Es gehört zu den Binsenweisheiten der Elementarpädagogik, dass ein vertrauensvolles und positives Verhältnis zu den Kindern, gerade auch zu den auffälligen, Grundvoraussetzung für den Erfolg der pädagogischen Arbeit ist. Nur wenn die Kinder sich von den Fachkräften akzeptiert und angenommen fühlen, können sie die angebotenen Lern- und Erfahrungsmöglichkeiten auch entsprechend nutzen. Eine gute Hilfe können die in Kapitel 7 vorgestellten evidenzbasierten Förderprogramme für Gruppen bieten, die im Schwerpunkt am Wissen der Kinder über Emotionen und an einem positiven Gruppenklima ansetzen und sich für die Vorschule und Schulanfangsklassen eignen (▶ Kap. 7).

5.3.2 Motivationale Voraussetzungen

Zu den wichtigsten individuellen Voraussetzungen erfolgreichen Lernens gehört die Motivation – ein Thema, das pädagogische Fach- und Lehrkräfte auf allen Altersstufen des Bildungssystems beschäftigt. Daher erstaunt es nicht, dass sich motivationale Faktoren auch auf die Schulbereitschaft eines Kindes auswirken. Sehr viele Kinder zeigen im letzten Vorschuljahr große Vorfreude auf die Schule und fiebern der Einschulung regelrecht entgegen. Diese Ausgangslage ist optimal für einen erfolgreichen Start in die Schule. Vorfreude und eine positive Erwartungshaltung gegenüber der Schule sind zwar gute Voraussetzungen für den Übergang, reichen allerdings langfristig nicht für eine erfolgreiche schulische Lernentwicklung aus: Hier spielt die dauerhafte Motivation des Kindes, sich mit den schulischen Inhalten zu beschäftigen, eine entscheidende Rolle.

Nach Hasselhorn und Gold (2022, S. 101) versteht man unter Motivation oder Motiviertheit die »Bereitschaft einer Person, sich intensiv und anhaltend mit einem Gegenstand auseinanderzusetzen«. Diese Bereitschaft bringt uns etwa in Lernsituationen dazu, uns gezielt den Anforderungen zu widmen und dabei Anstrengungen zu investieren (vgl. Rheinberg, 2011; Schiefele, 2009). Von einem Schulkind wird erwartet, dass es sich auf die Lerninhalte einlassen kann und die von der Lehrkraft gestellten Anforderungen ausdauernd umsetzt. Motivation beinhaltet also die Komponenten Lernbereitschaft, Zielgerichtetheit, Ausdauer und Anstrengungsbereitschaft. Diese Merkmale sind bei Kindern nicht immer alle gleich hoch ausgeprägt: So gibt es Kinder, die anfangs Feuer und Flamme für jede neue Aufgabe sind, bei denen die Begeisterung aber sehr schnell nachlässt und die sich schwertun, über längere Zeit motiviert an einer begonnenen Aufgabe zu arbeiten. Andere Kinder gehen Aufgaben, die ihnen leichtfallen, hoch motiviert an und führen sie auch zu Ende, geben aber bei auftretenden Schwierigkeiten schnell auf und sind nicht gewillt, sich bei schwierigeren Aufgaben anzustrengen. Diese beiden Beispiele zeigen, dass der Begriff der Lernmotivation auch Überlappungen mit selbstregulativen Funktionen (▶ Kap. 5.4) aufweist, da Kompetenzen wie die Konzentrationsfähigkeit und selektive Aufmerksamkeitslenkung das längerfristige Aufrechterhalten der Lernmotivation mitbedingen.

Kinder können sowohl intrinsisch als auch extrinsisch motiviert sein. Viele Kinder ziehen zu Schulbeginn eine Bestätigung aus der Beschäftigung mit den Lerninhalten selbst. So üben manche etwa mit Ausdauer das Lesen, weil sie dies unbedingt alleine können wollen und Stolz und Befriedigung empfinden, wenn es ihnen gelingt. Aber auch extrinsische Motivation spielt in diesem Alter eine Rolle: Viele Kinder erfüllen bestimmte Aufgaben nicht deshalb, weil sie ihnen Spaß machen, sondern weil sie sich dafür Lob oder Aufmerksamkeit von Erwachsenen erhoffen, weil für die Fertigstellung eine Belohnung in Aussicht gestellt wurde oder bei Nichterfüllen negative Konsequenzen angedroht wurden.

Der Lernerfolg ist mit der Motivation wechselseitig verknüpft: Motivierte Kinder bringen zum einen bessere Leistungen, andererseits erfahren Kinder, die an sie gestellte Anforderungen erfolgreich bewältigen, viel positive Rückmeldung, was sich wiederum positiv auf ihre Motivation auswirkt (vgl. Metaanalyse von Fraser et al., 1987). Kindern, die frühe Misserfolge erleben, fehlt diese Bestätigung, wodurch auch ihre Lernmotivation weiter sinkt. Wenn Kinder – beispielsweise aufgrund von Aufmerksamkeitsdefiziten oder fehlenden phonologischen oder mathematischen Basiskompetenzen – bereits in der vorschulischen Schulvorbereitung oder im Schulanfangsunterricht an ihre Grenzen geraten und Probleme haben, die an sie gestellten Anforderungen erfolgreich zu bewältigen, besteht die Gefahr, dass sie frühzeitig negative Gefühle gegenüber der Schule und dem Lernen aufbauen. Daraus entsteht schnell ein Teufelskreis, der bei ungünstigem Verlauf zu gravierenden emotionalen und sozialen Folgeproblemen führen kann.

Um einer Demotivierung durch frühe Misserfolgserlebnisse präventiv entgegenzuwirken, sollte daher bei lernschwachen Kindern von Beginn an, also möglichst schon vor dem Übergang, neben der Förderung ihrer Kompetenzen unbedingt auch an ihrer Motivation angesetzt werden. Hierzu ist vor allem eine individuelle Bezugsnormorientierung in Kindertageseinrichtung und Schule hilfreich, bei der die

Leistungen des Kindes nicht mit denen anderer Kinder verglichen werden, sondern individuelle Leistungssteigerungen hervorgehoben und positiv verstärkt werden. Im schulischen Anfangsunterricht ist ein binnendifferenziertes Vorgehen förderlich, bei dem die gestellten Anforderungen an das individuelle Leistungsniveau des jeweiligen Kindes angepasst werden.

Aus der Entwicklungspsychologie ist bekannt, dass Vorschulkinder allgemein über ein sehr positives Selbstkonzept verfügen (z. B. Helmke, 1998): Sie schätzen ihre eigene Leistungsfähigkeit unrealistisch hoch ein und sind, plakativ formuliert, davon überzeugt, dass sie über außergewöhnliche Fähigkeiten verfügen – also z. B. schneller laufen können als andere Kinder, stärker sind, besser malen und schöner singen können. Dies führt auf der einen Seite dazu, dass Vorschulkinder sich häufig völlig unrealistische Ziele setzen, motiviert sie andererseits aber auch immer wieder, sich schwierigen Aufgaben zu stellen und dabei neue Fähigkeiten oder Fertigkeiten zu erwerben. Als Ursachen für die unrealistische Selbsteinschätzung junger Kinder gelten ihre geringen Erfahrungen mit Leistungssituationen, da sie bisher selten kompetitive Situationen und Leistungsdruck erlebt haben. Auch erhalten sie wenig realistische Rückmeldungen, da sie eher positives Feedback durch Eltern und pädagogische Fachkräfte erfahren, unabhängig von ihrem tatsächlichen Leistungsniveau. Dieser Überoptimismus im Vorschulalter hält sich bis in die ersten Schuljahre hinein, bevor er dann im Laufe der Grundschulzeit durch zunehmende Vergleichsprozesse und realistischere Rückmeldungen kontinuierlich abnimmt und sich einer realistischeren Einschätzung annähert. Für die erfolgreiche Bewältigung des Übergangs ist diese positive Grundeinstellung der Kinder, durch die sie motiviert werden, Neues zu lernen und Herausforderungen anzunehmen, äußerst hilfreich.

Insgesamt weisen also die meisten Kinder beim Schuleintritt ein motivational günstiges Selbstkonzept und damit gute Ausgangsbedingungen für den Start in die Schule auf. Den wenigen Kindern, die bereits im Vorschulalter durch ein ungewöhnlich negatives Selbstbild auffallen, sollte allerdings besondere Aufmerksamkeit geschenkt werden: Längsschnittliche Untersuchungen deuten darauf hin, dass ein niedriges Fähigkeitsselbstkonzept im Vorschulalter negativ mit den späteren schulischen Leistungen zusammenhängt, selbst wenn die kognitiven Ausgangsbedingungen vergleichbar sind. Zudem stellt ein niedriges Fähigkeitsselbstkonzept im Vorschulalter auch einen Risikofaktor für nachfolgende soziale und emotionale Anpassungsprobleme in der Schule dar (Chapman et al., 2000; Cimeli et al., 2013). Folglich sollten Kinder, die schon im Vorschulalter ein altersuntypisch niedriges Selbstkonzept aufweisen, vor und während des Übertritts gezielt in ihrer Selbstwahrnehmung bestärkt werden, etwa durch besonders positives und wertschätzendes Feedback durch Eltern und pädagogische Fachkräfte. Damit sollen die Chancen erhöht werden, dass sie in der Schule ihr Leistungspotenzial ihren Voraussetzungen entsprechend entfalten und sich sozial gut in die Klassengemeinschaft integrieren können.

Unter den Förderansätzen zur Sicherstellung der Schulbereitschaft (▶ Kap. 7) sucht man vergeblich nach Konzepten der Motivationsförderung. Dies spiegelt die Tatsache wider, dass motivationale Probleme nicht zu den Hauptursachen fehlender Schulbereitschaft zählen. Dennoch kann es vorkommen, dass ein Kind in den ersten Schuljahren mit motivationalen Problemen zu kämpfen hat. In diesen Fällen haben sich Ansätze aus der Verhaltenstherapie, die mit externen Belohnungen arbeiten, als sehr wirksam erwiesen. Bei klassischen Verstärkerplänen werden Kinder konsequent für ein erwünschtes Verhalten, etwa das Erledigen der Hausaufgaben oder das tägliche Leseüben, durch Vergabe von Punkten (Tokens) belohnt, die sie sammeln und dann nach einem festen Plan in eine vorab festgesetzte Belohnung, etwa einen Ausflug mit den Eltern oder ein Spielzeug, eintauschen können. Derartige extrinsische Motivierungsmaßnahmen werden auch von Lehrkräften im Schulanfangsunterricht erfolgreich eingesetzt, um die Mitarbeit und Lernbereitschaft von Kindern zu erhöhen.

5.4 Selbstregulation als übergeordnete Schlüsselkompetenz der Schulbereitschaft

In den voranstehenden Abschnitten wurde hinreichend deutlich, dass die kindliche Schulbereitschaft sich sowohl aus bereichsspezifischen Vorläuferfertigkeiten als auch aus bereichsübergreifenden Kompetenzen zusammensetzt. Eine besondere Rolle unter den bereichsübergreifenden Kompetenzen spielt die kindliche *Selbstregulation*. Verfügt ein Kind über gute selbstregulative Fähigkeiten, fällt ihm die Bewältigung des Übergangs in die Schule in der Regel leicht. Dafür gibt es mehrere Gründe: Eine gute Selbstregulation ermöglicht es dem Kind zum einen, seine Aufmerksamkeit, Konzentration und sein Verhalten so zu steuern, dass es zu erfolgreichen Lernprozessen kommt. Zum anderen hängt von der verfügbaren Selbstregulation auch ab, wie gut ein Kind seine Emotionen und Handlungsimpulse kontrollieren kann, was sich wiederum günstig auf sein Sozialverhalten und sein Arbeitsverhalten im Unterricht auswirkt (▶ Kap. 5.3). Die Selbstregulation beeinflusst das kindliche Lernverhalten also nicht nur direkt über kognitive Merkmale, wie z. B. die Aufmerksamkeitssteuerung, sondern auch indirekt, indem sie sein sozial-emotionales Verhalten beeinflusst. Zudem wirkt sich die Selbstregulation auch auf weitere Bereiche aus, wie etwa die motivationalen Voraussetzungen. Somit ist die kindliche Selbstregulation in vielfacher Weise für die Schulbereitschaft bedeutsam (vgl. Seeger & Holodynski, 2022).

Die Selbstregulation wird daher zunehmend als zentrale Komponente der Schulbereitschaft betrachtet, insbesondere in der internationalen Literatur. Blair und Raver (2015) beschreiben die Selbstregulation als ein Mehrebenensystem, das sich über verschiedene Ebenen (biologische, sozial-emotionale, verhaltensmäßige und kognitive) auf die Schulbereitschaft des Kindes auswirkt. Selbstregulation beinhaltet demnach unter anderem die Verarbeitung von Informationen und Erfahrungen, den Umgang mit Stress sowie das Aufrechterhalten von positiven sozialen Interaktionen mit Lehrkräften und Gleichaltrigen. Das Zusammenspiel dieser verschiedenen Prozesse erlaubt dem Kind die Anpassung an die kognitiven und sozialen Herausforderungen der Schule. Die zentrale Grundlage dafür bilden neurobiologische und neuroendokrinologische Reifungsprozesse, insbesondere die fortschreitende Hirnreifung. Im Modell der Selbstregulation von Blair und Raver werden die sozial-emotionalen und die kognitiven Aspekte der Schulbereitschaft nicht als unabhängige Einflüsse, sondern als sich wechselseitig beeinflussende Bestandteile der kindlichen Selbstregulation aufgefasst (vgl. auch Blair, 2002).

Roebers und Hasselhorn (2018) greifen diese Sichtweise auf und bezeichnen die Selbstregulation als »Umbrella-Konstrukt«, also als Sammelbegriff für »eine Reihe heterogener, kontrollierter Informationsverarbeitungsprozesse«, die »zielorientiertes und situationsangepasstes Denken und Handeln ermöglichen« (S. 5) und damit ein übergeordnetes Merkmal der Schulbereitschaft darstellen. Selbstregulative Prozesse erlauben dem Kind die Anpassung an neue, ungewohnte Anforderungen und sind damit gerade in Übergangssituationen, wie dem Schulanfang, von besonderer Bedeutung. Die zentrale Relevanz der kindlichen Selbstregulation für den Schulerfolg wurde in einer Vielzahl von Studien empirisch belegt (z. B. Blair & Raver, 2015; Duncan et al., 2007; Roebers, 2017).

5.4.1 Woran erkennt man gute Selbstregulation vor Schuleintritt?

In Gesprächen zwischen Eltern und pädagogischen Fachkräften über die Kriterien für die Schulbereitschaft eines Kindes fallen häufig Schlagworte wie stillsitzen, sich auf eine Aufgabe konzentrieren, Regeln einhalten, sich nicht ablenken lassen, abwarten können, seine Gefühle regulieren oder – ganz allgemein – »sich unter Kontrolle haben«. Alle diese Verhaltensweisen charakterisieren Merkmale der kindlichen Selbstregulation. Die meisten haben zudem etwas mit Konzentration und Aufmerksamkeit zu tun. Das ist insbesondere interessant vor dem Hintergrund, dass pädagogische Fachkräfte und Eltern in Deutschland die Faktoren Konzentration und Aufmerksamkeit für die Schulbereitschaft für wichtiger halten als fachliche Basiskompetenzen (Pohlmann-Rother et al., 2011).

Eine zentrale selbstregulative Fähigkeit, die von Kindern in der Schule verlangt wird, besteht darin, eigene Bedürfnisse temporär zurückstellen und abwarten zu können. In der Forschung wird diese Kompetenz operationalisiert über die Fähigkeit, einer Verlockung zu widerstehen (*resistance to temptation*), etwa in Situationen zum Belohnungsaufschub (*delay of gratification*), der sich als guter Prädiktor des Schulerfolgs erwiesen hat (Neubauer et al., 2011). Unter Belohnungsaufschub versteht man die Fähigkeit, einer sofort verfügbaren kleinen Belohnung zugunsten einer größeren Belohnung zu einem späteren Zeitpunkt widerstehen zu können. Kinder mit guter Selbstregulation sind also in der Lage, eigene Bedürfnisse für kurze Zeit zugunsten übergeordneter Motive, in diesem Fall einer größeren Belohnung, zurückzustellen. Vorschulkinder unterscheiden sich in dieser Fähigkeit erheblich.

Die frühe Verfügbarkeit der Fähigkeit zum Belohnungsaufschub geht sowohl kurz- als auch langfristig mit einer günstigeren Lern- und Leistungsentwicklung sowie einer Vielzahl weiterer positiver Effekte einher. In Längsschnittstudien konnte gezeigt werden, dass Kinder, die schon im Vorschulalter eine gute Fähigkeit zum Belohnungsaufschub zeigten, als Jugendliche sozial und emotional kompetenter waren, besser mit Stress umgehen konnten, über eine höhere Frustrationstoleranz verfügten und im Hinblick auf verschiedene Indikatoren des Lern- und Leistungserfolgs den Gleichaltrigen mit schwächer ausgeprägtem Belohnungsaufschub im Vorschulalter überlegen waren (Mischel et al., 1989; Shoda et al., 1990). Einige positive Effekte der frühen Fähigkeit zum Belohnungsaufschub lassen sich sogar bis ins Erwachsenenalter hinein nachweisen (Casey et al., 2011; Peake et al., 2002).

Als Schlüsselfähigkeit des Belohnungsaufschubs werden Prozesse der Aufmerksamkeitsverteilung vermutet. Kinder, denen es besser gelingt, ihre Aufmerksamkeit während der Wartezeit auf etwas anderes als auf die erwartete Belohnung zu richten, können dieser offenbar länger widerstehen als diejenigen, deren Aufmerksamkeit stärker auf den Belohnungsreiz fokussiert bleibt (Peake et al., 2002).

5.4.2 »Heiße« und »kalte« Prozesse der Selbstregulation

In der Literatur wird zwischen kognitiven und emotionalen Facetten der Selbstregulation unterschieden. Zelazo und Carlson (2012) sprechen in diesem Zusammenhang von »heißer« und »kalter« Selbstregulation. Prozesse der Selbstkontrolle, die in emotional oder motivational aufgeladenen Situationen ablaufen, werden als »heiße« Selbstregulation bezeichnet. Hierzu gehört etwa die Fähigkeit, bei schulischen Misserfolgen oder Konflikten mit anderen Kindern nicht die Beherrschung zu verlieren und die aufkommenden Emotionen, wie Wut oder Enttäuschung, unter Kontrolle zu halten (▶ Kap. 5.3.1).

»Kalte« selbstregulative Prozesse finden dagegen vorrangig in affektiv neutralen, rationalen Situationen statt, in denen konzentriertes Arbeiten gefordert ist. Die diesen Prozessen zugrunde liegenden Kompetenzen werden häufig als »exekutive Funktionen« bezeichnet. Die heiße und die kalte Selbstregulation sind für die Schulbereitschaft gleichermaßen relevant und beeinflussen sich wechselseitig. Daher lassen sie sich oft nur schwer trennen (Blair & Raver, 2015).

5.4.3 Exekutive Funktionen

Zur »kalten« Selbstregulation wurde in den letzten Jahrzehnten unter dem Begriff der »exekutiven Funktionen« geforscht. Die diesen Funktionen zugrunde liegenden kognitiven Prozesse der Handlungssteuerung und -kontrolle werden über den präfrontalen Cortex gesteuert (Blair, 2002). Zu den typischen exekutiven Funktionen gehören die Regulation und das Aufrechterhalten der Aufmerksamkeit, das Beachten von wechselnden Regeln und Arbeitsaufträgen, das Setzen von Zielen und die Überwachung ihres Erreichens (Roebers & Hasselhorn, 2018). Da die exekutiven Funktionen vor allem in neuen und komplexen Situationen von Bedeutung sind, in denen nicht auf automatisierte Verhaltensweisen zurückgegriffen werden kann, sind sie in vielen Situationen rund um die Einschulung relevant. In der einschlägigen Forschung unterscheidet man drei zusammenhängende und sich teilweise überlappende Kernkomponenten exekutiver Funktionen: Inhibition, Informationsaktualisierung im Arbeitsgedächtnis sowie kognitive Flexibilität (Miyake et al., 2000).

1. **Inhibition**
Unter Inhibition oder Hemmung versteht man das gezielte Unterdrücken einer spontanen und dominanten Reaktionstendenz. So wird von einem Schulkind z. B. erwartet, dass es die Antwort auf eine Frage der Lehrkraft nicht einfach in die Klasse ruft, sondern den entsprechenden Impuls unterdrückt und sich meldet, bis es aufgerufen wird. Auch muss es lernen, den Wunsch, sich mit seinem Sitznachbarn auszutauschen, bis zur Pause zu unterdrücken. Während eines Lernprozesses dient die Inhibition der gezielten Ausblendung störender Reize, um sich auf die aktuelle Aufgabe konzentrieren zu können. Um beispielsweise eine begonnene Aufgabe im Unterricht zu Ende zu führen, obwohl andere Kinder bereits fertig sind und allmählich unruhig werden, muss das Kind den steigenden Geräuschpegel in der Klasse ausblenden und der zunehmenden Ablenkung widerstehen können.

2. **Informationsaktualisierung im Arbeitsgedächtnis (Updating)**
Eine weitere Kernkomponente der exekutiven Funktionen ist die kontinuierliche Überwachung und Aktualisierung von Informationen im Arbeitsgedächtnis. Jede eingehende und gespeicherte Information wird im Arbeitsgedächtnis permanent daraufhin überprüft, ob sie noch relevant ist oder bereits durch eine aktuellere Information ersetzt werden kann. Entsprechende Prozesse laufen bei der Bearbeitung vieler komplexer Aufgaben ab, mit denen das Kind in der Schule erstmals konfrontiert wird, insbesondere während des Leseprozesses, aber z. B. auch bei mathematischen Aufgaben. So müssen etwa während des Erlesens eines Texts die einzelnen Graphem-Phonem-Verknüpfungen des aktuell erlesenen Wortes im Arbeitsgedächtnis verfügbar gehalten werden. Sobald das Wort erfolgreich entschlüsselt wurde, können sie ersetzt werden durch das vollständige Wort sowie die Graphem-Phonem-Verknüpfungen des nächsten Wortes. Zugleich müssen alle bereits erlesenen Wörter des Satzes verfügbar sein, bis der komplette Satz zusammengesetzt werden kann. Diese Prozedur setzt sich so lange fort, bis der Text vollständig entschlüsselt ist. Je besser die ständige Aktualisierung der Speicherinhalte im Arbeitsgedächtnis gelingt, desto effizienter und erfolgreicher lernt das Kind.

3. **Kognitive Flexibilität (Shifting/ Switching)**
Diese Komponente exekutiver Funktionen bezieht sich auf die Fertigkeit, flexible Aufmerksamkeits- oder Aufgabenwechsel vorzunehmen. Es geht dabei um die Fähigkeit, sich immer wieder auf neue Situationen, Regeln oder Anforderungen einzustellen und situationsadäquat zwischen ihnen zu wechseln. So muss ein Schulkind etwa lernen, im Mathematikunterricht zwischen Additions- und Subtraktionsanforderungen zu wechseln, von der Erklärung der Lehrkraft an der Tafel auf die sich anschließende Stillarbeit oder von den auf dem Schulhof geltenden Regeln auf die Regeln im Deutschunterricht umzuschalten.

Die drei beschriebenen Kernkomponenten der exekutiven Funktionen beeinflussen die schulischen Lernprozesse auf unterschiedliche Art und Weise. Allerdings sind diese drei Aspekte untereinander hochgradig korreliert, sodass ihre empirische Differenzierung selbst bei Erwachsenen schwierig ist. Bei jüngeren Kindern im Vorschulalter ist die wechselseitige Abhängigkeit der drei Komponenten so hoch, dass die exekutiven Funktionen sich empirisch eher als eindimensional beschreiben lassen (Karr et al., 2018; Wiebe, Espy & Charak, 2008).

Im typischen Entwicklungsverlauf bildet sich zuerst die Fähigkeit zur Inhibition heraus, dann entwickelt sich die entsprechende Funktionstüchtigkeit des Arbeitsgedächtnisses und zuletzt die kognitive Flexibilität. Erste inhibitorische Verhaltensweisen zeigen sich schon im frühen Vorschulalter, wenn Kinder erfolgreich lernen, einfache Regeln zu befolgen und beim Regelspiel oder im Gruppenalltag abzuwarten, bis sie an der Reihe sind. Die Fähigkeit zum Wechsel zwischen verschiedenen Aufgabenanforderungen entwickelt sich dagegen üblicherweise erst im Laufe des Schulalters.

Exekutive Funktionen und Arbeitsgedächtnisleistungen sind von zentraler Bedeutung für viele Lernprozesse im schulischen Anfangsunterricht, insbesondere im frühen Mathematikunterricht und im Schriftspracherwerb (Blair & Raver, 2015). So verlangt das Lesenlernen, wie oben ausgeführt, die konstante Aktualisierung des Arbeitsgedächtnisses, und auch im mathematischen Anfangsunterricht müssen symbolische Repräsentationen ständig aktualisiert und die Aufmerksamkeit flexibel verteilt werden. Experimentelle Verfahren zur Diagnostik der exekutiven Funktionen werden in Kapitel 6.3.7 vorgestellt (▶ Kap. 6.3.7). Diese kommen allerdings bisher in erster Linie in der Forschung und kaum in der routinemäßigen Einschulungsdiagnostik zum Einsatz.

5.4.4 Selbstregulation und spätere Schulleistungen

Zahlreiche Studien belegen den hohen Vorhersagewert der exekutiven Funktionen für die späteren Schulleistungen der Kinder (für einen aktuellen Überblick vgl. Roebers, 2017). Insbesondere konnte eine hohe Prädiktionskraft für die Lese-, Schreib- und Rechenleistungen nachgewiesen werden (Blair & Razza, 2007). Der Vorhersagewert der Selbstregulation für die Schulleistungen ist teilweise sogar größer als der des IQ (Becker et al., 2014). Auch wurden indirekte Effekte auf den Schulerfolg festgestellt, etwa über positivere Einstellungen zum Lernen (Torres et al., 2015), bessere schulische Anpassung (Blair, 2002; Sassu & Roebers, 2016) und ein günstigeres Lernverhalten (Neuenschwander et al., 2012). Duncan et al. (2007) argumentieren daher, dass ein Großteil des lernbezogenen Verhaltens letztlich eine Manifestation der kindlichen Selbstregulation sei, die sich über diesen Weg auf die schulischen Leistungen des Kindes auswirkt.

Zudem unterstützen zahlreiche Ergebnisse die Annahme, dass die Qualität der verfügbaren exekutiven Funktionen nicht nur mit den kognitiven, sondern auch mit den sozial-emotionalen Kompetenzen der Kinder eng assoziiert sind. So besteht beispielsweise ein Zusammenhang zwischen der exekutiven Kontrolle und dem Wissen über Emotionen (Denham et al., 2012) sowie den Sozialbeziehungen der Kinder (Torres et al., 2015). Mit einem Programm zur Förderung der Schulbereitschaft konnten über die Verbesserung der exekutiven Funktionen auch Zugewinne in den sozial-emotionalen Kompetenzen der Kinder erzielt werden (Bierman et al., 2008).

Auch in Längsschnittstudien im deutschsprachigen Raum (z. B. Sassu & Roebers, 2016) stellte die Qualität der exekutiven Funktionen ein Schlüsselelement für eine erfolgreiche Bewältigung des Übergangs in die Schule dar.

In einer Sekundäranalyse über sechs verschiedene Arbeiten zur Schulbereitschaft (Duncan et al., 2007) zeigte sich, dass insbesondere die Aufmerksamkeitsleistungen und das bereichsspezifische Vorwissen zentrale Prädiktoren der späteren Schulleistungen sind und beide Bereiche notwendige Komponenten der Schulbereitschaft darstellen. Folglich kann die Schulbereitschaft als multidimensional bedingt gelten, da sie sowohl bereichsübergreifende selbstregulative als auch bereichsspezifische Fähigkeiten beinhaltet.

Zusammenfassend lässt sich also festhalten, dass die kindliche Selbstregulation, insbesondere die exekutiven Funktionen und die Fähigkeit zum Belohnungsaufschub, in hohem Maße prädiktiv für die späteren Schulleistungen sind, und sich neben den direkten Effekten auch über eine Vielzahl lernbezogener und sozialer Verhaltensweisen auf den Schulerfolg auswirken. Die aufgeführten Ergebnisse stützen die Sichtweise, dass die kindliche Selbstregulation ein zentrales Merkmal der Schulbereitschaft ist. Auch wenn Eltern und Lehrkräfte sich dieses Zusammenhangs zumeist bewusst sind, wird dies in der aktuellen Praxis der Schuleingangsdiagnostik leider oft noch nicht hinreichend berücksichtigt (▶ Kap. 6).

5.5 Einschätzung der Merkmale der Schulbereitschaft aus Sicht von Eltern, pädagogischen Fachkräften und Lehrkräften

Das Thema Schulbereitschaft wurde bisher in erster Linie evidenzbasiert, d. h. aus der Perspektive des aktuellen Forschungsstandes dargestellt. Die Einschulungspraxis orientiert sich aber weniger an wissenschaftlichen Erkenntnissen als an den Überzeugungen der an der Einschulungsentscheidung beteiligten Personen, also daran, welche Merkmale der Schulbereitschaft sie als besonders relevant einschätzen. Dabei spielen neben den Eltern die pädagogischen Fachkräfte in den Kindertageseinrichtungen eine besondere Rolle. Diese kennen die Kinder gut, genießen meist das Vertrauen der Eltern und nehmen schon aufgrund der Vorgaben der Bildungspläne (▶ Kap. 3.1.1) eine zentrale beratende Funktion gegenüber der Familie ein. Daneben ist auch die Meinung der Grundschullehrkräfte von Bedeutung, denn sie wissen am besten, mit welchen Anforderungen die Kinder nach dem Übergang konfrontiert werden, und verfügen über vielfältige Erfahrungen. In einer Erhebung von Kammermeyer (2000) zeigte sich eine hohe Übereinstimmung zwischen Fachkräften im Vorschulbereich und Grundschullehrkräften bezüglich der Einschätzung der für die Schulfähigkeit relevanten Merkmale: Beide Seiten schätzten die Bedeutung der Merkmale Wahrnehmungsfähigkeit, Sprachverständnis, Konzentration und Sozialverhalten besonders hoch ein. Damit stehen die subjektiven Bewertungen der beiden Gruppen durchaus im Einklang mit den empirischen Daten zur Relevanz der genannten Merkmale.

Auch in einer Befragung von Eltern (Pohlmann-Rother et al., 2011) standen Konzentration und Sozialverhalten mit Abstand an der Spitze der Liste der relevanten Merkmale der Schulbereitschaft. Diese beiden Merkmale wurden von fast der Hälfte aller Eltern als wichtigste Kriterien für die Einschätzung der Schulfähigkeit genannt. An dritter Stelle folgte das Interesse des Kindes an der Schule, also seine Neugier und Lernbereitschaft. Zudem zeigte sich hier eine hohe Übereinstimmung zwischen Eltern und Fachkräften aus dem Vorschulbereich und der Grundschule: Konzentrationsfähigkeit und Sozialverhalten des Kindes wurden von allen drei Gruppen als die wichtigsten Kriterien der Schulfähigkeit genannt, wenn auch in unterschiedlicher Reihenfolge. Die pädagogischen Fachkräfte bewerteten darüber hinaus vor allem die kognitive Entwicklung und Selbstständigkeit des Kindes als wichtig, während die Grundschullehrkräfte das Interesse des Kindes am Lernen als besonders bedeutsam einschätzten. Demgegenüber wird dem Beherrschen konkreter schulischer Lerninhalte, wie Buchstaben- und Zahlenkenntnis, von allen drei Gruppen nur sehr geringe Relevanz zugesprochen. Die Autorinnen erklären dies damit, dass die Konzentrationsfähigkeit von den Befragten offenbar als übergeordnete Fähigkeit gesehen wird, die es ermöglicht, konkrete Lerninhalte zu Beginn des ersten Schuljahrs problemlos zu erwerben. Diese Einschätzung stimmt gut mit der evidenzbasierten Konzeption der Selbstregulation als übergeordnetes Schlüsselkonzept der Schulbereitschaft überein (▶ Kap. 5.4).

Interessant sind auch Hinweise darauf, dass die Vorstellungen über Schulbereitschaft kulturell variieren. So gewichten US-amerikanische Eltern schulnahe Kompetenzen und konkretes Wissen, wie z. B. Buchstaben- und Zahlenkenntnis, deutlich höher als deutsche Eltern (La Paro & Pianta, 2000), für die diese bereichsspezifischen Vorläuferkompetenzen eher eine untergeordnete Rolle spielen. Entsprechend wird in den USA die Vorwegnahme schulischer Inhalte im Rahmen der Schulvorbereitung auch in höherem Maße von den vorschulischen Betreuungseinrichtungen erwartet und stärker realisiert als in deutschen Einrichtungen.

6 Schuleingangsdiagnostik: Wie lässt sich die Schulbereitschaft eines Kindes feststellen?

In die Entscheidung, ob ein Kind fristgerecht eingeschult werden soll oder ob eine spätere oder frühere Einschulung seinem Entwicklungsstand und seinen individuellen Bedarfen besser gerecht wird, sind verschiedene Informationsquellen einzubeziehen. Bei Kindern ohne Entwicklungsauffälligkeiten beschränkt sich die Feststellung der Schulbereitschaft in der Regel auf ein Standardprozedere; bei Kindern mit Entwicklungsrückständen oder solchen, bei denen Eltern und Fachkräfte über eine vorzeitige Einschulung nachdenken, ist dagegen eine differenziertere Diagnostik indiziert.

Die Durchführung einer schulärztlichen Untersuchung ist in allen Bundesländern vorgeschrieben (▶ Kap. 4.3). Auch in Ländern, die prinzipiell die Einschulung aller Kinder ohne Vorselektion vorsehen, findet in der Regel trotzdem eine Vorstellung beim schulärztlichen Dienst statt, um den Entwicklungsstand der Kinder zu überprüfen und gegebenenfalls Fördermaßnahmen einleiten zu können. In einigen Bundesländern gibt es Bestrebungen, die ärztlichen Einschulungsuntersuchungen zeitlich nach vorne zu verlegen, um bei Bedarf mehr Zeit zur Einleitung von kompensatorischen Fördermaßnahmen zu gewinnen; in vielen Fällen findet die schulärztliche Untersuchung jedoch erst wenige Monate vor dem Einschulungstermin und damit sehr spät statt. Für Eltern beginnt der Prozess der Entscheidungsbildung dagegen oft bereits lange davor. Das führt dazu, dass die schulärztliche Untersuchung häufig nur noch den Zweck erfüllt, eine bereits getroffene Entscheidung formell zu bestätigen. Dieser gehen damit oft schon viele diagnostische Schritte voraus, von denen die meisten informeller Natur sind, wie die Einschätzung des Entwicklungsstands durch Eltern und pädagogische Fachkräfte auf Grundlage von (unsystematischen) Verhaltensbeobachtungen im Alltag. Welche konkreten Kriterien Eltern und Fachkräfte dabei nutzen, ist relativ unklar. Im Einklang mit Ergebnissen zur Einschätzung der Relevanz verschiedener Merkmale für die Schulbereitschaft (▶ Kap. 5.5) darf vermutet werden, dass hier vor allem Eindrücke zu kindlichen Kompetenzen in den Bereichen Sprache, Konzentration und Sozialverhalten eine große Rolle spielen. Wie genau die Beteiligten jedoch zu ihrer Einschätzung der Schulbereitschaft eines bestimmten Kindes kommen, und wie die verschiedenen Bereiche im Einzelfall gewichtet werden, ist angesichts der komplexen Gemengelage und der Subjektivität der Einschätzung oft schwierig nachzuvollziehen. Das Ergebnis basiert oftmals eher auf einem »Bauchgefühl« als auf einem explizit begründbaren und objektiv nachvollziehbaren Entscheidungsprozess.

Ergänzt wird die allgemeine Entwicklungsbeobachtung in vielen Bundesländern routinemäßig durch eine standardisierte Sprachstandsfeststellung (▶ Kap. 6.3.3), wobei Zeitpunkt der Erhebung und eingesetzte Verfahren sehr unterschiedlich sind. Wenn die Ergebnisse von Sprachstandserhebung, allgemeiner Entwicklungsbeobachtung und ärztlicher Schuleingangsuntersuchung unauffällig sind, wird die Schulbereitschaft in der Regel als gegeben eingestuft, und es sind keine weiteren diagnostischen Schritte notwendig. Nur bei Kindern, bei denen Zweifel an einer hinreichenden Schulbereitschaft bis zum Zeitpunkt der fristgerechten Einschulung bestehen, ist eine weiterführende Diagnostik angezeigt. Gerade im Hinblick auf die Einleitung von gezielten Fördermaßnahmen sollte diese möglichst frühzeitig stattfinden. Dies gilt übrigens auch für Fälle, bei denen Eltern über eine vorzeitige Einschulung ihres Kindes nachdenken.

Allerdings zeigt sich, dass viele Eltern dazu neigen, neben dem kindlichen Entwicklungsstand auch andere Faktoren in die Einschulungsentscheidung einfließen zu lassen, wie etwa die gleichzeitige Einschulung von Freunden oder eine Präferenz für eine bestimmte Lehrkraft. Auch auf Seiten der Schulen sind Entscheidungen über Rückstellung oder vorzeitige Einschulung leider mitunter nicht ausschließlich an der Schulbereitschaft des individuellen Kindes orientiert, sondern auch an schulorganisatorischen Überlegungen, wie z. B. der erwarteten Klassengröße im Einschulungsjahrgang.

6.1 Methodische Ansätze der Schuleingangsdiagnostik

Für das Vorgehen bei der Einschulungsdiagnostik gibt es in Deutschland keine einheitlichen Regelungen, d. h., ein standardisierter Schuleingangstest, der bundesweit mit allen Kindern durchgeführt wird, liegt nicht vor. Zur Feststellung, ob der individuelle Entwicklungsstand eines Kindes für seine Schulbereitschaft spricht, findet man daher unterschiedliche Vorgehensweisen.

6.1.1 Verhaltensbeobachtungen im Alltag

Die pädagogischen Fachkräfte in Kindertageseinrichtungen vertrauen bei ihrer Entscheidungsfindung oft auf ihre Beobachtungen des Verhaltens in Gruppensituationen im regulären Alltag. Vor allem der sozial-emotionale Entwicklungsstand des Kindes kann hier gut beobachtet werden. Meist sind die diesbezüglichen Beobachtungen *informell*, d. h., sie umfassen alltägliche Situationen, die nicht gezielt zum Zwecke der Diagnostik herbeigeführt werden, sondern sich aus anderen pädagogischen und sozialen Situationen zufällig ergeben.

Zur Protokollierung von Beobachtungen können *Checklisten* verwendet werden, die konkrete Verhaltensweisen oder Kompetenzen auflisten und auf denen die pädagogischen Fachkräfte angeben sollen, ob, wie häufig oder wie ausgeprägt sie diese beim betreffenden Kind schon beobachtet haben. Häufig wird hier eine Einschätzung auf einer mehrstufigen Skala (z. B. »nie« bis »täglich« oder »kann es gar nicht« bis »kann es sehr gut«) verlangt.

Da die Situationen, die zur Beurteilung herangezogen werden, wenig *standardisiert* sind und die Bewertung sehr subjektiv ist, ist die Wahrscheinlichkeit für das Auftreten von Beurteilungsfehlern recht hoch. Zudem wird die Einschätzung in hohem Maße durch subjektive Überzeugungen der urteilenden Fachkräfte beeinflusst.

6.1.2 Standardisierte und normierte diagnostische Verfahren

Um die zuvor skizzierten Probleme zu umgehen, ist als diagnostisches Vorgehen der Wahl der Rückgriff auf qualitätsgesicherte *standardisierte und normierte Testverfahren* zu empfehlen, bei denen die Kinder konkrete Aufgaben bearbeiten und ihre Ergebnisse exakt protokolliert werden. Aus den Ergebnissen können dann belastbare Rückschlüsse auf die Fähigkeiten gezogen werden, zu deren Erfassung der Test konzipiert wurde.

Die Durchführung und die Auswertung von solchen diagnostischen Testverfahren erfolgen nach festgesetzten Regeln, also für alle Kinder gleich. Nur wenn dies garantiert ist, ist das Kriterium der *Objektivität* erfüllt. Darüber hinaus sollten die Testverfahren ausreichend zuverlässig messen (*Reliabilität*) und gültig in Bezug auf die Fähigkeit sein, für deren Erfassung sie konstruiert wurden (*Validität*) (für eine Einführung in die testtheoretischen Gütekriterien vgl. z. B. Hock et al., 2023; Schmidt-Atzert et al., 2022). Eine weitere Anforderung, die diagnostische Verfahren erfüllen müssen, ist die *Normierung* an einer ausreichend großen und für die zu untersuchende Gruppe repräsentativen Stichprobe. Durch Normwerte (z. B. Prozentrangwerte oder T-Werte) kann die Leistung eines Kindes mit der einer Referenzgruppe, z. B. Kindern seiner Altersgruppe oder Klassenstufe, verglichen werden. Dieser Vergleich ermöglicht Aussagen über auffällige Leistungsabweichungen. Die Diagnostik anhand standardisierter und normierter Testverfahren erfordert speziell geschultes Fachpersonal, um die korrekte Durchführung, Auswertung und Interpretation der Ergebnisse zu gewährleisten (für eine leicht verständliche Einführung vgl. Seeger & Holodynski, 2022).

In der Einschulungsdiagnostik werden verschiedene Arten von Verfahren verwendet. Hier ist insbesondere die Unterscheidung zwischen Entwicklungstests und sogenannten Screenings relevant. Entwicklungstests dienen einer fundierten Einschätzung der geprüften Fähigkeiten auf Basis einer vergleichsweise aufwändigen Testung. Screenings helfen dagegen, ökonomisch und zeitsparend möglichst viele Kinder zu untersuchen, um diejenigen Kinder herauszufiltern, bei denen ein Risiko für eine bestimmte Auffälligkeit vorliegt und eine weitergehende Diagnostik durch entsprechendes Fachpersonal angezeigt ist. Ein Beispiel für Screening-Verfahren sind die in vielen Bundesländern routinemäßig bei allen Kindern durchgeführten Sprachstandserhebungen in Kindertageseinrichtungen. Bei Kindern mit auffälligen Testwerten sollte eine weiterführende Diagnostik erfolgen, um möglichst passgenaue Maßnahmen zur Förderung oder Therapie initiieren zu können.

Neben allgemeinen Entwicklungstests, die die Entwicklung des Kindes möglichst umfassend abbilden, gibt es auch diagnostische Verfahren zur vertieften Untersuchung spezifischer Funktions- oder Fähigkeitsbereiche, wie etwa der phonologischen Bewustheit oder mathematischer Basiskompetenzen. Die Nutzung solcher Verfahren ist insbesondere angezeigt, wenn durch Entwicklungsbeobachtung oder Screening-Ergebnisse der fundierte Verdacht besteht, dass bei einem Kind Defizite in einem der für die Schulbereitschaft relevanten Entwicklungsbereiche (▶ Kap. 5) vorliegen.

Die beschriebenen diagnostischen Möglichkeiten zur Erfassung des individuellen Entwicklungsstands schulrelevanter Kompetenzen liefern eine rationale Sachgrundlage für die Bewertung der Schulbereitschaft und sind damit eine gute Basis für eine fundierte Einschulungsentscheidung im Einzelfall.

6.2 Traditionelle Schulfähigkeitstests

Über Sinn und Zweck der Einschulungsdiagnostik wurde lange Zeit intensiv, kontrovers und nicht selten mit ideologisch unvereinbaren Positionen debattiert (▶ Kap. 2). Bereits Ende der 1950er Jahre wurden in Deutschland erste standardisierte und normierte Schulfähigkeitstests entwickelt. Diese orientierten sich an der damals vorherrschenden Auffassung, dass die »Schulreife« biologisch determiniert sei und sich in engem Zusammenhang zum Lebensalter entwickeln würde. Typische Beispiele für Verfahren dieser Generation sind etwa der *Frankfurter Schulreifetest* (Roth, 1. Auflage 1960, 5. Aufl. 1968) oder der *Göppinger Schulreifetest zur Untersuchung der Schulreife und der Qualität der psychischen Funktionen* (Kleiner, 1963).

Schon in der Einleitung des *Göppinger Schulreifetests* wird das Ziel des Verfahrens deutlich, nämlich die Selektion schulreifer Kinder:

> Die Aussonderung der Nichtschulreifen ist sehr einfach. Diese sind zurückzustellen bzw. heilpädagogischen Untersuchungen zuzuführen. Fraglich Schulreife sollten, sofern sie nicht zurückgestellt werden, nur auf Probe eingeschult werden. (Kleiner, 1963, S. 1)

Aber nicht nur im verwendeten Vokabular, auch bezüglich der erfassten inhaltlichen Kompetenzbereiche zeigen sich deutliche Unterschiede zu aktuellen Konzeptionen der Schulbereitschaft. Im Vergleich zu modernen diagnostischen Verfahren fällt die starke Gewichtung der kindlichen Wahrnehmung und spezifisch der visuellen Erfassung und Differenzierung auf, während Kompetenzen wie die phonologische Bewustheit, die sich in der Forschung seit den 1990er Jahren als besonders relevant für den Schriftspracherwerb erwiesen haben, nicht zu finden sind.

In den 1970er Jahren setzte ein Umdenken in der Grundschuldidaktik und eine Neuorientierung in Richtung individueller Förderung *aller* Kindern ein (▶ Kap. 2.3), was nicht ohne Konsequenzen für die Einschulungsdiagnostik blieb. In der Folge wurde eine Vielzahl an neuen diagnostischen Verfahren entwickelt, von denen die meisten die testtheoretischen Gütekriterien standardisierter und normierter Testverfahren (▶ Kap. 6.1) erfüllen. Auch der Duktus der Manuale veränderte sich, und die Zielsetzung der Einschulungsdiagnostik näherte sich deutlich ihrer heutigen Funktion an. Entsprechend wird in fast allen Verfahren dieser Zeit die Ablehnung von Selektion und das Ziel der individuellen Förderung der Kinder explizit hervorgehoben. Das folgende Zitat aus dem *Duisburger Vorschul- und Einschulungstest* (Meis, 1968) ist ein gutes Beispiel für diese Neuausrichtung:

> Schulreifetests müssen ihren Charakter als Aufnahmeprüfung für die erste Klasse verlieren. Stattdessen sollen sie als »Einschulungstests« verwendet werden und helfen, *jedes* Kind in den richtigen Typ von Anfangsklasse zu bringen, damit es seinem Lernvermögen entsprechend gefördert wird. Die Testergebnisse könnten viel stärker genutzt werden für ein sofortiges Einsetzen individuellen Helfens. (Meis, 1968, S. 1)

Auch wenn die konkrete Umsetzung von Hilfsmaßnahmen in verschiedenen »Typen« von Anfangsklassen noch weit entfernt von den heute verbreiteten Vorstellungen eines binnendifferenzierten Unterrichts in inklusiven Schulklassen ist, hat sich das grundsätzliche Ziel, jedes Kind seinen individuellen Voraussetzungen entsprechend fördern zu können, seither nicht geändert. In der Folge verlor die Selektionsfunktion der Einschulungsuntersuchung immer mehr an Bedeutung; stattdessen rückte die Aufgabe, jedem Kind zur Schulbereitschaft zu verhelfen, immer stärker in den Vordergrund.

Die meisten diagnostischen Verfahren aus dieser Zeit erfüllen die Testgütekriterien der Objektivität, Reliabilität und Validität und sind normiert. Inhaltlich liegt allerdings auch in den 1970er Jahren der Fokus noch auf der Erfassung der visuellen Wahrnehmung und der visuomotorischen Koordination. So ist die Differenzierungsfähigkeit als Grundfunktion in fast jeder Aufgabe des *Reutlinger Test für Schulanfänger* (Kratzmeier, 1975) enthalten. Zur Erfassung der genannten Funktionen sollen die Kinder z. B. Zeichnungen anfertigen, etwa in den Weilburger Testaufgaben (Hetzer & Tent, 1971) einen Menschen zeichnen oder im Reutlinger Test für Schulanfänger (Kratzmeier, 1975) eine Blume. Bewertet werden dabei nicht die Kreativität oder die künstlerische Ausführung, sondern die Anzahl der dargestellten Details und die Vollendung der verwendeten Formen.

Im Vergleich zu aktuellen Verfahren fällt insbesondere die eher untergeordnete Rolle der Sprache auf, deren Erfassung sich meist auf Aufgaben zur Begriffsbildung oder das Nacherzählen von Geschichten beschränkt. Die in der aktuellen Diskussion bedeutsamen schulrelevanten Vorläuferkompetenzen, wie insbesondere die phonologische Bewusstheit und basisnumerische Kompetenzen, fehlen weiterhin. Zur Beurteilung sozialer Merkmale der Schulfähigkeit werden etwa in den Weilburger Testaufgaben (Hetzer & Tent, 1971) die Bereitschaft des Kindes zur Aufgabenübernahme, seine Selbstständigkeit und sein Verhalten bei der Aufgabenbearbeitung eingeschätzt. Schon Mitte der 1970er Jahre empfahl Kratzmeier (1975), das Ergebnis des Tests nur als eine Information unter vielen aufzufassen und die Entscheidung über die Einschulung unter Einbezug und Abwägung aller zur Verfügung stehenden Informationen zu treffen.

6.3 Aktuelle Entwicklungs- und Schulfähigkeitstests

6.3.1 Diagnostische Verfahren in der ärztlichen Schuleingangsuntersuchung

Bundesweit ist im Rahmen der Einschulung eine Untersuchung durch den medizinischen Dienst des Gesundheitsamtes vorgesehen. Diese erfolgt in der Regel durch einen Schularzt. Im Rahmen der ärztlichen Schuleingangsuntersuchung wird eine Vielzahl medizinischer Befunde erhoben, insbesondere der Impfstatus des Kindes, die Teilnahme an den Kinderfrüherkennungsuntersuchungen U1 bis U9, die Körpermaße sowie die Funktion der Sinnesorgane. Orthopädische Befunde, Allergien und bereits eingeleitete ärztliche und/oder andere Therapien werden ebenso erfasst wie relevante soziodemographische Daten des Kindes und der Familie, u. a. zu familiären Risikofaktoren, Besuch einer Kindertageseinrichtung und etwaiger Mehrsprachigkeit. Neben der Überprüfung des körperlichen Zustandes wird in der ärztlichen Schuleingangsuntersuchung auch der kognitive Entwicklungsstand des Kindes bewertet.

Auf Grundlage der Ergebnisse der schulärztlichen Untersuchung berät der zuständige kommunale Gesundheitsdienst die Familien und leitet bei Bedarf in Zusammenarbeit mit den Schulen, Kindertageseinrichtungen und weiteren Akteuren des Gesundheitssystems notwendige Förder- oder Therapiemaßnahmen oder Unterstützungsangebote ein.

Da die Schuleingangsuntersuchung die seltene Gelegenheit bietet, vollständige, unselektierte Daten über den Gesundheitszustand eines ganzen Jahrgangs zu erhalten, werden die Ergebnisse – zusätzlich zum individualdiagnostischen Ziel der Erhebung der Schulbereitschaft und des Förderbedarfs eines jeden Kindes – häufig auch zu epidemiologischen Zwecken genutzt, etwa für die kommunale oder landesweite Gesundheitsberichterstattung. Diese Daten erlauben Aussagen über den Entwicklungsstand der Gesamtheit aller Kinder des untersuchten Altersbereichs in einer Stadt, einem Kreis oder einem ganzen Bundesland und bieten daher eine geeignete Basis, um z. B. den Bedarf an Behandlungs- und Förderangeboten in den Kommunen abschätzen und diese entsprechend planen zu können. Diese beiden Zielsetzungen, die individuelle und die epidemiologische, stehen jedoch in einem gewissen Spannungsfeld zueinander: Während eine valide Gesundheitsberichterstattung eine strikte Einheitlichkeit des Vorgehens bei allen Kindern voraussetzt, mag es bei der Untersuchung zum Ziel der Ermittlung des Förderbedarfs eines einzelnen Kindes manchmal angezeigt sein, das Vorgehen zu variieren, um zusätzliche förderrelevante Informationen zu erhalten. Somit ist die Nutzung der Daten der Schuleingangsuntersuchung für epidemiologische Zielsetzungen mitunter fragwürdig.

Aktuell sind in der ärztlichen Schuleingangsuntersuchung vor allem zwei diagnostische Verfahren verbreitet: Zum einen das *Sozialpädiatrische Entwicklungsscreening für Schuleingangsuntersuchungen* (SOPESS), zum anderen das *Screening des Entwicklungsstands bei Einschulungsuntersuchungen* (S-ENS).

Sozialpädiatrisches Entwicklungsscreening für Schuleingangsuntersuchungen (SOPESS)

Das SOPESS (Petermann et al., 2009) wurde ursprünglich zur Schuleingangsdiagnostik in Nordrhein-Westfalen entwickelt und kommt inzwischen in mehr als der Hälfte der Bundesländer zum Einsatz. Das Verfahren wurde in den Jahren 2008 und 2009 an 13.000 Kindern normiert und validiert und wird seit dem Schuljahr 2010/11 eingesetzt. Es soll zu einer landesweit einheitlichen und standardisierten Durchführung der schulärztlichen Eingangsuntersuchungen beitragen. Berücksichtigt wird auch das in den letzten Jahrzehnten durch die Verschiebung bzw. Flexibilisierung der Stichtagsregelungen (▶ Kap. 4.1) gesunkene Durchschnittsalter der untersuchten Kinder. Das SOPESS differenziert insbesondere im unteren Drittel des Leistungsspektrums und hat den Anspruch, vor allem Kinder mit fraglicher Schulbereitschaft herauszufiltern (Daseking et al., 2009).

Das Verfahren besteht aus einem von nicht ärztlichem Gesundheitspersonal durchgeführten Teil von ca. 10 Minuten, in dem die einfach auszuwertenden Aufgaben durchgeführt werden, und einer ärztlichen Untersuchung von ca. 20 Minuten, in der die aufwändiger zu diagnostizierenden Bereiche untersucht werden.

Das SOPESS besteht aus insgesamt zwölf Untertests, die den Merkmalsbereichen Visuomotorik, selektive Aufmerksamkeit, Zahlen- und Mengenvorwissen, visuelle Wahrnehmung und Schlussfolgern, Sprache und Sprechen sowie Körperkoordination zugeordnet werden. Tabelle 3 gibt einen Überblick über die durchgeführten Aufgaben und die darüber erfassten Kompetenzen (▶ Tab. 3).

Tab. 3: Übersicht über erfasste Merkmalsbereiche und Aufgaben des SOPESS (modifiziert nach Daseking, 2016)

Merkmalsbereich	Aufgabe	Erfasste Kompetenz
Visuomotorik I und II	Einzeichnen geometrischer Formen	Graphomotorik
	Formen abzeichnen	
Selektive Aufmerksamkeit	Durchstreichaufgabe	Fokussierung Impulshemmung visuelles Abscannen
Zahlen- und Mengenvorwissen	Abzählen	Zahlenwissen
	Simultanerfassung	automatische Mengenerfassung
	Mengenvergleich	Eins-zu-eins-Zuordnung
visuelle Wahrnehmung und Schlussfolgern	Zugaufgabe (Reihen fortsetzen, Klassifikation, Analogien)	Erkennen von Zusammenhängen Problemlösefähigkeit Analyse visueller Reize

Tab. 3: Übersicht über erfasste Merkmalsbereiche und Aufgaben des SOPESS (modifiziert nach Daseking, 2016) – Fortsetzung

Merkmalsbereich	Aufgabe	Erfasste Kompetenz
Sprache und Sprechen	Präpositionen	Grammatik
	Pluralbildung	
	Pseudowörter	phonologisches Arbeitsgedächtnis
	Artikulation	
Motorik	seitliches Hin- und Herspringen	Körperkoordination

In den beiden Aufgaben zur Visuomotorik soll das Kind geometrische Figuren ein- und abzeichnen (mit und ohne vorgegebenes Raster), wofür insbesondere fein- und graphomotorische Kompetenzen, die Fähigkeit zur Auge-Hand-Koordination und visuell-analytische und räumliche Komponenten der Wahrnehmung erforderlich sind. Im Bereich der selektiven Aufmerksamkeit werden Konzentration, Impulshemmung und Aufmerksamkeitsfokussierung des Kindes über eine klassische Durchstreichaufgabe erfasst. Die Aufgaben zum Mengen- und Zahlenvorwissen umfassen die Bereiche Zahlenwissen, Eins-zu-eins-Zuordnung, Mengenvergleich und Mengenerfassung, während die Körperkoordination über eine Aufgabe zum seitlichen Hin- und Herspringen erfasst wird, für die vor allem Gleichgewicht, Ausdauer und Kraftdosierung notwendig sind. Den Aufgaben zur Erfassung der Sprachkompetenzen ist eine fünfstufige Einschätzung des kindlichen Sprachniveaus durch die durchführende Person vorgeschaltet. Die Aufgaben zur Kenntnis grammatischer Strukturen (Präpositionen und Pluralbildung) werden mit Kindern, die über keine oder höchstens radebrechende Deutschkenntnisse verfügen, nicht durchgeführt, während das phonologische Arbeitsgedächtnis (Nachsprechen von Pseudowörtern) bei allen Kindern erfasst wird. Zudem werden Auffälligkeiten in der Artikulation anhand der Spontansprache des Kindes notiert. Bei den Aufgaben zum visuellen Wahrnehmen und Schlussfolgern handelt es sich um typische Aufgaben zur Klassifikation, Analogienbildung und zum Reihenfortsetzen.

Kinder, die in einem Bereich einen Prozentrang von weniger als 10 erreichen (also zu den schwächsten 10 % der Bezugsgruppe gehören), gelten als auffällig in diesem Bereich.

Das SOPESS ist für Kinder im Alter von fünf bis sechs Jahren normiert. Die Validität des Verfahrens wurde durch Korrelationen mit verschiedenen Entwicklungstests sowie mit den Leistungen in späteren Schulleistungstests nachgewiesen (Daseking et al., 2009). Das SOPESS leistet somit einen wichtigen Beitrag zur Vereinheitlichung und Standardisierung der Schuleingangsdiagnostik, zunehmend auch über die Bundesländer hinweg.

Screening des Entwicklungsstands bei Einschulungsuntersuchungen (S-ENS)

Ein weiteres im Rahmen der schulärztlichen Untersuchung eingesetztes Verfahren zur Überprüfung der Schulfähigkeit ist das S-ENS (Döpfner et al., 2004, 2005). Wie das SOPESS ist auch dieses Instrument ein Screening-Verfahren zur »orientierenden Überprüfung« des Entwicklungsstands. Es liefert Hinweise auf das mögliche Vorliegen von Auffälligkeiten, die es in der Folge noch spezifisch abzuklären gilt.

Im Einzelnen überprüft das S-ENS die Funktionsbereiche motorische Koordination, visuell-räumliche Fertigkeiten und Sprechen und Sprache (▶ Tab. 4). Hierzu werden neun Aufgaben durchgeführt, die fünf Merkmalsbereiche abdecken. Im Vergleich zum SOPESS fällt auf, dass die Bereiche selektive Aufmerksamkeit und Zahlen- und Mengenvorwissen nicht berücksichtigt werden.

Tab. 4: Übersicht über erfasste Merkmalsbereiche und Aufgaben des S-ENS (Döpfner et al. 2005, S. 7)

Merkmalsbereich	Aufgabe
Körperkoordination	seitliches Hin- und Herspringen
Visuomotorik	Gestaltrekonstruktion
	Gestaltreproduktion
visuelle Wahrnehmung und Informationsverarbeitung	Auswahl einer Ergänzungsfigur
	Erkennen identischer figuraler Vorgaben
Sprachkompetenz und auditive Informationsverarbeitung	Pseudowörter nachsprechen
	Wörter ergänzen
	Sätze nachsprechen
Artikulation	Lautprüfung mittels Sprachtafel und anhand der Spontansprache

Als Normwerte stehen Prozenträngen zur Verfügung, wobei ein Prozentrang unter 25 als grenzwertig und unter 15 als auffällig eingestuft wird. Das Verfahren verfügt über eine gute interne Konsistenz, Trennschärfe und konvergente Validität.

Der Umgang mit mehrsprachigen Kindern entspricht im Wesentlichen dem Vorgehen des SOPESS: Auch hier wird nach einer Eingangsfrage an die Eltern (»Welche Sprache wurde in den ersten vier Lebensjahren zu Hause mit dem Kind überwiegend gesprochen?«) in Fällen, in denen die Antwort nicht Deutsch lautet, eine grobe Einstufung der sprachlichen Kompetenz auf einer fünfstufigen Skala vorgenommen. Für diese Klassifizierung gibt es keine konkreten Kriterien, sondern sie liegt im subjektiven Ermessen der durchführenden Person. Bei Kindern mit wenigen oder gar keinen Deutschkenntnissen wird empfohlen, die Untertests *Wörter ergänzen* und *Sätze nachsprechen* zu überspringen. Auch bei den anderen Kindern wird kein Gesamtwert über die verschiedenen Aufgaben zu den sprachlichen Kompetenzen gebildet, sondern

[e]s ist Aufgabe der Schulärztin bzw. des Schularztes, die komplexen Zusammenhänge in einer durchdachten ärztlichen Befundlage zusammenzufassen und entsprechende Schlussfolgerungen abzuleiten. [...] Dabei wird ein möglicher Migrationshintergrund berücksichtigt. (Döpfner et al., 2005, S. 26)

In welcher Form dies geschehen soll und welche Implikationen daraus abgeleitet werden, bleibt offen, sodass die Bewertung des Bereichs Sprache insgesamt stark dem subjektiven Ermessen des jeweiligen Arztes oder der Ärztin überlassen bleibt.

6.3.2 Weitere Entwicklungs- und Schulfähigkeitstests

Neben den beschriebenen Verfahren, die explizit für den Einsatz im Rahmen der ärztlichen Einschulungsuntersuchungen konzipiert sind, werden zur Feststellung der Schulbereitschaft oft auch breiter angelegte allgemeine Entwicklungstests oder -screenings herangezogen, etwa im Rahmen einer ausführlichen Beratung und Diagnostik durch Förder- und Beratungsstellen oder Schulpsychologen. Diese decken meist ein breiteres Spektrum kindlicher Entwicklungsmerkmale als die oben beschriebenen Einschulungsverfahren ab. Ohne Anspruch auf Vollständigkeit beschreiben wir exemplarisch einige dieser Verfahren.

BIKO 3–6: Screening zur Entwicklung von Basiskompetenzen für 3- bis 6-Jährige

Das *BIKO-Screening zur Entwicklung von Basiskompetenzen für 3- bis 6-Jährige* (BIKO 3–6; Seeger et al., 2014) ist eine allgemeine Screening-Batterie zur Erfassung von Basiskompetenzen in den vier wesentlichen Entwicklungsbereichen Sprache, Numerik, Motorik und Sozioemotionalität im genannten Altersbereich (Einführung in Holodynski et al., 2018; Seeger & Holodynski, 2022). Die Autoren knüpfen in der Begründung ihres Konzeptes an die Bildungspläne der Bundesländer für den Elementarbereich an (▶ Kap. 3.1) und empfehlen das Verfahren auch zum Anfertigen einer Bildungsdokumentation über die Kindergartenjahre, wie es in vielen Bildungsplänen gefordert wird. Da ausreichende Normen für das Ende der Vorschulzeit vorliegen, eignet sich das Verfahren auch für die Einschulungsdiagnostik. Das BIKO 3–6 erfasst den kindlichen Entwicklungsstand in den schulrelevanten Kompetenzbereichen der sprachlichen, sozial-emotionalen, motorischen und numerischen Entwicklung. Zu jedem dieser Bereiche liegt ein eigener Subtest vor, der ab dem Alter von drei Jahren bis zum Sommer vor der Einschulung regelmäßig im Jahresabstand durchgeführt werden kann, um die Entwicklung des Kindes kontinuierlich abzubilden, Entwicklungsdefizite und Auffälligkeiten frühzeitig zu erkennen, zu dokumentieren und notwendige Fördermaßnahmen einzuleiten. Die weite abgedeckte Altersspanne hat gegenüber reinen Schuleingangstests den Vorteil, dass bei entwicklungsauffälligen Kindern, bei denen schon früh Zweifel am fristgerechten Erreichen der Schulbereitschaft bestehen, eine frühzeitige Diagnostik schon während der Vorschulzeit möglich ist. Zudem ist mit dem Verfahren auch eine Verlaufsdiagnostik zur Evaluation vorschulischer Fördermaßnahmen möglich.

Die für die einzelnen Kompetenzbereiche verwendeten Aufgaben entstammen größtenteils standardisierten und etablierten Testverfahren zur Überprüfung spezifischer Kompetenzbereiche, die für den zeitökonomischen und benutzerfreundlichen Einsatz durch pädagogische Fachkräfte optimiert wurden.

Zur Erfassung des *sprachlichen Entwicklungstands* kommt das *Heidelberger Auditive Screening in der Einschulungsuntersuchung* (HASE) von Schöler und Brunner (2008) zum Einsatz (▶ Kap. 6.3.3). Die *numerische Basiskompetenz* wird über neun Aufgaben aus dem MBK-0 von Krajewski (2017) erfasst (▶ Kap. 6.3.5). Die Erfassung der *sozial-emotionalen Kompetenzen* des Kindes erfolgt über sechs Einschätzskalen, auf denen die pädagogischen Fachkräfte das Verhalten eines Kindes im alltäglichen Umgang einschätzen (vierstufige Skala: »trifft nicht zu« bis »trifft zu«). Diese Skalen umfassen insgesamt 38 Aussagen zum Verhalten

1. gegenüber Erziehungspersonen im Hinblick auf seine Kooperationsbereitschaft,
2. gegenüber Gleichaltrigen bezüglich prosozialen Verhaltens, Problemverhaltens und Integration in die Gruppe,
3. gegenüber Anforderungen in Spielsituationen und Alltagsaufgaben,
4. bezüglich seiner Emotionsregulation.

Für die Erhebung der *motorischen Basiskompetenz* werden acht Aufgaben zur Bewegungskoordination aus dem Motoriktest für vier- bis sechsjährige Kinder (MOT 4–6; Zimmer, 2015) verwendet. Dabei muss das Kind einen Parcours bewältigen, auf dem es spezifische Bewegungsabläufe (z. B. Balancieren, seitliches Hin- und Herspringen, Hampelmann, Fangen) demonstrieren soll.

Die Durchführung der Einzeltestung beträgt pro Entwicklungsbereich max. 15 Minuten. Ein Vorteil des Verfahrens liegt darin, dass drei der vier Screenings aus Durchführungsaufgaben bestehen, d. h., die Aufgabenbewältigung kann real beobachtet werden und es muss nicht auf subjektive fehleranfällige Einschätzungen zurückgegriffen werden, wie in vielen anderen Verfahren. Nach entsprechender Schulung können pädagogische Fachkräfte die Screenings leicht im Alltag der Kindertageseinrichtung durchführen. Dabei sollte in jedem Fall auf eine gründliche Vorbereitung und Einarbeitung der durchführenden Personen geachtet werden, um eine aufgabengetreue Durchführung und korrekte Interpretation der Ergebnisse zu gewährleisten. Die Ergebnisse sind ohne zusätzlichen Schreibaufwand in eine vorstrukturierte Bildungsdokumentation überführbar.

Die Auswertung der Subskalen erfolgt in allen vier Bildungsbereichen nach dem gleichen Muster und liefert ein umfassendes Entwicklungsprofil, das Auskunft darüber gibt, in welchen Bereichen das Kind altersgemäß entwickelt ist und in welchen Förderbedarfe bestehen. Ein Förderbedarf wird dann festgestellt, wenn ein Kind in einem oder mehreren Bereichen einen Prozentrang unter 16 erreicht. In der Normstichprobe (1.748 Kinder) lag bei ungefähr einem Viertel der Kinder (26,9 %) ein isoliertes Entwicklungsrisiko in einem der erfassten Bereiche vor, während fast jedes zehnte Kind (9,8 %) eine Kombination aus sprachlichem und numerischem Förderbedarf sowie ggf. in weiteren Bereichen aufwies. Insbesondere diese kumulierten Förderbedarfe gehen mit einem hohen Risiko für eine beeinträchtigte spätere Lernentwicklung einher.

Die testdiagnostischen Gütekriterien des BIKO-Screenings sind in allen vier Entwicklungsbereichen gut. Zum einen weisen die Originalverfahren (MBK-0, MOT 4–6, HASE und die KIPPS-Skalen) gute bis sehr gute Reliabilitäten sowie eine gute prognostische Validität für Entwicklungsrisiken auf. Zum anderen zeigte sich in den Originalverfahren und in der durch pädagogische Fachkräfte erhobenen Normstichprobe des BIKO-Screenings die gleiche Faktorenstruktur (Seeger et al., 2014).

Dortmunder Entwicklungsscreening für den Kindergarten – Revision (DESK 3–6 R)

Die revidierte Version des *Dortmunder Entwicklungsscreening für den Kindergarten* (DESK 3–6 R; Tröster, 2016) ist ein Screening zur Früherkennung von Entwicklungsrisiken bei Vorschulkindern und wurde für den routinemäßigen Einsatz in Kindertageseinrichtungen konzipiert. Es besteht aus Beobachtungsskalen und zusätzlichen Einzel- und Gruppenaufgaben, mit deren Hilfe Auffälligkeiten früh erkannt werden sollen, um rechtzeitig vor Schulbeginn entsprechende Fördermaßnahmen einleiten zu können. Die Einschätzung durch die pädagogischen Fachkräfte basiert auf ihren täglichen Beobachtungen des kindlichen Verhaltens in Alltagssituationen. Die zusätzlichen Einzel- und Gruppenaufgaben bilden Kompetenzen ab, die sich aus dem spontanen Verhalten im Alltag nicht sicher erschließen lassen. Die Gruppenaufgaben sind in ein Zirkusspiel eingebettet, bei dem max. fünf Kinder angeleitet werden, mehrere Szenen aufzuführen, in denen bestimmte Anweisungen umgesetzt werden sollen (z. B. Aufgaben zur Auge-Hand-Koordination, Phantasiewörter nachsprechen oder Reimbildung). Die Aufgaben des DESK 3–6 R erfassen im Altersbereich der Fünf- bis Sechsjährigen den Entwicklungsstand der folgenden acht Bereiche:

1. Feinmotorik
2. Grobmotorik
3. Sprache und Kommunikation
4. Basiskompetenzen Schriftsprache
5. Basiskompetenzen Mathematik
6. Aufmerksamkeit und Konzentration
7. Soziale Kompetenz
8. Soziale Interaktion

Die Einschätzung der sprachlichen Kompetenz wird von den pädagogischen Fachkräften anhand einer Checkliste auf Grundlage ihrer Erfahrung im alltäglichen Umgang mit dem Kind vorgenommen (z. B. »Setzt Verben in die Vergangenheitsform«, »Kann Erlebtes in logischer und zeitlicher Reihenfolge berichten«). Zur Bewertung der Grob- und Feinmotorik werden konkrete Anforderungen gestellt und bewertet (z. B. »Sortiert Perlen mit beiden Händen gleichzeitig in einen Becher«). Die Basiskompetenzen Schriftsprache und Mathematik sowie Aufmerksamkeit und Konzentration (Skalen 4 bis 6) bilden schulrelevante Vorläuferfertigkeiten im engeren Sinne ab und werden bei jüngeren Kindern nicht eingesetzt.

Bezüglich des Sozialverhaltens werden zwei getrennte Skalen gebildet, von denen die Skala *Soziale Kompetenz* eher externalisierende Verhaltensprobleme umfasst, während die Skala *Soziale Interaktion* Auffälligkeiten im Umgang mit anderen Kindern fokussiert. Beide Bereiche werden von den Fachkräften auf Basis ihrer Alltagsbeobachtungen eingeschätzt.

Für die Bewertung liegen bereichsspezifische Normen mit klaren Vorgaben vor, ab welchem Wert eine gezielte weitere Abklärung erfolgen sollte, um einen möglichen Förderbedarf zu klären.

Die Beurteilerübereinstimmung des Verfahrens und damit seine Objektivität ist insgesamt hoch. Bei den reinen Beobachtungsaufgaben, insbesondere der Einschätzung des Sozialverhaltens, liegt sie etwas niedriger als bei den über Einzel- und Gruppenaufgaben erfassten Kompetenzen (85% versus 91 bzw. 93%). Eine Überprüfung der Validität der DESK 3–6 R erbrachte zufriedenstellende Ergebnisse. Auch die Unabhängigkeit der beiden Skalen zum Sozialverhalten konnte nachgewiesen werden. Das Verfahren erlaubt eine zuverlässige Unterscheidung zwischen auffälligen und unauffälligen Kindern (Tröster et al., 2005).

Basisdiagnostik umschriebener Entwicklungsstörungen im Vorschulalter (BUEVA-III)

Das Verfahren *Basisdiagnostik umschriebener Entwicklungsstörungen im Vorschulalter* (BUEVA-III; Esser & Wyschkon, 2016) wurde zur Identifikation von Kindern mit klar umgrenzten bereichsspezifischen Entwicklungsstörungen entwickelt. Unterschieden werden spezifische Entwicklungsstörungen der motorischen Fertigkeiten, der Aufmerksamkeit sowie der Sprache (Artikulationsstörung, Expressive Sprachstörung, Rezeptive Sprachstörung) und der sprachnahen phonologischen Bewusstheit. Dadurch sollen Kinder mit einem erhöhten Risiko für Störungen der schulischen Lernentwicklung bereits vor Schulbeginn erkannt werden und frühzeitig geeignete Präventionsmaßnahmen eingeleitet werden.

Das Verfahren ist im Altersbereich zwischen vier und sechseinhalb Jahren anwendbar und nimmt ca. 45 Minuten in Anspruch. Es besteht aus elf Untertests zu den folgenden Bereichen:

1. Nonverbale Intelligenz
2. Verbale Intelligenz
3. Rezeptive Sprache
4. Expressive Sprache: Anwendung grammatischer Regeln
5. Visuomotorik: Auge-Hand-Koordination
6. Zahlen- und Mengenverständnis
7. Artikulation
8. Körperkoordination
9. Phonologische Bewusstheit
10. Aufmerksamkeit
11. Arbeitsgedächtnis

Eine Kurzform des Verfahrens kann in 25 Minuten durchgeführt werden. Neben bereichsspezifischen Normwerten stehen auch Normen für die vier übergeordneten Bereiche Intelligenz (nonverbal und sprachlich), Sprache, Motorik sowie für den allgemeinen Entwicklungsstand zur Verfügung. Die Testgütekriterien sind durchwegs mindestens zufriedenstellend. Eine Rückstellung wird bei einem niedrigen Gesamtwert und/oder bei Auffälligkeiten in Sprache oder Aufmerksamkeit, nicht aber bei Schwächen in einzelnen Bereichen nahegelegt.

6.3.3 Verfahren zur Erfassung spezifischer Kompetenzbereiche

Sprachstandsdiagnostik

In jüngerer Zeit wurden in nahezu allen Bundesländern routinemäßig Verfahren zur Erfassung des sprachlichen Entwicklungsstands von Vorschulkindern etabliert, um Kinder mit sprachlichen Defiziten bereits vor Schuleintritt zu identifizieren und entsprechend fördern zu können. Die Umsetzung ist allerdings extrem uneinheitlich: So gibt es erhebliche Unterschiede hinsichtlich des Zeitpunkts, der Zielgruppen und der Verbindlichkeit der Sprachstandserhebungen. In manchen Regionen werden alle Kinder einer bestimmten Altersstufe mittels eines Screenings untersucht, in anderen nur Kinder mit nicht-deutscher Erstsprache, in wieder anderen nur solche, die eine Kindertageseinrichtung besuchen, oder gerade die, die dies nicht tun. Manchmal findet die Sprachstandsdiagnostik bereits mehrere Jahre vor Schulbeginn (z. B. mit vier Jahren) in der Kindertageseinrichtung statt, oft jedoch erst im Rahmen der Schulanmeldung oder der Schuleingangsuntersuchung. Auch das diagnostische Vorgehen ist sehr unterschiedlich: Bisweilen kommen Beobachtungsbögen unterschiedlichen Standardisierungsgrads zum Einsatz; seltener werden standardisierte diagnostische Testverfahren verwendet, die sich wiederum im Hinblick auf ihre theoretische Fundierung und psychometrische Qualität stark unterscheiden. Manchmal findet auch nur ein informelles Gespräch mit dem Kind im Rahmen der Schulanmeldung statt. Große Unterschiede bestehen auch hinsichtlich der berücksichtigten Merkmale des Sprachentwicklungsstands (vgl. z. B. Kammermeyer & King, 2018; Neugebauer & Becker-Mrotzek, 2013). Nachfolgend werden exemplarisch einige häufig verwendete Verfahren zur Sprachstandsdiagnostik in Deutschland vorgestellt.

Sprachentwicklungstest für drei- bis fünfjährige Kinder (SETK 3–5) und Sprachscreening für das Vorschulalter (SSV)

Der *Sprachentwicklungstest für drei- bis fünfjährige Kinder* (SETK 3–5; Grimm, 2015) ist ein diagnostisches Verfahren zur Erfassung von rezeptiven und produktiven Sprachverarbeitungsfähigkeiten sowie der auditiven Merkfähigkeit im Elementarbereich. Das Verfahren ist für die Diagnostik bei Kindern mit Verdacht auf eine Sprachentwicklungsstörung geeignet und sollte von geschulten Fachkräften durchgeführt werden. Es liegt auch eine Kurzform (*Sprachscreening für das Vorschulalter*, SSV; Grimm, 2017) für den Einsatz als flächendeckendes Screening, etwa im Rahmen der Einschulungsdiagnostik, vor.

Die Durchführung des SETK 3–5 dauert 20 bis 30 Minuten. Bei Kindern im Alter von vier bis fünf Jahren werden vier Untertests durchgeführt, die die Bereiche Sprachverstehen (*Manipulationsaufgabe*), Sprachproduktion (Subtest *Morphologische Regelbildung*) und Arbeitsgedächtnis für sprachliche Informationen (Subtests *Phonologisches Arbeitsgedächtnis für Nichtwörter* und *Satzgedächtnis*) abdecken. Die Kurzform SSV kann in 10 Minuten durchgeführt werden und enthält für vier- bis fünfjährige Kinder zwei Subtests zum Arbeitsgedächtnis für sprachliche Informationen. Für beide Varianten liegen Normen im Halbjahresabstand für den Altersbereich von 3;0 bis 5;11 Jahren vor. Die testtheoretischen Gütekriterien der Objektivität, Validität und Reliabilität des Verfahrens sind erfüllt.

Sprachverhalten und Interesse an Sprache bei Migrantenkindern in Kindertageseinrichtungen (Sismik) und Sprachentwicklung und Literacy bei deutschsprachig aufwachsenden Kindern (Seldak)

Bei den beiden Verfahren *Sprachverhalten und Interesse an Sprache bei Migrantenkindern in Kindertageseinrichtungen* (Sismik; Ulich & Mayr, 2003) und *Sprachentwicklung und Literacy bei deutschsprachig aufwachsenden Kindern* (Seldak; Mayr & Ulich, 2006) handelt es sich um strukturierte Beobachtungsbögen zum Sprachverhalten von Kindern in Kindertageseinrichtungen. Beide Verfahren decken den Altersbereich zwischen vier Jahren und dem Schuleintritt ab und sind für die Umsetzung durch pädagogische Fachkräfte im Alltag der Einrichtungen konzipiert. Während Sismik bei Kindern anzuwenden ist, deren Erstsprache nicht Deutsch ist, dient Seldak der Sprachkompetenzbewertung bei Kindern mit deutscher Erstsprache. Der erste Teil beider Bögen umfasst Fragen zum Verhalten des Kindes in sprachrelevanten Situationen. Hier wird nach seiner Sprachmotivation, seinem Interesse an sprachlichen Aktivitäten (z. B. Freude am Umgang mit Büchern und Geschichten) sowie nach seinen Erzählfähigkeiten und dem kommunikativen Verhalten in Gesprächssituationen gefragt. Im zweiten Teil werden sprachliche Kompetenzen im engeren Sinne eingeschätzt, wie das Verstehen von Handlungsaufträgen, der Wortschatz und grammatikalische Kompetenzen. *Sismik* enthält zusätzlich einen Abschnitt zur sprachlichen Umwelt des Kindes, in dem u. a. die familiären Sprachgewohnheiten, die Erfahrungen des Kindes mit der deutschen Sprache und seiner Familiensprache sowie seine sprachlichen Präferenzen erfragt werden.

Der erste Teil beider Verfahren (*Sprachrelevante Situationen*) besteht aus 43 Aussagen über das Kind, die mehrheitlich auf einer sechsstufigen Skala (nie bis sehr oft) einzuschätzen sind. Im zweiten Teil (*Sprachliche Kompetenzen im engeren Sinne*) sind weitere 31 Aussagen zum Sprachverhalten mit wechselnden Antwortschemata zu bewerten. Für beide Verfahren liegen nach Alter und Sprachbereich getrennte Normen vor. Neben der quantitativen Auswertung wird eine qualitative Analyse und Reflexion der Ergebnisse im pädagogischen Team empfohlen, um gegebenenfalls Konsequenzen für die praktische pädagogische Arbeit, auch in Bezug auf die

Gesamtgruppe, abzuleiten. Eine hohe Beobachterübereinstimmung belegt die Reliabilität der beiden Verfahren; die nachgewiesene Differenzierung zwischen Kindern mit und ohne Sprachförderbedarf kann als Validitätsbeleg gewertet werden.

Allerdings sind beide Verfahren recht aufwändig in der Durchführung, da für jedes Kind über 70 Aussagen beurteilt werden müssen, für die z.T. zuvor erst Beobachtungen in geeigneten Situationen im Alltag durchzuführen sind. Daher eignen sich diese Verfahren weniger für eine flächendeckende Sprachstandserhebung bei allen Kindern, sondern vornehmlich für die genauere Einschätzung von Kindern, die vorab als auffällig eingestuft wurden.

Hamburger Verfahren zur Analyse des Sprachstands bei 5-Jährigen (HAVAS 5)

Beim *Hamburger Verfahren zur Analyse des Sprachstands bei 5-Jährigen* (HAVAS 5; Reich & Roth, 2004) handelt es sich um ein sogenanntes profilanalytisches Verfahren, mit dem der Stand der Sprachaneignung differentiell erfasst werden kann. Es ist für fünf- bis siebenjährige ein- und mehrsprachige Kinder konzipiert und zur Planung von individuellen Sprachfördermaßnahmen geeignet. Im Unterschied zu den bisher dargestellten Verfahren erfasst HAVAS 5 bei Kindern mit Deutsch als Zweitsprache nicht nur den deutschen Sprachstand, sondern nach Möglichkeit auch den in ihrer Erstsprache. Es liegt ein Auswertungsschema für die Sprachen Italienisch, Polnisch, Portugiesisch, Russisch, Spanisch und Türkisch vor. Im Gegensatz zu anderen hier dargestellten Sprachstandsverfahren nutzt HAVAS 5 keine standardisierten Aufgaben, sondern gibt einen Impuls zur Anregung von Spontansprache (Vorgabe einer Bildergeschichte). Aus den darauf produzierten mündlichen Äußerungen der Kinder werden dann Aussagen über seinen aktuellen Sprachstand abgeleitet. Konkret wird das Kind aufgefordert, zu einer Bildergeschichte aus sechs Szenen (»Vogel und Katze«) frei zu erzählen, und zwar nach Möglichkeit sowohl in Deutsch als auch in seiner Erstsprache. Das produzierte Sprachmaterial wird auf Tonband aufgezeichnet und anschließend in Bezug auf die folgenden fünf sprachlichen Gesichtspunkte ausgewertet:

1. Aufgabenbewältigung: Verständlichkeit und Vollständigkeit der kindlichen Erzählung für jedes der sechs Bilder einzeln. Hier wird die grammatische Korrektheit nicht berücksichtigt, sondern es geht um die nachvollziehbare Darstellung der Zusammenhänge.
2. Bewältigung der Gesprächssituation: Flüssigkeit und Deutlichkeit der kindlichen Sprache und sprachliche Initiative und Selbstständigkeit des Kindes.
3. Verbaler Wortschatz: Anhand einer Liste der 74 zur vorgegebenen Bilderfolge am häufigsten produzierten Verben wird der Wortschatz des Kindes beurteilt.
4. Formen und Stellung des Verbs: Abfrage verschiedener grammatischer Stufen (z.B. Modalverben, abgetrennte Präfixe, Inversionen, zusammengesetzte Vergangenheitsformen). Die höchste erreichte Stufe bestimmt die Eingruppierung des Kindes.

5. Verbindung von Sätzen: Anhand einer Liste möglicher Konjunktionen wird die entsprechende Kompetenzstufe des Kindes bestimmt.

Weitere förderrelevante Beobachtungen können auf dem Protokollbogen notiert werden. Da im Bereich von Morphologie und Syntax strukturelle Unterschiede zwischen den abgedeckten Sprachen bestehen, wurde für die Auswertung der sprachlichen Gesichtspunkte 3 bis 5 für jede Sprache ein eigenes Auswertungsschema entwickelt, das deren spezifische Strukturen berücksichtigt. Die Durchführung und Aufnahme der Bildergeschichte im Einzelgespräch nimmt in der Regel nicht mehr als zehn Minuten in Anspruch, die Auswertungszeit beträgt für geübte Personen je nach Sprache ca. 30 bis 45 Minuten.

Das HAVAS 5 erlaubt qualitative Analysen unterschiedlicher Tiefe und unterschiedlicher Blickrichtung, in denen individuelle Besonderheiten eines Kindes berücksichtigt werden können (Reich & Roth, 2007). Zur Auswertung liegen keine Normwerte oder anderen Kennwerte vor, die für eine eindeutige Bewertung des Sprachstands eines Kindes unerlässlich wären, sondern seine sprachlichen Äußerungen werden individuell anhand vorgegebener Kriterien bewertet.

Das Ziel des Verfahrens liegt in der qualitativen Interpretation des Sprachprofils, um darauf aufbauend Förderentscheidungen treffen zu können, die auch das Verhältnis zwischen Erst- und Zweitsprache berücksichtigen. Problematisch sind der hohe Interpretationsspielraum bei der Auswertung, das Fehlen von Normen und die erforderlichen nicht deutschsprachlichen Kompetenzen der durchführenden Personen, die einem flächendeckenden Einsatz entgegenstehen. Zudem deckt HAVAS 5 zwar viele, aber nicht alle in Deutschland verbreiteten Zweitsprachen ab.

6.3.4 Diagnostik von Vorläuferkompetenzen des Schriftspracherwerbs

Bielefelder Screening zur Früherkennung von Lese-Rechtschreibschwierigkeiten (BISC)

Das *Bielefelder Screening zur Früherkennung von Lese-Rechtschreibschwierigkeiten* (BISC; Jansen et al., 2002) verfolgt das Ziel, Kinder mit einem hohen Risiko für besondere Schwierigkeiten beim Erwerb der Schriftsprache bereits vor der Einschulung zu identifizieren, um frühzeitig intervenieren zu können. Das Verfahren kann auch für die Überprüfung der Wirksamkeit schriftsprachspezifischer Fördermaßnahmen, insbesondere der phonologischen Kompetenzen, genutzt werden. Normwerte liegen für die Durchführung zehn und vier Monate vor der Einschulung vor. Bei einem auffälligen Ergebnis zum früheren Untersuchungszeitpunkt wird eine erneute Überprüfung zum zweiten Zeitpunkt empfohlen. Die Durchführung erfolgt in Einzelsitzungen von ca. 20 bis 30 Minuten Dauer. Erfasst werden im BISC die für den späteren Lernerfolg im Lesen und Rechtschreiben relevanten Vorläuferfertigkeiten *Phonologische Bewusstheit, schneller Abruf aus dem Langzeitgedächtnis, phonetisches Rekodieren im Kurzzeitgedächtnis* und *visuelle Aufmerksamkeitssteuerung*. Tabelle 5 gibt einen Überblick über die hierzu durchgeführten Testaufgaben (▶ Tab. 5).

Tab. 5: Übersicht der im BISC erfassten Kompetenzbereiche und Aufgaben (nach Jansen et al., 2002, eigene Darstellung)

Kompetenzbereich	Aufgaben
Phonologische Bewusstheit	Reime erkennen Silben segmentieren Laut-zu-Wort-Vergleich Laute assoziieren/Worte synthetisieren
schneller Abruf aus dem Langzeitgedächtnis	schnelles Benennen Farben (schwarz-weiße Objekte) schnelles Benennen Farben (farbig-inkongruente Objekte)
phonetisches Rekodieren im Kurzzeitgedächtnis	Pseudowörter nachsprechen
visuelle Aufmerksamkeitssteuerung	Wort-Vergleich Suchaufgabe

Zur Auswertung wird für jede Aufgabe ein auf Basis der Normen ermittelter Risikobereich angegeben. Liegt der Testwert des Kindes in vier Aufgaben aus mindestens zwei verschiedenen Bereichen im Risikobereich, so wird ein erhöhtes Risiko für Probleme beim Schriftspracherwerb attestiert. Die prognostische Validität des BISC für die Lese- und Schreibleistungen in den ersten beiden Schuljahren ist empirisch nachgewiesen. Das Verfahren wird allerdings nicht für den flächendeckenden Einsatz empfohlen, sondern insbesondere bei Risikokindern und zur Begleitung primärer Präventionsmaßnahmen im Vorschulalter.

Heidelberger auditives Screening in der Einschulungsuntersuchung (HASE)

Das *Heidelberger auditive Screening in der Einschulungsuntersuchung* (HASE, Schöler & Brunner, 2008) wurde speziell für den Einsatz im Rahmen der Einschulungsuntersuchung konzipiert und dient der Erfassung von Defiziten in der auditiven Informationsverarbeitung zur Prognose von besonderen Schwierigkeiten im schulischen Schriftspracherwerb bei Kindern im Altersbereich zwischen vier und sechs Jahren. Es basiert auf der Annahme, dass Störungen der auditiven Wahrnehmung, insbesondere des phonologischen Arbeitsgedächtnisses, das Risiko für Lese- und Rechtschreibprobleme im Kindesalter deutlich erhöhen. HASE ist ein Screening, das in zehn bis 15 Minuten zu einer Risikoabschätzung führt.

Das Verfahren enthält vier Aufgaben: Über das *Nachsprechen von Sätzen* werden Sprachverständnis und Sprachproduktion sowie die kurzzeitige Verarbeitung auditiver Informationen erfasst. Die semantische Strukturerfassung der Sprache wird mit der Aufgabe *Erkennen von Wortfamilien* erhoben, in der das Kind angeben muss, welche Wörter zur selben Familie gehörten. Das phonologische Arbeitsgedächtnis wird mit den zwei Aufgaben *Nachsprechen von Kunstwörtern* und *Wiedergabe von Zahlenfolgen* geprüft. In einer Kurzform des Verfahrens für Vierährige werden nur drei der vier Aufgaben durchgeführt.

Die differenzierte Auswertung des Verfahrens erlaubt eine Differenzierung zwischen verschiedenen Gruppen auffälliger Kinder mit unterschiedlichem Förderbedarf. Ein weiterer Vorteil des Verfahrens besteht darin, dass die Vorgabe der Aufgaben – mit Ausnahme der Beispielaufgaben – computergestützt oder über CD erfolgt. Die untersuchende Person muss also nur die Antworten des Kindes bewerten und in ein Computerprogramm eingeben, das die Auswertung automatisch vornimmt und für jeden der Bereiche berechnet, ob der Entwicklungsstand als kritisch zu bewerten ist.

Für das HASE liegen Daten aus den Einschulungsuntersuchungen der Jahre 2004 bis 2006 in Baden-Württemberg vor, aus denen altersdifferenzierte Normen gebildet wurden. Die gute prognostische Validität des HASE für den Schriftspracherwerb konnte längsschnittlich belegt werden (Treutlein et al., 2007). Die Klassifikation gelingt ähnlich gut wie mit dem BISC, allerdings liegen die angegebenen Reliabilitäten teilweise unter den für die individualdiagnostische Nutzung empfohlenen Standards.

6.3.5 Diagnostik früher mathematischer Basiskompetenzen

Test mathematischer Basiskompetenzen (MBK 0 und MBK 1+)

Die beiden Testverfahren MBK 0 und MBK 1+ zur Überprüfung mathematischer Basiskompetenzen basieren auf dem Modell der Zahl-Größen-Verknüpfung (ZGV) von Krajewski (2007) (▶ Kap. 5.2.2). Beide Verfahren erfassen die kindlichen Kompetenzen auf den drei im Modell spezifizierten Ebenen Zahlenkenntnis, Anzahlkonzept und Anzahlrelationen.

Der *Test mathematischer Basiskompetenzen im Kindergarten* (MBK 0; Krajewski, 2018) ist ein Einzeltest für Vorschulkinder und umfasst neun Aufgaben:

1. Zählen vorwärts
2. Nachfolger bestimmen
3. Zählen rückwärts
4. Vorgänger bestimmen
5. Zahlen lesen
6. Zahl-Anzahl-Zuordnung
7. Anzahlen ordnen
8. Zahlen vergleichen
9. Mengen vergleichen (Invarianz)

Die Durchführungszeit beträgt ungefähr 25 Minuten, außerdem liegt eine Kurzform vor, deren Durchführung ca. 15 Minuten dauert. Das Verfahren ist ab einem Alter von 3;6 Jahren einsetzbar und eignet sich insbesondere für die frühe Identifikation von Risikokindern, um erforderliche Fördermaßnahmen rechtzeitig vor Schuleintritt einleiten zu können. Zudem wird es für die Verlaufskontrolle von präventiven Frühfördermaßnahmen empfohlen.

Es liegen Altersnormen zur individuellen Entwicklungsdiagnostik im Altersbereich zwischen drei und sieben Jahren sowie zusätzlich am Einschulungszeitpunkt orientierte Normen zur Diagnostik im Rahmen von Einschulungsfragen vor. Letztere vergleichen die Leistungen des Kindes nicht mit denen altersgleicher, sondern mit denen gleichzeitig eingeschulter Kinder. Die Auswertung kann entweder manuell anhand der Normen erfolgen oder aber automatisiert mit Hilfe eines computergestützten Auswertungsprogramms, das die Ermittlung taggenauer Normwerte erlaubt.

Zur Identifikation von Kindern mit Förderbedarf im schulischen Anfangsunterricht eignet sich ergänzend der *Test mathematischer Basiskompetenzen ab Schuleintritt* (MBK 1+, Ennemoser et al., 2017), der eine Gruppentestung im schulischen Klassenverband vorsieht. Zusätzlich zu den im MBK 0 erhobenen Aufgabenbereichen erlaubt der MBK 1+ auch die Erfassung der bereits erworbenen Rechenkompetenzen der Kinder über den Zusatztest *Basisrechnen*.

Die beiden MBK-Verfahren verfügen über gute Testgütekriterien und weisen zudem hohe Zusammenhänge mit den Mathematikleistungen in den ersten Schuljahren und mittelhohe mit denen am Ende der Grundschulzeit auf. Die Vorhersagekraft der mathematischen Basiskompetenzen für schulische Mathematikleistungen liegt dabei zum Teil höher als die der allgemeinen Intelligenz und anderer relevanter Merkmale (Krajewski & Ennemoser, 2018).

Mathematik- und Rechenkonzepte – Diagnose (MARKO-D und MARKO-D1)

Das Testverfahren *Mathematik- und Rechenkonzepte im Vorschulalter – Diagnose* (MARKO-D; Ricken et al., 2013) basiert auf dem Entwicklungsmodell mathematischer Konzepte von Fritz und Ricken (2008; ▶ Kap. 5.2.2) mit seinen fünf aufeinander aufbauenden Kompetenzniveaus (Zählzahl, ordinaler Zahlenstrahl, Kardinalität und Zerlegbarkeit, Enthaltensein und Klasseninklusion sowie Relationalität). MARKO-D dient der Erfassung des Entwicklungsstands erworbener arithmetischer Konzepte sowie der kontinuierlichen Verlaufsdiagnostik im Rahmen einer spezifischen Förderung durch das Programm MARKO-T. Durch die prozessbegleitende Diagnostik kann fortlaufend überprüft werden, auf welchem Entwicklungsstand das Kind sich aktuell befindet, sodass die Förderung passgenau an den Entwicklungsstand angepasst werden kann. MARKO-D ist ein Einzeltest für Kinder im Altersbereich zwischen vier und sechseinhalb Jahren, der in 20 bis 30 Minuten durchführbar ist. Der Test enthält 55 Aufgaben, eingebettet in eine Rahmengeschichte um die Erlebnisse zweier Eichhörnchen.

Normen liegen im Halbjahresabstand vor. Zudem verfügt das Verfahren über gute Testgütekriterien. Zusätzlich besteht eine standardisierte qualitative Auswertungsmöglichkeit über die Analyse der Lösungsmuster. Auch zu MARKO-D liegt ein ergänzendes Verfahren für Schulanfänger vor, MARKO-D1+ für Erstklässler (Fritz et al., 2017).

6.3.6 Kombinierte Verfahren zur Erfassung bereichsspezifischer Kompetenzen

Der Würzburger Vorschultest (WVT)

Der *Würzburger Vorschultest* (WVT; Endlich et al., 2017) wurde für den Einsatz in der Schuleingangsdiagnostik und Frühförderberatung konzipiert. Er dient der Erfassung schriftsprachlicher und mathematischer Vorläuferkompetenzen sowie sprachlicher Fähigkeiten im letzten Vorschuljahr und soll damit alle für den schulischen Erwerb der schriftsprachlichen und mathematischen Kulturtechniken relevanten Bereiche in einer Gesamtbatterie abdecken. Der modulare Aufbau des Verfahrens erlaubt bei Bedarf auch, die Bereiche Schriftsprache, Sprache oder Mathematik einzeln zu erfassen. Die Durchführungsdauer für den Gesamttest mit 230 Aufgaben beträgt etwa 60 Minuten, jedes einzelne Modul kann entsprechend in 20 Minuten durchgeführt werden. Der WVT enthält Normen für zwei Zeitpunkte, nämlich für den Herbst (zehn bis elf Monate) oder das Frühjahr (vier bis fünf Monate) vor der Einschulung. Die Testgütekriterien der einzelnen Module fallen gut bis sehr gut aus. Tabelle 6 gibt einen Überblick über die in den verschiedenen Modulen erfassten Kompetenzbereiche und die Aufgaben, mit denen diese erfasst werden (▶ Tab. 6).

Tab. 6: Übersicht über Module, erfasste Kompetenzen und Aufgaben des WVT (nach Endlich et al., 2017, eigene Darstellung)

Modul	Kompetenz	Aufgaben
Modul A: Schriftsprachliche (Vorläufer-)Fertigkeiten	Phonologische Bewusstheit	Anlauterkennen Phonemsynthese Phonemanalyse Silbe-zu-Wort Reimaufgabe
	Phonologisches Arbeitsgedächtnis	Zahlenspanne vorwärts Zahlenspanne rückwärts
	Benennungsgeschwindigkeit	Benennen von Bildern Benennen von wenig geläufigen Bildern
	Buchstabenkenntnis	rezeptiv produktiv
Modul B: Sprachliche Kompetenzen	Wortschatz	Wortschatz rezeptiv Wortschatz produktiv
	Satzverständnis und -produktion	Satzverständnis Satzproduktion
	Grammatikalische Kompetenzen	Verbformen Pluralformen Sätze nachsprechen

Tab. 6: Übersicht über Module, erfasste Kompetenzen und Aufgaben des WVT (nach Endlich et al., 2017, eigene Darstellung) – Fortsetzung

Modul	Kompetenz	Aufgaben
Modul C: Mathematische (Vorläufer-) Fertigkeiten	Numerische Basisfertigkeiten	Zahlenfolge vorwärts Zahlenfolge rückwärts Vorgänger- und Nachfolger
	Mengenwissen	Mengenvergleiche Mengeninvarianz
	Seriation	Mengen ordnen
	Benennungsgeschwindigkeit	schnelles Benennen von Würfelbildern
	Zahlenkenntnis	Zahlenkenntnis
	Rechenoperationen	Addition Subtraktion Sachaufgaben

Der WVT zielt nicht nur auf die Identifizierung von Kindern mit Entwicklungsrisiken, sondern auch von Kindern mit Entwicklungsvorsprüngen, also besonders guten Kompetenzen. Damit bietet sich das Verfahren auch im Rahmen der Fragestellung einer möglichen vorzeitigen Einschulung an. Um dies leisten zu können, werden im WVT auch schon konkrete schulische Fertigkeiten erfasst, die in der Regel erst im schulischen Anfangsunterricht vermittelt werden, wie Buchstabenkenntnis und Rechenfertigkeiten. Um das damit für leistungsschwächere Kinder einhergehende Risiko von Misserfolgs- und Frustrationserleben abzumildern, sind bei einigen Aufgaben Abbruchkriterien festgelegt, die es ermöglichen, die Bearbeitung nach einer gewissen Fehleranzahl abzukürzen.

6.3.7 Verfahren zur Diagnostik selbstregulativer Kompetenzen

Obwohl aktuelle Forschungsergebnisse eindrücklich belegen, dass die kindliche Selbstregulation eine zentrale, übergeordnete Rolle für die Schulbereitschaft spielt (▶ Kap. 5.4) und die Bedeutung selbstregulativer Kompetenzen auch von Eltern und pädagogischen Fachkräften hoch eingeschätzt wird (▶ Kap. 5.5), schlägt sich diese Erkenntnis in den Verfahren zur Schuleingangsdiagnostik bisher kaum nieder. Zwar gibt es in einigen diagnostischen Batterien einzelne Untertests zur Konzentration, eine umfassende Erhebung selbstregulativer Kompetenzen erfolgt im Rahmen der Einschulungsdiagnostik bisher jedoch kaum.

Ulitzka und Kolleginnen (2023) konstatieren in ihrem Überblick über Verfahren zur Diagnostik selbstregulativer Kompetenzen einen erstaunlichen Mangel an validierten, praxistauglichen Erhebungsinstrumenten für das Vorschulalter. Bisher erfolgt die Diagnostik in der Regel anhand von Fremdeinschätzungen durch Eltern oder pädagogische Fachkräfte. Angesichts der zentralen Bedeutung der kindlichen Selbstregulation für die Schulbereitschaft und die weitere schulische Entwicklung ist der Folgerung der Autorinnen unbedingt zuzustimmen, dass hier dringender Handlungsbedarf besteht.

Aus der Forschung liegt dagegen eine Reihe von computergesteuerten Aufgaben vor, die sich auf das Konzept der exekutiven Funktionen konzentrieren (für eine Übersicht vgl. von Suchodoletz et al., 2014). Aufgrund des hohen technischen und zeitlichen Aufwands eignen sich diese bisher jedoch noch nicht zum diagnostischen Einsatz in der Praxis. Trotzdem möchten wir einige dieser Aufgaben hier kurz exemplarisch vorstellen.

Zu den in psychologischen Studien häufig verwendeten Aufgaben zur Erfassung der *Inhibition* gehört die Go-/No-Go-Aufgabe. Hierbei erhalten die Kinder die Instruktion, beim Erscheinen eines bestimmten Symbols (z. B. Quadrat) eine Taste zu drücken, beim Erscheinen eines anderen Symbols (z. B. Kreis) hingegen nicht zu reagieren, d. h. den entsprechenden Impuls zu unterdrücken. Kinder, die in solchen Inhibitionsaufgaben vergleichsweise gute Leistungen erbringen, weisen tendenziell auch bessere Schulleistungen auf (z. B. St Clair-Thompson & Gathercole, 2006).

Die Fähigkeit zum *Aktualisieren des Arbeitsgedächtnisses* (Updating) wird oft über Aufgaben zur Rückwärts-Gedächtnisspanne erfasst, bei denen eine vorgegebene Zahlenfolge in umgekehrter Reihenfolge wiedergegeben werden muss. Verbreitet ist auch die Nutzung sogenannter *n-back-Aufgaben*, bei denen dem Kind nacheinander Bilder an verschiedenen Bildschirmpositionen dargeboten werden. Das Kind wird aufgefordert, die aktuelle Position des Bildes immer mit derjenigen abzugleichen, an der das Bild eine festgelegte Anzahl an Durchgängen zuvor gezeigt wurde, und bei Übereinstimmung der Position eine Taste zu drücken. Um diese Aufgabe zu bewältigen, muss das Kind die Reihenfolge der präsentierten Reize im Arbeitsgedächtnis also ständig aktualisieren.

Zur Erfassung der *kognitiven Flexibilität* werden Aufgaben verwendet, in denen es zu plötzlichen Regeländerungen kommt. Ein Beispiel hierfür ist die sogenannte *Herz- und Blumenaufgabe.* Hier sehen die Kinder etwa zu Beginn ein Herz, das entweder rechts oder links erscheint, und sollen so schnell wie möglich die Taste auf der entsprechenden Seite drücken. Im zweiten Block erscheint eine Blume, ebenfalls links oder rechts, allerdings sollen die Kinder jetzt die Taste auf der entgegengesetzten Seite drücken. Später werden Herzen und Blumen gemischt präsentiert, sodass die Kinder beide Regeln beachten und flexibel zwischen ihnen hin und her wechseln müssen.

Die sogenannte *Head-Toes-Knees-Shoulders-Aufgabe* (HTKS-Aufgabe; Cameron Ponitz et al., 2008) fordert vom Kind den Rückgriff auf alle drei Kernkomponenten der exekutiven Funktionen. Bei dieser Aufgabe erhalten die Kinder vier verschiedene Anweisungen (»Berühre deinen Kopf«, »Berühre deine Füße«, »Berühre deine Schultern« und »Berühre deine Knie«), wobei sich die Instruktion, der sie folgen müssen, in jedem Block ändert. Im ersten Block sollen sie die Anweisungen korrekt befolgen. Im zweiten sollen sie entgegen ihrer spontanen Reaktion handeln (z. B. bei der Anweisung »Berühre deinen Kopf« ihre Füße berühren). Im dritten Block erfolgt ein weiterer Regelwechsel. Die HTKS-Aufgabe hat sich als gut geeignet für die Vorhersage der schulischen Leistungen erwiesen (von Suchodoletz et al., 2014).

Willoughby und Blair (2011; Willoughby et al., 2016) entwickelten für den englischsprachigen Raum eine standardisierte Testbatterie zur Erhebung der exekutiven Funktionen bei Vorschulkindern zwischen drei und sechs Jahren, die langfristig auch in der Praxis einsetzbar sein soll. Die computerbasierten Tests des Verfahrens *EF Touch* erfassen alle drei Kernbereiche exekutiver Funktionen und verfügen über gute psychometrische Eigenschaften. Aktuell wird an der Validierung einer deutschen Version der *EF Touch* gearbeitet, mit vielversprechenden ersten Ergebnissen (Ulitzka et al., 2023).

6.3.8 Verfahren zur Diagnostik der Lernausgangslage

Die Reformen der Schulanfangsphase in den letzten Jahrzehnten, wie etwa das Modell der *Neuen Eingangsstufe* (▶ Kap. 3.2.2), haben den Umgang mit der Erfassung der Schulbereitschaft von Kindern verändert. Ihre einmalige Erfassung vor Eintritt in die Schule wurde relativiert durch den Anspruch, alle Kinder, unabhängig von ihrem individuellen Entwicklungsstand, ohne vorherige Selektion in die Grundschule aufzunehmen. Mittlerweile verschwimmen die Grenzen zwischen Schulbereitschaftsdiagnostik und Feststellung der Lernausgangslage. In Folge der zunehmenden Heterogenität der Lernvoraussetzungen in den Anfangsklassen wird es für die Lehrkräfte immer wichtiger, zu Beginn der Schulzeit zu wissen, auf welchen unterschiedlichen Entwicklungsständen die Kinder ihrer Klasse sich befinden und über welche Kompetenzen und Fertigkeiten sie verfügen. Nur wenn die Lernvoraussetzungen der Kinder bekannt sind, kann der Unterricht ihren Bedarfen entsprechend adaptiv und binnendifferenziert gestaltet werden. Für eine Reihe von Verfahren zur vorschulischen Feststellung von Basiskompetenzen, wie beispielsweise für die in Kapitel 6.3.5 vorgestellten Verfahren zur Erhebung früher mathematischer Basiskompetenzen (▶ Kap. 6.3.5), liegen daher auch Versionen für Erstklässler vor. Darin wird in der Regel die Diagnose früher Basiskompetenzen fortgeführt und um schulische Inhalte der Schulanfangsphase erweitert.

Standardisierte und normierte Verfahren zur Erhebung der Lernausgangslage sind im deutschen Sprachraum, im Gegensatz etwa zum englischsprachigen Ausland, bisher kaum im Einsatz. Exemplarisch soll hier die deutsche Fassung eines in England seit Jahrzehnten intensiv genutzten Verfahrens (*Performance indicators in primary schools*; Tymms & Albone, 2002) vorgestellt werden, die in den letzten Jahren in Deutschland erprobt wurde.

Fähigkeitsindikatoren Primarstufe (FIPS)

Das Verfahren *Fähigkeitsindikatoren Primarstufe* (FIPS; Bäuerlein et al., 2021) ist ein Verfahren zur Untersuchung von Kindern der ersten Grundschulklasse. Es eignet sich nicht nur zur Feststellung der Lernausganglage bei Schuleintritt, sondern auch zur Beurteilung der Lernentwicklung im Laufe des ersten Schuljahrs. Die Testung erfolgt computergestützt, was zu einer hohen Durchführungsobjektivität führt. Zudem tragen das digitale Format und die ansprechend gestalteten Aufgaben zur Attraktivität des Verfahrens für die Kinder bei.

Ein großer Vorteil des Verfahrens liegt in der Adaptivität der Testung, d. h. das Programm passt sich automatisch an das individuelle Leistungsniveau des Kindes an und bietet ihm seinem Leistungsstand entsprechende Anforderungen an. So wird etwa bei Erreichen einer bestimmten Fehlerzahl die Aufgabe automatisch abgebrochen und mit der nächsten fortgefahren, während bei leistungsstarken Kindern leichte Aufgaben übersprungen und automatisch anspruchsvollere Aufgaben präsentiert werden. Durch das Vermeiden von Frustration oder Langeweile erlaubt das adaptive Vorgehen eine äußerst kindgerechte, dabei jedoch differenzierte und zeitökonomische Testung in einem breiten Leistungsspektrum. Je nach Leistungsniveau des Kindes beträgt die Dauer der Durchführung zwischen 15 und 30 Minuten.

Das FIPS orientiert sich an dem in Großbritannien entwickelten und dort standardmäßig eingesetzten Verfahren PIPS (*Performance indicators in primary schools*; Tymms & Albone, 2002), das inzwischen auch international verbreitet ist und in vielen verschiedenen Ländern und Sprachen eingesetzt wird. Bei der Entwicklung des deutschen FIPS wurden die Aufgaben des PIPS an die Anforderungen des Anfangsunterrichts in deutschen Grundschulen sowie das abweichende Alter deutscher Kinder zum Schulbeginn angepasst und an deutschen Kindern normiert (Bäuerlein et al., 2014). Das Verfahren kann zu Beginn der ersten Klasse und zur Dokumentation der Lernentwicklung noch einmal am Ende der ersten Klasse durchgeführt werden.

Die deutsche Version deckt die drei schulrelevanten Bereiche Lautbewusstheit, Lesen und Mathematik ab und enthält darüber hinaus eine vierte Skala zum Screening des Wortschatzes. Es werden Basiskompetenzen erfasst, wie etwa Buchstaben- und Zahlenkenntnis und Vorstellungen vom Lesen, aber auch Inhalte des Unterrichts der ersten Klasse, wie z. B. Silbenlesen oder Additions- und Subtraktionsaufgaben. Zusätzlich liegen vier optionale Erweiterungen vor, von denen zwei (Kurzzeitgedächtnis und schulrelevante Einstellungen) vom Kind selbst bearbeitet werden, während zwei weitere (Verhalten und sozial-emotionale Entwicklung) eine Einschätzung durch die Lehrkraft erfordern.

Die normbasierte Auswertung erfolgt ebenfalls computergestützt für die Einzelskalen und das Gesamtprofil. Zudem erlaubt die Wiederholung des Verfahrens am Ende des ersten Schuljahres eine Einschätzung der individuellen Lernentwicklung bzw. Lernzuwächse. Bei Durchführung des Verfahrens mit der ganzen Klasse kann die Lernausgangslage und -entwicklung im Klassenvergleich betrachtet und die Leistungsheterogenität in der Klasse abgeschätzt werden. Daraus können wiederum Rückschlüsse für die adaptive Unterrichtsgestaltung gezogen werden. Die Reliabilitäten der Skalen Lesen und Mathematik liegen im zufriedenstellenden Bereich, für die Lautbewusstheit dagegen nur im ausreichenden, was möglicherweise auf Deckeneffekte zurückzuführen ist. Die Validität des Verfahrens wurde über entsprechende statistische Zusammenhänge zu zahlreichen Schulleistungstests sowie den Schulnoten belegt.

Gerade in heterogenen Klassen der Eingangsstufe, in denen vor der Einschulung keine Selektion auf Basis der Schulbereitschaft der Kinder stattgefunden hat, kann das Verfahren den Lehrkräften wertvolle Hilfestellungen zur Erfassung der Lernausgangslage und -entwicklung der Kinder, zur Feststellung von Förderbedarfen, zur Leistungsdokumentation und zur Planung eines binnendifferenzierten, an den jeweils individuellen Lernmöglichkeiten orientierten Unterrichts bieten.

7 Förderung der Schulbereitschaft

7.1 Kompensatorische Angebote für Kinder mit Förderbedarf in Deutschland

Gibt es konkrete Hinweise, dass bei einem Kind Defizite in einem oder mehreren der für die Schulbereitschaft relevanten Kompetenzbereiche (▶ Kap. 5) bestehen, sollten möglichst schnell zielgerichtete Fördermaßnahmen eingeleitet werden, um die bis Schuleintritt verbleibende Zeit optimal zu nutzen. Je nach Art und Ausprägung der Defizite und Zeitpunkt der Diagnostik bieten sich verschiedene Ansatzpunkte an. So ist in manchen Fällen die Teilnahme an einem Gruppenangebot in der Kindertageseinrichtung ausreichend, um die fehlenden Kompetenzen zu erwerben, in anderen Fällen ist eine zusätzliche individuelle Förderung indiziert, gegebenenfalls auch außerhalb der Einrichtung.

Vielerorts werden mittlerweile vorschulische Förderkurse für Kinder mit fehlender Schulbereitschaft angeboten. Diese finden in der Grundschule oder in Kindertageseinrichtungen statt und werden durch Grundschullehrkräfte oder anderes Fachpersonal durchgeführt. Nicht einheitlich ist geregelt, ob die Teilnahme für Kinder mit Förderbedarf freiwillig oder verpflichtend ist. Im Schulgesetz von Niedersachsen heißt es etwa:

> Kinder, deren Deutschkenntnisse nicht ausreichen, um erfolgreich am Unterricht teilzunehmen, sind verpflichtet, im Jahr vor der Einschulung nach näherer Bestimmung durch das Kultusministerium an besonderen schulischen Sprachfördermaßnahmen teilzunehmen. Die Schule stellt […] fest, ob die Voraussetzungen des Satzes 1 vorliegen. (Niedersächsisches Schulgesetz, § 64 Absatz 3 NSchG)

Sprachförderbedürftige Kinder haben demnach einen Anspruch auf Förderung, aber auch eine Verpflichtung zur Teilnahme an Fördermaßnahmen. Dieser individuelle Förderanspruch besteht unabhängig davon, ob ein Kind eine vorschulische Betreuungseinrichtung besucht oder nicht. Auch in Hessen werden sogenannte Vorlaufkurse für Kinder angeboten, deren fehlende Deutschkenntnisse im Rahmen der Schulanmeldung festgestellt wurden, die im Frühjahr des Jahres vor der Einschulung, also mit ungefähr viereinhalb Jahren stattfindet. Die Teilnahme an dieser zwölf Monate dauernden Maßnahme war lange freiwillig, inzwischen ist sie bei Feststellung von Defiziten auch in Hessen verpflichtend.

In den meisten Bundesländern fehlen verbindliche Vorgaben zu Inhalten und Art der angebotenen Fördermaßnahmen, d. h., es ist von einer starken Heterogenität auszugehen. Zudem liegen kaum aussagekräftige empirische Evaluationen zur Frage der Wirksamkeit der angebotenen Maßnahmen vor. Zu den wenigen Ausnahmen gehört die Evaluation des Modellprojekts »Schulreifes Kind« in Baden-Württemberg, das wissenschaftlich begleitet und evaluiert wurde (Hasselhorn et al., 2015). Allerdings gab es auch hier keine einheitlichen Vorgaben zu den Inhalten der Fördermaßnahmen, die durch die Kindertageseinrichtungen und Schulen durchgeführt wurden (▶ Kasten 7).

Kasten 7: Fokus: Modellprojekt »Schulreifes Kind« in Baden-Württemberg

In Baden-Württemberg startete 2006 das Modellprojekt »Schulreifes Kind«, dessen Ziel darin bestand, Kinder mit schulrelevanten Entwicklungsrisiken frühzeitig zu identifizieren und durch gezielte Fördermaßnahmen auf den Schulstart vorzubereiten, um ihre Chancen auf eine erfolgreiche Bewältigung der Anforderungen des Schulanfangsunterrichts zu erhöhen (Hasselhorn et al., 2015). Dabei stand die Kooperation aller beteiligten Personen und Institutionen, also der Eltern, der pädagogischen Fachkräfte in Schulen und Kindertageseinrichtungen sowie externer Expertinnen und Experten, im Mittelpunkt. Zu diesem Zweck fand für Kinder mit Entwicklungsauffälligkeiten eineinhalb Jahre vor der Einschulung ein sogenannter *Runder Tisch* mit allen Beteiligten statt, bei dem auf Grundlage der Ergebnisse der vorgezogenen Schuleingangsuntersuchung und der lokal vorhandenen Möglichkeiten mögliche Unterstützungs- und Fördermaßnahmen für betroffene Kinder gemeinsam geplant wurden. Die gegebenenfalls eingeleitete präventive Förderung fand während des letzten Jahres vor der Einschulung in Kleingruppen in Schulen oder Kindertageseinrichtungen statt.

Im Rahmen der wissenschaftlichen Evaluation des Projekts (Hasselhorn et al., 2015) wurden 927 Kinder an 50 Standorten untersucht. Von 489 dieser Kinder konnte die Entwicklung in einer Vielzahl inhaltlicher Bereiche bis zum Ende der Grundschulzeit dokumentiert werden, insbesondere zur sprachlichen Entwicklung, den schulischen Leistungen und der Entwicklung von Selbstkonzept und Arbeitsgedächtnis. Bei 228 der in die Studie einbezogenen Kinder wurde ein relevantes Entwicklungsrisiko festgestellt; von diesen nahmen 111 an einer der angebotenen Zusatzfördermaßnahmen teil.

Die vorschulische Förderung führte nachweislich zu einer Entwicklungsbeschleunigung in den sprachlichen und frühen mathematischen Kompetenzen bis zum Ende der Vorschulzeit. Auch die Rückstellungsquote konnte durch die Zusatzförderung deutlich gesenkt werden. Ein Großteil der geförderten Kinder (70 %) erreichte am Ende der dritten Klasse in Lesen, Rechtschreiben und Rechnen die geforderten Bildungsstandards. Fast ein Drittel (31 %) der Kinder mit festgestellten Entwicklungsrückständen eineinhalb Jahre vor der Einschulung und Teilnahme an den Fördermaßnahmen in den Kleingruppen erhielt am Ende der Grundschulzeit eine Gymnasialempfehlung. Positive Wirkungen zeigten sich auch im Hinblick auf das Selbstkonzept und andere sozial-emotionale Entwicklungsmerkmale der betroffenen Kinder.

7.2 Fördermaßnahmen im Rahmen der Schulvorbereitung in den Kindertageseinrichtungen

Neben gezielten Förderangeboten für Kinder mit festgestelltem Förderbedarf gibt es eine breite Palette von Föderansätzen, die im Rahmen der Schulvorbereitung in den Kindertageseinrichtungen durchgeführt werden, teilweise routinemäßig für alle Vorschulkinder, teilweise auch als kompensatorische Angebote für Kinder mit Förderbedarf.

Dabei lassen sich zwei verschiedene Herangehensweisen unterscheiden: Bei der alltagsintegrierten Förderung werden im regulären Alltag der Einrichtungen auftretende Situationen als Anlässe genutzt, um daraus lernförderliche Situationen zu kreieren. In spezifischen (oder additiven) Förderprogrammen sind dagegen das Fördermaterial, die Abfolge der einzelnen Förderaktivitäten und die Anleitungen durch die pädagogischen Fachkräfte weitgehend vorstrukturiert und in einem Manual niedergelegt. Im Idealfall werden die Fachkräfte vorab in der Durchführung geschult.

Der folgende exemplarische Überblick fokussiert auf allgemeine Förderprinzipien, die in der alltagsintegrierten Förderung umgesetzt werden können, und additive Programme für spezifische schulrelevante Kompetenzbereiche mit hinreichender wissenschaftlicher Evidenzbasierung.

7.2.1 Maßnahmen zur Sprachförderung vor der Einschulung

Viele kompensatorische Angebote für Vorschulkinder mit fraglicher Schulbereitschaft in Deutschland fokussieren die sprachlichen Fähigkeiten der Kinder. Angesichts der zentralen Bedeutung dieser Fähigkeiten für den Schulerfolg und des vergleichsweise hohen Anteils der Kinder mit diesbezüglichen Rückständen ist diese Schwerpunktsetzung für das System Bildung sinnvoll. Sprachliche Entwicklungsauffälligkeiten sind jedoch äußerst heterogen. Das Spektrum reicht von einsprachig deutschen Kindern mit Sprachentwicklungsstörungen unterschiedlichen Ursprungs über mehrsprachige Kinder mit unterschiedlich ausgeprägten Kompetenzen bis hin zu neu zugewanderten Kindern ganz ohne deutsche Sprachkenntnisse (▶ Kap. 5.1). Folglich sind auch die Fördermöglichkeiten äußerst vielfältig.

Aus der Spracherwerbsforschung ist bekannt, dass sprachliche Fördermaßnahmen umso größere und nachhaltigere Wirkungen erzielen, je früher sie einsetzen. Frühzeitige Fördermaßnahmen können präventiv wirken und im günstigen Falle das Auftreten von schulischen und sozial-emotionalen Folgeproblemen verhindern. Gerade bei Kindern aus zugewanderten Familien, die zum Teil vor dem Besuch der Kindertageseinrichtung nur wenige Erfahrungen mit der deutschen Sprache sammeln konnten, sind vielfältige Spracherfahrungen, also das viel zitierte »Sprachbad«, und insbesondere qualitativ hochwertige sprachliche Interaktionen in den Einrichtungen wichtig. Aber auch deutschsprachig aufwachsende Kinder aus bildungsfernen Elternhäusern profitieren von einer Anreicherung des sprachlichen Angebots.

Sprachförderung kann prinzipiell an allen sprachlichen Bereichen ansetzen, also am Wortschatz, den morphologischen und syntaktischen, den pragmatischen oder phonologischen Kompetenzen sowie der frühen Literalität. Dabei kann sowohl die aktive als auch die passive Sprachkompetenz der Kinder adressiert werden. Selten konzentrieren sich Fördermaßnahmen exklusiv auf nur einen Bereich, denn auch bei der ›natürlichen‹ Aneignung von Sprache ist die Ausbildung syntaktischer, semantischer, phonologischer und kommunikativer Kompetenzen stets miteinander verschränkt.

Sprachförderung in Kindertageseinrichtungen geschieht auf vielerlei Weise, zum einen implizit durch die tägliche Kommunikation mit Fachkräften und Gleichaltrigen, zum anderen aber auch explizit durch gezielte Fördermaßnahmen, wie etwa zusätzliche Sprachförderprogramme. In der Regel ergänzen sich die implizite Sprachförderung im Alltag und die explizite Förderung in additiven Fördereinheiten gegenseitig gut. Explizite Sprachförderung kann entweder in der gesamten Gruppe, mit Teilgruppen von Kindern oder mit einem einzelnen Kind stattfinden. Die Planung und Durchführung einer gezielten Sprachfördermaßnahme sollte in jedem Fall mit einer individuellen Diagnostik des sprachlichen Entwicklungsstands beginnen. Begleitend zur Förderung ist eine fortlaufende Evaluation der Lernfortschritte in Bezug auf die anvisierten Kompetenzbereiche ratsam.

Im Rahmen der Bund-Länder-Initiative BiSS (▶ Kap. 5.1) wurden zentrale Bausteine von fundierten Konzepten zur Sprach- und Schriftsprachförderung herausgearbeitet (vgl. Geyer et al., 2018). Überblicke über häufig verwendete Konzepte und Programme finden sich beispielsweise bei Lisker (2011) und Zimmer et al. (2021).

Obgleich Maßnahmen zur Sprachförderung mittlerweile fast flächendeckend zum Einsatz kommen, sind wissenschaftlich aussagekräftige Studien zu ihrer Effektivität immer noch rar. Nur ein geringer Teil der in der Praxis zum Einsatz kommenden Programme ist theoretisch fundiert, geschweige denn wissenschaftlich evaluiert. Insgesamt ist die empirische Befundlage zur Wirksamkeit von Sprachföderansätzen im Vorschulalter zudem gemischt. So kamen mehrere Evaluationsstudien im Rahmen der groß angelegten Sprachförderinitiative *Sag' mal was* in Baden-Württemberg (▶ Kasten 8) zusammengefasst zu eher ernüchternden Ergebnissen hinsichtlich der Wirksamkeit einiger strukturierter Sprachförderprogramme für Vorschulkinder (Baden-Württemberg Stiftung, 2011).

Kasten 8: Fokus: Sprachförderung im großen Rahmen: Das Projekt *Sag' mal was*

Ein gutes Beispiel für die hohe Priorität von Maßnahmen der frühen Sprachförderung in den letzten Jahrzehnten ist die Initiative *Sag' mal was* der Baden-Württemberg Stiftung. Hierfür stellte die Stiftung seit 2002 insgesamt 39 Millionen Euro bereit, um Instrumente und Materialien zur Sprachstandsdiagnostik und Sprachförderung sowie Maßnahmen zur Qualifizierung von Fachkräften zu entwickeln, zu erproben und zu evaluieren. Zwischen 2003 und 2010 nahmen fast 90.000 Vorschulkinder aus über 2.400 Einrichtungen in Baden-Württemberg an den Fördermaßnahmen teil, ungefähr zwei Drittel davon waren Kinder mit Deutsch als Zweitsprache (Baden-Württemberg Stiftung, 2011).

Die Vorgaben für die konkrete Umsetzung der Maßnahmen waren relativ allgemein gehalten; ein spezifisches Programm wurde den Einrichtungen nicht vorgegeben. Verbindlich festgelegt waren nur die formal-organisatorischen Rahmenbedingungen (Förderzeitpunkt, Gesamtumfang der Förderung, Gruppengröße). Der von fortgebildeten Erzieherinnen umgesetzte Maßnahmenkatalog reichte von vorstrukturierten Programmen bis hin zu »ganzheitlichen« Konzepten.

Die hochgesteckten Erwartungen in die Initiative erfüllten sich nicht; die Ergebnisse der wissenschaftlichen Begleitforschung fielen eher ernüchternd aus. In einer Studie der PH Weingarten zeigten sich keine nachhaltigen Effekte der Sprachförderung auf die Sprachkompetenzen (Gasteiger-Klicpera et al., 2011). Auch längerfristige Effekte blieben aus. In einer zweiten Studie der PH Heidelberg wurden drei linguistisch orientierte Förderprogramme, die im Rahmen des Projekts zum Einsatz kamen, hinsichtlich ihrer Wirksamkeit verglichen. Auch in dieser Studie ließen sich weder Effekte der Sprachförderung auf den Sprachstand der Kinder noch ein Transfer auf die Lese-Rechtschreibleistungen am Ende der ersten und zweiten Klassen nachweisen (Schöler & Roos, 2011).

Als Konsequenz plädierten die Autorinnen und Autoren für einen früheren Beginn der Förderung, kleinere Gruppen, einen längeren Förderzeitraum und eine stärkere Alltagsanbindung der Maßnahmen (Kucharz et al., 2011).

Statt sich darauf zu konzentrieren, mögliche Ursachen für die schwachen Wirksamkeitsnachweise der Evaluationsstudien zu identifizieren und die Umsetzung der Programme zu optimieren, wurde seitens der Bildungspolitik aus den enttäuschenden Ergebnissen die pauschale und kaum zielführende Schlussfolgerung gezogen, dass additive Förderprogramme im Allgemeinen wenig wirksam seien. In der Folge verlagerte sich der Schwerpunkt der bildungspolitisch unterstützten Aktivitäten auf die Qualifizierung der pädagogischen Fachkräfte in den Kindertageseinrichtungen, um sie in die Lage zu versetzen, eine anregende und sprachförderliche Umwelt im pädagogischen Alltag schaffen zu können. Die verstärkte Aus- und Weiterbildung der Fachkräfte gilt seither als Schlüsselelement effektiver früher Sprachförderung (Baden-Württemberg Stiftung, 2011; Kucharz, 2018).

Aktuelle Qualifizierungskonzepte zur alltagsintegrierten Sprachförderung setzen auf die Vermittlung theoretischer Kenntnisse zum Spracherwerb und das Erlernen förderlicher Sprachlehrstrategien. So vermittelt beispielsweise das Programm *Mit Kindern im Gespräch* (Kammermeyer et al., 2019) Erzieherinnen im U-3-Bereich Wissen zur Verbesserung der Interaktionsqualität und zur Unterstützung förderlicher Aktivitäten im Alltag. Die Teilnehmenden sollen lernen, sprachfördernde Situationen im Alltag besser zu erkennen und bewusst zu schaffen. Konkrete Inhalte sind insbesondere die Anwendung von Modellierungsstrategien, die Gestaltung positiver Rückmeldungen und das Anregen von Aktivitäten, die Kinder zum Denken und Sprechen ermuntern. Dabei setzt das Programm verstärkt am Erwerb konkreter Handlungsmöglichkeiten und weniger an den Orientierungen der

Fachkräfte an. Einen ähnlichen Ansatz verfolgt das Fortbildungsprogramm *Fühlen – Denken – Sprechen* für pädagogische Fachkräfte in Kindertageseinrichtungen (Cloos et al., 2019; von Salisch et al., 2021). Auch in diesem Programm werden pädagogischen Fachkräften Sprachlehrstrategien vermittelt, die sie in Alltagssituationen und beim Vorlesen einsetzen können. Die Evaluation des Programms ergab, dass die geschulten gegenüber ungeschulten Fachkräften im Alltag häufiger Sprachlehrstrategien einsetzten und sich in Folge dessen auch die sprachlichen Fähigkeiten der von ihnen betreuten Kindern stärker verbesserten.

7.2.2 Förderung der frühen Literalität

Der Begriff *Frühe Literalität* enthält verschiedene Komponenten, die sich als bedeutsam für die kindliche Leseentwicklung erwiesen haben (▶ Kap. 5.2.1). Die Möglichkeiten zur Förderung der frühen literalen Vorläuferkompetenzen sind vielfältig. Dabei bieten sich je nach geförderter Komponente sowohl informelle als auch formelle Formen der Förderung an (Lehrl et al., 2012). Positive Auswirkungen einer frühen Förderung, die den Kindern zu vielfältigen Erfahrungen mit Büchern, Schrift und Sprache verhilft, auf den schulischen Schriftspracherwerb sind empirisch gut belegt (de Jong & Leseman, 2001).

Bezüglich der frühen literalen Kompetenzen und Erfahrungen variieren die Ausgangsbedingungen der Kinder stark in Abhängigkeit von ihrem familialen Hintergrund. Studien zur sogenannten *Home Literacy* zeigen, dass Kindern aus sogenannten bildungsfernen Elternhäusern und aus Familien mit Migrationshintergrund oft die entsprechenden Erfahrungsmöglichkeiten innerhalb ihrer Familien fehlen (Niklas & Schneider, 2010). Eine besondere Rolle spielt in diesem Zusammenhang das gemeinsame Lesen. Zahlreiche Studien konnten zeigen, dass sich Vorlesen positiv auf die literalen Kompetenzen der Kinder auswirkt (Bus et al., 1995; Sénéchal & LeFevre, 2001). Das gemeinsame Anschauen von Bilderbüchern sowie regelmäßiges Vorlesen in der Familie oder im Gruppenalltag der Kindertageseinrichtungen wecken die Neugier und Lesemotivation der Kinder und bieten ihnen reichhaltige sprachliche Anregungen. Das elterliche Vorleseverhalten lässt sich durch entsprechende Interventionen positiv beeinflussen, wodurch sich wiederum positive Effekte auf die literalen Kompetenzen der Kinder erzielen lassen (Valdez-Menchaca & Whitehurst, 1992).

Förderlich für die frühe Literalität sind zudem vielfältige Erfahrungen mit Buchstaben und Schrift in der täglichen Umgebung, z. B. über Spielmaterial, das Buchstaben enthält, oder über die Beschriftung von Spielsachen. Geeignet scheint auch Material zu sein, das Buchstaben sinnlich erfahrbar macht (z. B. aus Holz oder Knete), ähnlich den in Montessori-Einrichtungen verwendeten Materialien. Zudem sollten Eltern und pädagogische Fachkräfte das frühe Interesse der Kinder an Schrift positiv verstärken, etwa wenn die Kinder in gespielter Form selbst »lesen« und »schreiben«, also z. B. gekritzelte Briefe oder Nachrichten verfassen oder jüngeren Kindern Bilderbücher »vorlesen«. Diese Aktivitäten können von Erwachsenen aktiv aufgegriffen und unterstützt werden (Sasse, 2007). In den USA wurden sogenannte *Literacy Center* entwickelt, in denen den Kindern Material für Rollenspiele zu bestimmten Themen angeboten wird, die die Nutzung von Schrift nahelegen, z. B. ein Restaurantbesuch mit Speisekarten oder ein Arztbesuch mit Rezepten (Morrow, 2002). Die Grundideen dieser Programme lassen sich ohne viel Aufwand auch in deutschen Kindertageseinrichtungen umsetzen (Kammermeyer & Molitor, 2005). Eine Erweiterung dieses Ansatzes stellen sogenannte *Family-Literacy-Projekte* dar, die über generationenübergreifende Anregungen Erfahrungsmöglichkeiten für die ganze Familie bieten.

Darüber hinaus lassen sich alle Aktivitäten, die die sprachlichen Kompetenzen der Kinder durch ein anspruchsvolles Sprachangebot und förderliche Interaktionen unterstützen, für die Förderung der frühen Literalität nutzen.

7.2.3 Förderung der phonologischen Bewusstheit

Angesichts der Bedeutung der phonologischen Bewusstheit als Prädiktor für spätere Lese-Rechtschreibschwierigkeiten (▶ Kap. 5.2.1) hat auch deren frühe Förderung viel Aufmerksamkeit erfahren und gehört inzwischen standardmäßig zum Vorschulprogramm vieler Kindertageseinrichtungen (Schneider, 2018). Die phonologische Bewusstheit im weiteren Sinne kann im Vorschulalter gut durch informelle, alltägliche, spielerische Aktivitäten, wie Reimen und andere Sprachspiele, gefördert werden.

Zudem wurden spezifische Trainingsprogramme zur Förderung der phonologischen Bewusstheit entwickelt, von denen einige im Rahmen der Schulvorbereitung in deutschen Kindertageseinrichtungen weit verbreitet sind. Die meisten dieser Programme dienen der Primärprävention, d. h., sie richten sich flächendeckend an alle Vorschulkinder, unabhängig davon, ob ein individuelles Risiko für Probleme im Schriftspracherwerb besteht.

In den 1990er Jahren passte die Arbeitsgruppe um Wolfgang Schneider in Würzburg ein in Skandinavien entwickeltes Training zur Förderung der phonologischen Bewusstheit für den deutschen Sprachraum an. Auf der Basis umfangreicher Evaluationen (z. B. Schneider et al., 1997, 2000) entstand das Trainingsprogramm *Hören, lauschen, lernen* (HLL; Küspert & Schneider, 2018). Das Programm wird in Kleingruppen im letzten Jahr vor der Einschulung durchgeführt und besteht aus vielseitigen Übungen zum Erkennen der lautlichen Struktur der Sprache. Diese sind aufgeteilt in 57 Sprachspiele aus sechs aufeinander aufbauenden Förderbereichen:

1. Lauschspiele und Flüsterspiele: Erkennen von Geräuschen
2. Reimspiele
3. Satz und Wort: Zerlegen von Sätzen in Wörter
4. Silben: Silbenklatschen, Zerlegen von Wörtern in Silben und Zusammenfügen von Silben zu Wörtern
5. Anlaute: Erkennen des ersten Lautes in einem Wort
6. Phoneme: Zerlegen von Wörtern in Laute und Zusammenfügen von Lauten zu Wörtern

Das Programm sollte über einen Zeitraum von 20 Wochen in täglichen 10- bis 15-minütigen spielerischen Sitzungen von den pädagogischen Fachkräften im Stuhlkreis durchgeführt werden. Positive Effekte zeigten sich insbesondere für Kinder mit Lernrisiken und mit schwach ausgeprägten phonologischen Basiskompetenzen (Weber et al., 2007).

Das ergänzende Programm *Hören, lauschen, lernen 2* von Plume und Schneider (2004) enthält Übungen zur Buchstaben-Laut-Zuordnung, die darauf abzielen, Laute mit ihrer visuellen Repräsentation – also Buchstaben – zu verbinden. Dabei wird das zugrunde liegende Prinzip anhand der häufig vorkommenden Buchstaben A, M, I, O, R, U, S, L, B, T und N eingeübt. Beide Programme von *Hören, Lauschen, Lernen* lassen sich gekoppelt in 20 Wochen durchführen. Für Kinder mit Migrationshintergrund oder mit Sprachentwicklungsstörungen scheint die Kombination beider Programme besonders hilfreich zu sein (Marx et al., 2005).

Ein weiteres Programm zur Förderung der phonologischen Bewusstheit an der Schnittstelle zwischen Vorschule und Schule ist das Programm *Lobo vom Globo* (Fröhlich et al., 2010). Dieses Programm umfasst ähnliche Inhalte wie HLL. Evaluationsstudien zeigen auch hier positive Effekte auf die schriftsprachliche Entwicklung, insbesondere, wenn die vorschulische Förderung in der Grundschule fortgesetzt wird (Fröhlich et al., 2011; Rißling et al., 2011).

In der Metaanalyse von Fischer und Pfost (2015) zur Wirksamkeit von Förderprogrammen zur phonologischen Bewusstheit im Vorschulalter (▶ Kap. 5.2.1) zeigen sich für deutschsprachige Kinder bessere Leistungen im späteren Rechtschreiben, wenn sie vor der Einschulung an einem Training der phonologischen Bewusstheit teilgenommen hatten. Im Hinblick auf das Lesen konnten zwar ebenfalls positive Effekte nachgewiesen werden, diese waren jedoch geringer und schwächten sich mit der Zeit weiter ab. Insbesondere bei Kindern mit Entwicklungsrückständen erwies sich ein möglichst frühes Einsetzen des Trainings als vorteilhaft.

Um die Förderung der phonologischen Bewusstheit durch spezifische Förderprogramme hat es in den vergangenen Jahrzehnten immer wieder auch wissenschaftliche Kontroversen gegeben. Insbesondere wurde argumentiert, dass eine frühe und einseitige Fokussierung auf die isolierte Förderung der phonologischen Bewusstheit zu Lasten anderer wichtiger Förderbereiche gehen könnte und eine breitere Sprachförderung und der Aufbau allgemeiner literaler Kompetenzen der Kinder sinnvoller sei (Valtin, 2012). Unstrittig ist, dass eine Förderung der phonologischen Bewusstheit andere sprachliche Fördermaßnahmen, wie das Vorlesen, spielerische Sprachübungen und eine Unterstützung der Lesemotivation, nicht ersetzen kann. Allerdings müssen sich die gezielte Förderung der phonologischen Bewusstheit und andere Maßnahmen zur Förderung des Spracherwerbs und der frühen Literalität nicht gegenseitig ausschließen (Schneider, 2012). Lenhard (2013) spricht in diesem Zusammenhang von der phonologischen Bewusstheit als einem »Mosaikstein« der vorschulischen Sprachförderung, der seine Wirkung im Zusammenspiel mit weiteren Maßnahmen optimal entfalte.

7.2.4 Förderung früher mathematischer Kompetenzen

Entwicklungsrückstände in den frühen mathematischen Basiskompetenzen erschweren die erfolgreiche Bewältigung des Schulanfangsunterrichts in Mathematik (▶ Kap. 5.2.2). Kinder, deren mathematische Basiskompetenzen nicht altersgemäß ausgebildet sind, bedürfen daher frühzeitiger Förderung, um ihre Defizite möglichst noch vor der Einschulung ausgleichen zu können.

Auch zur frühen Förderung mathematischer Basiskompetenzen bieten sich vielfältige Fördermöglichkeiten im Alltag. So hält der reguläre Tagesablauf von Familien und Kindertageseinrichtungen zahllose Gelegenheiten zum Zählen, Vergleichen und Ordnen von Mengen, Objekten und Größen bereit (z. B. Wie viele Kinder sind wir? Welches Auto ist größer, welches kleiner? Wie viele Stühle fehlen noch?). Zudem hat es sich bewährt, Zahlen im Alltag präsent zu machen. In den meisten Kindertageseinrichtungen gibt es Materialien, die zum Messen und Vergleichen anregen, z. B. Waagen, Zollstöcke oder Gefäße, die man mit Flüssigkeiten füllen kann, um das Prinzip der Mengeninvarianz in Umschüttversuchen zu veranschaulichen. Förderlich ist hier die Möglichkeit zum Experimentieren und Ausprobieren unter Anleitung kompetenter pädagogischer Fachkräfte (für einen Überblick vgl. Lorenz, 2015).

Darüber hinaus wurden verschiedene additive Förderprogramme entwickelt, die auch primärpräventiv im Rahmen des Vorschulprogramms einsetzbar sind. Besonders umfassend evaluiert ist das Programm *Mengen, zählen, Zahlen* (MZZ; Krajewski et al., 2007), das für Vorschulkinder, aber auch jüngere Grundschulkinder mit Defiziten in den numerischen Basiskompetenzen konzipiert ist. Das Programm eignet sich sowohl für die Einzelförderung als auch zum Einsatz in Kleingruppen von vier bis sechs Kindern. Es enthält Übungen für 24 halbstündige Sitzungen. Die drei aufeinander aufbauenden Förderschwerpunkte entsprechen den drei Kompetenzstufen des Modells von Krajewski (2007; ▶ Kap. 5.2.2). Zu jeder der drei Stufen liegen Übungen vor, die das Verständnis des Anzahlkonzepts unterstützen sollen, indem die Mengen, die durch die jeweiligen Zahlen (von 1 bis 10) repräsentiert werden, visualisiert und die Beziehung zwischen den Zahlen und den zugehörigen Anzahlen veranschaulicht werden. Etwa die Hälfte der Fördereinheiten widmet sich dem Erwerb des Anzahlkonzepts.

Mit dem Programm MZZ geförderte Kinder erreichen im Vergleich zu Kindern ohne Förderung deutlichere Zugewinne im Bereich der Mengen-Zahlen-Kompetenzen und insgesamt ein höheres Niveau der mathematischen Vorläuferkompetenzen (Krajewski et al., 2008; Krajewski, 2014). Auch für von der Einschulung zurückgestellte Kinder (Hasselhorn & Linke-Hasselhorn, 2013) sowie für rechenschwache Grundschulkinder (Ennemoser & Krajewski, 2007) liegen Wirksamkeitsnachweise für den Einsatz von MZZ vor.

Ähnlich ausgerichtet ist das Programm *Mina und der Maulwurf* (Gerlach & Fritz, 2011), das auf dem Entwicklungsmodell von Fritz und Ricken (2008) aufbaut und als Gruppentraining für Vorschulkinder konzipiert ist. Mittels einer kindgerechten Rahmengeschichte mit tierischen Protagonisten werden die Kinder hier in spielerischer Weise vor verschiedene mathematische Probleme gestellt, die sie gemeinsam lösen müssen. Die Förderbox umfasst 48 Trainingseinheiten, die idealerweise über einen Zeitraum von ca. sechs Monaten durchgeführt werden sollten. Die kurz- und mittelfristige (sechs Monate nach Förderung) Wirksamkeit des Programms ist empirisch gut belegt (Langhorst et al., 2013). Darüber hinaus konnte gezeigt werden, dass das Programm bei Kindern mit Sprachdefiziten auch positive Effekte auf die sprachlichen Kompetenzen hat (Ehlert & Fritz, 2016).

In der Praxis relativ verbreitet sind die sogenannten *Zahlenland*-Programme. Hier sind zwei Ansätze zu unterscheiden, die aufgrund der Namensähnlichkeit leicht verwechselt werden können: zum einen die Programme des Mathematikdidaktikers Gerhard Preiß, zum anderen die des Erziehungswissenschaftlers Gerhard Friedrich. Beide Ansätze zielen auf den Erwerb basisnumerischer Kompetenzen, wie ordinale, kardinale und relationale Zahlenaspekte, und wählen einen spielerischen Zugang zum Thema.

Zur Zahlenland-Reihe von Preiß gehören verschiedene Programme für den Vorschulbereich, neben dem Basisprogramm *Entdeckungen im Zahlenland* (Preiß, 2012) u. a. die Variante *Entdeckungen im Zahlenwald* (Preiß, 2010). Hier unternehmen die Kinder gemeinsame Ausflüge in den Wald, der den Rahmen für diverse zahlenbezogene Aktivitäten bildet. Dieses Programm verknüpft also die mathematische Förderung mit naturpädagogischen Aspekten. Zu den Zahlenland-Programmen von Preiß liegen Berichte zur positiven Bewertung durch die pädagogischen Fachkräfte vor, die deren hohe Zufriedenheit mit dem Programm belegen. Eine empirische Evaluation der Wirkung auf die mathematischen Kompetenzen der Kinder wurde bisher nicht durchgeführt.

Während die Programme von Preiß trotz des phantasiebetonten und spielerischen Aufbaus dem Prinzip der abstrakten Zahlenrepräsentation treu bleiben, werden im Programm *Komm mit ins Zahlenland* von Friedrich, de Galgóczy und Schindelhauer (2011) die Zahlen stark personalisiert und »vermenschlicht«. Hier erkunden die Kinder gemeinsam ein Märchenland, in dem Zahlen mit menschlichen Eigenschaften (z. B. lieb oder böse, freundlich oder unfreundlich) leben, und treffen dort beispielsweise auf Zahlenfeen und -kobolde. Dieses Vorgehen wurde aus fachdidaktischer und entwicklungspsychologischer Sicht vielfach kritisiert, da angenommen wird, dass die Personalisierung und Vermenschlichung von Zahlen und ein Aufbau emotionaler Beziehungen zu ihnen den Kindern den Zugang zu ihrem abstrakten Wesen erschwert (Krajewski & Schneider, 2007; Lorenz, 2015).

Zum Programm *Komm mit ins Zahlenland* berichten Friedrich und Munz (2006) Vorteile der geförderten Kinder in verschiedenen Bereichen der frühen mathematischen Kompetenzen im Vergleich zu einer Kontrollgruppe auch noch drei Monate nach Abschluss der Förderung. Diese Effekte konnten allerdings in einer Vergleichsstudie, die die Effekte mit denen des Programms MZZ verglich, nicht bestätigt werden (Krajewski, Nieding & Schneider, 2008).

In der Mathematik-Didaktik ist das Projekt *Mathe 2000* verankert, das Materialien für einen modernen Mathematikunterricht in allen Altersstufen nach den Prinzipien des aktiv-entdeckenden Lernens enthält. Für das Vorschulalter liegen zwei Bände aus der Reihe *Das Zahlenbuch* mit Spielen für die Frühförderung vor, mit denen Kinder die Bereiche Zahlen und geometrische Formen spielerisch erfahren und selbstständig erkunden können (Wittmann & Müller, 2009). Dabei verzichten die Zahlenbücher aus dem Programm *Mathe 2000* bewusst auf begleitende Rahmengeschichten und -figuren, da diese zur Erschließung eines sachgerechten Zugangs zur abstrakten Welt der Mathematik als kontraproduktiv betrachtet werden. Die Autoren gehen davon aus, dass Programme, die die Begeisterung der Kinder für die Mathematik »aus sich selbst heraus« wecken, eine nachhaltigere Wirksamkeit entfalten (Wittmann, 2006).

In einer Vergleichsstudie (Pauen & Pahnke, 2008) wurden die beiden Programme *Komm mit ins Zahlenland* und *Mathe 2000* bei jeweils etwa 100 vier- bis fünfjährigen Vorschulkindern eingesetzt und evaluiert. In dieser Studie zeigten sich nach zehn Wochen Förderung signifikante Lernzugewinne in den mathematischen Basiskompetenzen. Die Zugewinne waren jedoch unabhängig vom durchgeführten Programm, d. h., es gab keine differenziellen Effekte, die auf einen relativen Vorteil eines der beiden Förderkonzepte hinwiesen. Die Autorinnen schlussfolgern daher, dass nicht so sehr die Art der Förderung entscheidend sei, sondern vielmehr die Tatsache, dass überhaupt gefördert werde. Aufgrund des Fehlens einer geeigneten Kontrollgruppe sind die Ergebnisse dieser Studie allerdings nicht generalisierbar.

Während die bisher genannten Programme zur Förderung der mathematischen Basiskompetenzen sich primärpräventiv an alle Vorschulkinder richten, wurde das Programm *MARKO-T* (Gerlach et al., 2013) zur gezielten Förderung rechenschwacher und entwicklungsverzögerter Kinder entwickelt (sekundärpräventiv). Es ist als Einzeltraining für Kinder von fünf bis acht Jahren konzipiert, also in der Übergangszeit von der Vorschule in die Grundschule oder in den ersten Grundschuljahren einsetzbar. Flankierend zum Programm werden die diagnostischen Verfahren *MARKO-D* für Vorschulkinder und *MARKO-D1* für Erstklässler (▶ Kap. 6.3.2) empfohlen, aus deren Ergebnissen entsprechende Förderziele abgeleitet werden können. Der Einsatz wird begleitet von einer fortlaufenden Verlaufsdiagnostik, um sicherzustellen, dass die Förderung auf jeder Entwicklungsstufe so lange durchgeführt wird, bis die entsprechenden Förderziele erreicht sind. So erfolgt eine kontinuierliche Anpassung an das Lerntempo und die individuellen Lernfortschritte jedes Kindes. Im Rahmen des Trainings werden dem Kind mathematische Probleme gestellt, die in kindgerechte Geschichten um den Protagonisten »Mistkäfer Marko« eingebettet sind. Das Programm umfasst 57 Trainingseinheiten, die sich aus den fünf Stufen des Entwicklungsmodells mathematischer Konzepte von Fritz und Ricken (2008, ▶ Kap. 5.2.2) ableiten. Die Wirksamkeit des Programms auch bei entwicklungsverzögerten Kindern konnte empirisch belegt werden, ebenso konnten längerfristige Effekte zehn Monate nach Trainingsende nachgewiesen werden (Ricken et al., 2013).

Eine individualisierte Förderung der numerischen Basiskompetenz von Kindern lässt sich auch mit der spielbasierten *Mathekiste* aus dem BIKO-Förderkonzept von Seeger und Holodynski (2022) durchführen. In diesem Ansatz wird zunächst die numerische Basiskompetenz der Kinder anhand des *BIKO-Screenings* (Seeger et al., 2014) erhoben. Bei Feststellung eines Förderbedarfs werden aus der *BIKO-Mathekiste* (Seeger et al., 2021) geeignete Regelspiele mit mathematischen Spielinhalten, wie Brett-, Karten- und Bewegungsspiele ausgewählt, die für den individuellen Förderbedarf des Kindes passende Anforderungen enthalten. Zunächst spielt eine pädagogische Fachkraft die Spiele im Einzelsetting möglichst zweimal die Woche mit dem Kind und steigert dabei die Anforderungen entsprechend seinem Kompetenzzuwachs. Wenn die Kinder genug Spielinteresse und Regelverständnis aufgebaut haben, können sie die Spiele auch mit anderen Kindern spielen, ohne dass es bei Misserfolg zum Spielabbruch kommt. In einer Evaluationsstudie verbesserten sich die numerischen Fähigkeiten vier- bis sechsjähriger Kinder mit einem diagnostizierten Risiko im mathematischen Entwicklungsbereich signifikant gegenüber einer Kontrollgruppe (Seeger et al., 2018).

7.2.5 Förderung sozial-emotionaler Kompetenzen

Die Förderung der sozialen und emotionalen Kompetenzen nimmt in den vorschulischen Kindertageseinrichtungen traditionell einen hohen Stellenwert ein, und das nicht erst seit Inkrafttreten der Bildungspläne. Möglichkeiten hierzu bieten sich im Gruppenalltag reichlich, insbesondere im Umgang mit auftretenden Konflikten innerhalb der Gruppe. Hier ist es hilfreich, mit den Kindern bei jeder Gelegenheit über die unterschiedlichen Gefühle der verschiedenen Beteiligten zu sprechen, sie zu benennen und gemeinsam nach den auslösenden Anlässen zu suchen. Erst wenn Kinder mit Hilfe solcher Einordnungen ihre Wünsche und Gefühle und die der anderen verstehen, kann gemeinsam nach Lösungsmöglichkeiten gesucht werden, die für alle Beteiligten akzeptabel sind. Berücksichtigt man die Bedeutung, die das Wahrnehmen und Verstehen von Emotionen für die Entwicklung der Sozialkompetenz hat (► Kap. 5.3), liegt es nahe, Kinder immer wieder zu ermutigen, ihre eigenen Gefühle sowie die der anderen Kinder wahrzunehmen, zu benennen sowie ihren Entstehungskontext und ihre Folgen zu verstehen. Grundvoraussetzung für eine erfolgreiche Förderung sozial-emotionaler Kompetenzen ist generell eine positive und verständnisvolle Atmosphäre im Alltag der Einrichtung. Auch die Beziehungsqualität zwischen Kindern und pädagogischen Fachkräften und deren Modellverhalten haben sich als zentrale Einflussgrößen erwiesen: Wenn sie den Kindern selbst ein respektvolles, sozial kompetentes und empathisches Miteinander vorleben, trägt dies nicht unerheblich zur Förderung der Sozialkompetenz der betreuten Kinder bei (vgl. Wiedebusch & Petermann, 2011).

Darüber hinaus gibt es inzwischen zahlreiche additive Förderprogramme für den Elementarbereich, die auf das Erlernen sozialer Problemlösekompetenzen vor der Einschulung und damit auf die Prävention von Verhaltensauffälligkeiten im Schulalter zielen. In der Regel sind solche Programme primärpräventiv konzipiert, d. h., sie richten sich an alle Vorschulkinder einer Gruppe, unabhängig davon, ob es möglicherweise bereits zu Auffälligkeiten im Sozialverhalten gekommen ist. Um den Transfer des Gelernten in den familiären Alltag der Kinder zu erleichtern, wird in allen beschriebenen Programmen empfohlen, die Eltern ausführlich über Einsatz und Ziele des Programms zu informieren.

Zur Primärprävention von aggressivem und gewaltbereitem Verhalten wird häufig das Programm *Faustlos* von Cierpka (2004a, 2004b) eingesetzt. Dabei handelt es sich um eine an die deutschen Verhältnisse adaptierte Version des amerikanischen Programms *Second Step* (Beland, 1991). *Faustlos* gibt es sowohl für den Einsatz in Kindertageseinrichtungen (Cierpka, 2004a) als auch in einer Version für die Grundschule (Cierpka, 2004b). Eingeübt werden soziale Verhaltensweisen, kognitive Problemlösestrategien, ein angemessener Umgang mit Ärger und Wut und das Empfinden von Empathie. Das Programm für Vorschulkinder besteht aus 28 Einheiten von jeweils 20 Minuten Dauer, die aufeinander aufbauen und möglichst im Wochenabstand durchzuführen sind. *Faustlos* zielt auf die Förderung von drei zentralen sozial-emotionalen Fähigkeiten: Empathiefähigkeit, Impulskontrolle und Emotionsregulation von Ärger und Wut. Im Trainingsbaustein zur Förderung der Empathiefähigkeit geht es um das Erkennen und Differenzieren unterschiedlicher Emotionen, wie Freude, Trauer, Ärger oder Angst. Die Übungseinheiten zur Impulskontrolle sollen dazu beitragen, aggressive Handlungsimpulse besser unterbinden zu können, indem den Kindern gewaltfreie Handlungsalternativen vermittelt werden. In den Trainingseinheiten zum Umgang mit Ärger und Wut sollen die Kinder lernen, ihre Emotionen zu regulieren, negative Gefühle besser auszuhalten und sozialverträglich auszudrücken. Ein Beispiel hierfür ist der Umgang mit Beschimpfungen und Hänseleien. Die Kinder werden ermutigt, in solchen Situationen klar auszudrücken, dass sie dies nicht wollen, und den anderen Kindern dabei ihre Gefühle zu signalisieren.

Alle Übungseinheiten werden eingeleitet durch eine gemeinsame Erarbeitung der Thematik anhand von Fotokarten, gefolgt von einer Übungsphase, in der erst die Fachkraft als Verhaltensmodell fungiert und die Kinder dann in Rollenspielen die thematisierten Verhaltensweisen selbst einüben. Den Abschluss jeder Sitzung bildet eine Transferphase, in der gemeinsam nach Übertragungsmöglichkeiten auf den kindlichen Alltag gesucht wird. Unterstützt wird die Programmdurchführung durch den Einsatz von zwei Handpuppen (*Wilder Willi* und *Ruhiger Schneck*). Evaluationsstudien mit Kindern im Vorschulalter konnten zeigen, dass *Faustlos* zu Verbesserungen der Emotionserkennung, der sozialen Problemlösekompetenzen und der Impulskontrolle sowie zu einer Abnahme verbaler Aggressionen führt (Schick & Cierpka, 2006).

Ein weiteres wirksames Programm zur Förderung des Sozialverhaltens ist das von Koglin und Petermann (2013) vorgelegte *Verhaltenstraining zur Förderung sozial-emotionaler Kompetenz*. Auch dieses Programm ist primärpräventiv und verhaltenstherapeutisch orientiert. Zielgruppe sind Kinder im Alter zwischen drei und sechs Jahren. Das Training ist in eine altersgemäß gestaltete Rahmenhandlung (den Kindern vertraute Erlebnisse von zwei Meereskindern in einem Meereskindergarten) eingebettet. Moderiert werden die Sitzungen durch eine Handpuppe (*Delfin Finn*). Auch dieses Programm zielt primär auf die Förderung emotionaler Kompetenz, also auf das Kennenlernen, Wahrnehmen und Unterscheiden eigener und fremder Emotionen. Anhand von Beispielgeschichten werden alltägliche Konflikte im Umgang miteinander gemeinsam besprochen und dabei nach konstruktiven Lösungsmöglichkeiten gesucht, die im Rollenspiel eingeübt werden. Im Rahmen des Programms wird eine Reihe verhaltenstherapeutischer Prinzipien eingesetzt, wie positive Verhaltensverstärker und »Ampelkarten«, anhand derer die Kinder zur Einhaltung von Regeln angehalten werden. Evaluationsstudien auf der Basis von Einschätzungen der beteiligten pädagogischen Fachkräfte weisen auf eine verbesserte Emotionsregulation bei den teilnehmenden Kindern und auf eine Verringerung des Problemverhaltens hin (Koglin & Petermann, 2011; Wadepohl et al., 2011).

Das Programm *Lubo aus dem All!* von Hillenbrand et al. (2022) richtet sich an Vorschulkinder im letzten Jahr vor der Einschulung. Empfohlen wird die Durchführung in einer Gruppe mit »sozialer Durchmischung« aus sozial kompetenten und weniger kompetenten Kindern, sodass Kinder mit geringer Sozialkompetenz genügend positive Vorbilder finden, um ein günstiges Sozialverhalten zu erlernen. Die Rahmenhandlung des Programms bildet die Geschichte des kleinen Außerirdischen *Lubo*, der lernen will, gut mit den Menschen auf der Erde zurechtzukommen. Wie in den beiden zuvor beschriebenen Trainingsprogrammen geht es auch hier vorrangig um die Förderung der emotionalen und sozialen Kompetenzen. Geübt werden vor allem das Erkennen, Ausdrücken und Regulieren von Emotionen, der Aufbau positiver Beziehungen zu Gleichaltrigen sowie eine Verbesserung der Kooperation, des Selbstmanagements, der Selbstbehauptung und der Selbstsicherheit. Weitere Ziele des Programms sind die Förderung des Zusammenhalts der Gruppe, die Integration von »Außenseiterkindern« und die Vermittlung des Wertes von Freundschaften und Beziehungen. Eine Verbesserung der sozialen Problemlösekompetenzen der Kinder ist auch noch vier Monate nach Abschluss des Programms belegt. Auch bezüglich des prosozialen Verhaltens, des Auftretens von Verhaltensproblemen sowie des sozialen Status von zuvor auffälligen Kindern zeigten sich Verbesserungen (Hennemann et al., 2011).

Murano, Sawyer und Lipnevich (2020) analysierten in einer Metaanalyse über 57 Studien die Effekte von Programmen zur Förderung des sozial-emotionalen Lernens bei Vorschulkindern. Die Ergebnisse belegen, dass derartige Programme im Vorschulalter generell positive Effekte auf die sozialen und emotionalen Kompetenzen der Kinder haben und zu einer Reduktion von Problemverhalten führen. Zusätzliche positive Effekte zeigten sich, wenn bei den Programmen auch die Familien einbezogen wurden.

Alle oben angeführten Programme adressieren das Ziel, dass Kinder lernen sollen, in sozialen (Konflikt-)Situationen ihre eigenen Emotionen und die der Interaktionspartner bewusst wahrzunehmen, zu benennen und angemessen zu regulieren. Hierfür ist es erforderlich, dass Kinder Emotionsanlässe erleben, die dann als Lernbeispiele verwendet werden können. Diese Möglichkeit bieten entweder reale Emotionsepisoden im pädagogischen Alltag oder aber soziodramatische Rollenspiele (Hermann, 2017). In der märchenspielbasierten Förderkonzeption der *BIKO-Gefühlekiste* (Seeger & Holodynski, 2022) wird das soziodramatische Rollenspiel explizit dazu eingesetzt, emotionsgeladene Episoden aus Märchen in angeleiteten Spielen mit vier- bis sechsjährigen Kindern zu inszenieren und über die dadurch ausgelösten Gefühle zu sprechen. Märchen, wie z. B. »Die drei kleinen Schweinchen«, eignen sich insofern, als sie Kindern einen sinnhaften und zugleich einfachen und verständlichen Handlungsrahmen bieten, in dem die Akteure in prototypische Emotionsepisoden verstrickt sind, z. B. Angst erleben, wenn der Wolf die Schweinchen fressen will. Die Aufgabe, diese Szenen nachzuspielen, stellt die beteiligten Kinder vor die Herausforderung, gemeinsam zu klären, warum die Schweinchen Angst haben, wie sie ihre Angst zum Ausdruck bringen können und was sie tun können, um die Situation zu bewältigen. Zugleich schafft der So-tun-als-ob-Modus des Rollenspiels die Möglichkeit, die Intensität des Emotionserlebens willentlich zu regulieren, indem die Kinder in das Spielen von Emotionen ein- und wieder aussteigen können. Die *BIKO-Gefühlekiste* enthält ein Manual für die Fachkräfte, Geschichten zum inszenierten Vorlesen und Spielkarten mit Anleitungen zum Spielen der ausgewählten Emotionsepisoden (Seeger & Holodynski, 2022).

In zwei Interventionsstudien zeigte sich, dass sich bei den Kindern, mit denen die Spiele der *BIKO-Gefühlekiste* durchgeführt worden waren, die Fähigkeit, emotionsgeladene Rollenspiele zu inszenieren, das Verständnis für soziale Alltagssituationen sowie die sozial-emotionale Kompetenz (nach Einschätzung der Erzieherinnen) in stärkerem Maße als in einer Kontrollgruppe verbesserten (Hermann, 2017).

7.3 Internationale Programme zur Erhöhung der Schulbereitschaft durch Förderung der kindlichen Selbstregulation

Die empirischen Belege zur Bedeutung der kindlichen Selbstregulation für die Schulbereitschaft (▶ Kap. 5.4) führten zwangsläufig zur Frage, ob man den Erwerb selbstregulatorischer Kompetenzen nicht gezielt beeinflussen kann. Insbesondere in den USA wurden daher Vorschulprogramme mit dem expliziten Ziel entwickelt, diese Kompetenzen nachhaltig zu fördern. Wissenschaftlich gut evaluiert sind das Programm *Tools of the mind* (ToM) und das *Chicago School Readiness Program* (CSRP). Bei beiden handelt es sich nicht um zeitlich begrenzte, additive Förderangebote, sondern um umfassende Unterrichtscurricula mit integrierter individueller Förderung.

Das Programm *Tools of the Mind* (Bodrova & Leong, 2007) basiert auf einem Gesamtkonzept für die gesamten Vorschuljahre. Es orientiert sich an der Entwicklungstheorie von Lew Wygotski (▶ Kasten 9) und fokussiert die Vermittlung bereichsübergreifender mentaler »Werkzeuge« (*Tools*) für die kindliche Selbstregulation. Das Grundprinzip besteht in einer konsequenten Förderung innerhalb der individuellen *Zone der nächsten Entwicklung*, d. h. durch Anforderungen, die das Kind im nächsten Entwicklungsschritt bewältigen können sollte. Zu den zentralen Vermittlungsstrategien gehören neben der Förderung von verbalen Selbstinstruktionen das kindliche Rollenspiel und das sogenannte *gestützte Schreiben* (*scaffolded writing*), das über das frühe Verschriftlichen von Handlungsplänen die Entwicklung der kindlichen Selbstregulation und des Schriftspracherwerbs unterstützen soll.

Tools of the Mind wird seit einigen Jahren erfolgreich in den USA eingesetzt. In mehreren Evaluationsstudien zeigten sich positive Effekte auf die selbstregulativen Kompetenzen der Kinder, speziell auf die exekutiven Funktionen, im Vergleich zu Kontrollkindern, die an anderen qualitativ hochwertigen Vorschulprogrammen teilgenommen hatten (Diamond et al., 2007; Diamond & Lee, 2011).

Kasten 9: Fokus: Die sozio-konstruktivistische Entwicklungstheorie von Lew Wygotski

> Nach der Entwicklungstheorie des russischen Psychologen Lew Wygotski (1896–1934) findet Lernen primär über soziale Interaktionen mit kompetenten Interaktionspartnern und in Abhängigkeit von den soziokulturellen Rahmenbedingungen statt (Wygotski, 1934/1964). In diesen Interaktionen erwirbt das Kind neue Kenntnisse und Fertigkeiten und übernimmt die mentalen Werkzeuge und Kulturtechniken seiner sozialen Umwelt. Der Erwerb neuer Kompetenzen gelingt nach Wygotski am besten, wenn Aufgaben bearbeitet werden, die knapp über dem aktuellen Kompetenzniveau des Kindes liegen. Dieses Anforderungsniveau wird als die »*Zone der nächsten Entwicklung*« bezeichnet. Sie umfasst die in der individuellen Entwicklung als nächstes anstehenden Entwicklungsschritte. Gesucht werden also Anforderungen, die das Kind allein gerade noch nicht bewältigen kann, wohl aber, wenn die Lernpartner die Konstruktions- und Erwerbsprozesse in geeigneter Weise unterstützen.
>
> Als besonders förderlich für den Erwerb neuer Kompetenzen gilt dabei das *scaffolding* (*Lerngerüst*). Dabei zeigt die erwachsene Person dem Kind eine neue Verhaltensweise zunächst durch Vormachen. Dann geht sie zu verbalen Anleitungen über, die immer abstrakter und dann allmählich zurückgenommen werden, sodass das Kind zunehmend selbst die Handlungsverantwortung übernimmt. Wygotski nahm an, dass die lauten Selbstverbalisierungen von Kindern eine entscheidende Vorstufe des stillen inneren Denkens sind und im Laufe der Entwicklung schrittweise verinnerlicht werden.

Das *Chicago School Readiness Project* (CSRP) verfolgt das Ziel, die Schulbereitschaft sozial und ökonomisch benachteiligter Kinder vor der Einschulung an das Niveau von Kindern aus höheren Bildungsschichten anzugleichen. Das Programm ist in erster Linie für Lehrkräfte in sogenannten *Head Start Centern* gedacht, in denen viele Kinder aus sozial schwachen Familien in den USA vor Schuleintritt betreut werden. Die pädagogischen Fachkräfte erhalten ein intensives Training von 30 Stunden, in dem ihnen Strategien zum positiven Verhaltensmanagement und zur Förderung der kindlichen Emotionsregulation vermittelt werden. Dabei wird auch an ihrer eigenen Stressreduktion angesetzt. Kinder mit besonders auffälligen Verhaltensproblemen erhalten im Rahmen des Programms eine Eins-zu-eins-Unterstützung. In einer Evaluationsstudie führten die Maßnahmen zu einer deutlichen Reduktion von emotionalen Problemen und internalisierenden und externalisierenden Verhaltensauffälligkeiten, insbesondere bei besonders schwierigen Kindern (Raver et al., 2011). In dem Programm geschulte Fachkräfte realisierten ein emotional positiveres Interaktionsklima als nicht geschulte Kräfte. Auch die erhofften positiven Auswirkungen auf die Selbstregulation der Kinder konnten überzeugend nachgewiesen werden: Die exekutiven Funktionen der Kinder in den CSRP-Gruppen verbesserten sich signifikant stärker als die der Kinder in anderen *Head Start*-Gruppen. Darüber hinaus zeigten sich Entwicklungsvorteile in den Bereichen Wortschatz, Buchstabenkenntnis und mathematische Kompetenzen. Das Programm scheint damit geeignet, für die Schulbereitschaft relevante Entwicklungsnachteile von Kindern aus bildungsfernen Familien durch kompensatorische Förderung zu reduzieren (Raver, 2012).

Auch im deutschsprachigen Raum entwickelt sich langsam ein Bewusstsein für die Bedeutung selbstregulativer Kompetenzen. In der Schweiz wurde das Programm *Nele und Noa im Regenwald: Berner Material zur Förderung exekutiver Funktionen* (Roebers et al., 2014) entwickelt, das sich an Kinder im Alter zwischen vier und sieben Jahren richtet. Dabei handelt es sich um eine Box mit acht Spielen zum Training der exekutiven Funktionen und der Achtsamkeit der Kinder. Die Spiele fokussieren die Bereiche Reaktionshemmung (*Inhibition*), Arbeitsgedächtnis (*Updating*) und flexible Aufmerksamkeitssteuerung (*Switching*) und können entweder als sechswöchiges Förderprogramm mit täglichen Einheiten in Kleingruppen oder aber auch als einzelne Spiele im regulären Alltag eingesetzt werden.

In einer Evaluationsstudie (Röthlisberger et al., 2012), in der 100 Kinder über einen Zeitraum von sechs Wochen hinweg in Kleingruppen mit dem Material trainiert wurden, konnten substanzielle Steigerungen der exekutiven Funktionen gegenüber einer Warte-Kontrollgruppe nachgewiesen werden.

Auch wenn Programme zur Förderung der kindlichen Selbstregulation heute modern sind – ganz neu ist die Grundidee dieser Ansätze nicht. Schon *Maria Montessori* (1870–1952) zielte in ihrem weltweit bekannten Entwicklungsprogramm auf die Förderung der selbstregulativen Kompetenzen der Kinder ab. Die Inhalte und Prinzipien ihres vor fast 100 Jahren entwickelten Konzeptes ähneln in vielen Punkten auffallend dem, was wir heute als Förderung von sogenannten bereichsübergreifenden Schlüsselkompetenzen oder spezifischer: der kindlichen Selbstregulation bezeichnen. Viele der von Montessori adressierten Kompetenzen fallen unter Schlagworte wie selbstreguliertes Lernen, selbstständiges Arbeitsverhalten oder Problemlösekompetenz. Auch Diamond und Lee (2011), die in einer Übersichtsarbeit aktuell eingesetzte Programme zur Förderung der Selbstregulation zusammenfassen, sehen deutliche Parallelen zwischen modernen Programmen zur Förderung der Selbstregulation und dem Montessori-Ansatz.

In Montessoris Konzept spielen die Begriffe Aufmerksamkeit, Selbstdisziplin, Ordnung und Ruhe eine große Rolle (Montessori, 1988). So wird etwa die Verhaltenssteuerung in Montessori-Gruppen dadurch trainiert, dass jedes Material nur einmal vorhanden ist und die Kinder abwarten müssen, bis sie an der Reihe sind. Die zentrale Aufgabe der Erziehenden besteht nach Montessori darin, eine angemessene Umgebung vorzubereiten, damit das Kind seine Entwicklungspotenziale selbst entfalten kann. Wenn man Kinder dann ungestört allein arbeiten und sich mit geeigneten Materialien beschäftigen lässt, so Montessori, sind sie aus sich selbst heraus motiviert und konzentriert, lassen sich nicht ablenken und benötigen wenig Hilfestellung. Diese Form der Konzentration auf sich selbst und auf die gerade bearbeitete Aufgabe nennt Montessori *Polarisation der Aufmerksamkeit*. Feste Strukturen in zeitlicher, räumlicher und materieller Hinsicht erleichtern es dem Kind, eine Ordnung in seiner Umwelt zu erkennen und sich in ihr zurechtzufinden. Weitere Schwerpunkte sind die Schulung der kindlichen Wahrnehmung, die Möglichkeit zur eigenständigen Fehlerkontrolle und die Selbstständigkeit des Kindes. Es gibt empirische Hinweise darauf, dass Fünfjährige in Montessori-Einrichtungen über bessere exekutive Funktionen verfügen als Gleichaltrige in anderen Einrichtungen (Lillard & Else-Quest, 2006).

Insgesamt lässt sich die empirische Befundlage zur Förderung der kindlichen Selbstregulation so zusammenfassen, dass die Kinder mit den schwächsten Ausgangsbedingungen am stärksten von einschlägigen Maßnahmen profitieren (Diamond & Lee, 2011). Kinder aus sozial und ökonomisch benachteiligten Familien und solche mit geringer Funktionstüchtigkeit des Arbeitsgedächtnisses oder Aufmerksamkeitsproblemen zeigten in allen bisher vorliegenden Studien die größten Verbesserungen. Die kindliche Selbstregulation kann außerdem durch reguläre pädagogische Fachkräfte in Regelschulen erfolgreich gefördert werden. Vor diesem Hintergrund stellt die frühe Förderung der Selbstregulation einen idealen Ansatzpunkt dar, um bei Kindern mit Förderbedarf die Entwicklung der Schulbereitschaft wirksam zu unterstützen.

8 Fazit

In diesem Buch wurde das Thema Schulbereitschaft aus verschiedenen theoretischen und empirischen Perspektiven beleuchtet. Die Ausführungen begannen mit den Anfängen der Auseinandersetzung mit der Thematik und zeichneten die historische Entwicklung der betrachteten Konzepte nach, wobei deutlich wurde, dass Schulbereitschaft heute zunehmend systemisch verstanden wird und Kompetenzen des Kindes, seiner Familie und der beteiligten vorschulischen und schulischen Einrichtungen berücksichtigt werden. Daran anknüpfend wurden die vorschulischen Bildungspläne und Modelle des Schulanfangsunterrichts in der Grundschule in Deutschland dargestellt sowie die für die Einschätzung der Schulbereitschaft relevanten formalen Rahmenbedingungen der Einschulung skizziert. Hier wurde einmal mehr die ausgeprägte Heterogenität des föderalen deutschen Bildungssystems erkennbar.

Anschließend wurden die individuellen Kompetenzen und Lernvoraussetzungen ausführlich herausgearbeitet, die ein Kind für einen erfolgreichen Übergang von der Kindertageseinrichtung in die Schule sowie zu Bewältigung der Anforderungen des schulischen Anfangsunterrichts benötigt. Auch wurde der aktuelle Forschungsstand zu den identifizierten Lernvoraussetzungen skizziert. Dies diente dem Bemühen, eine Antwort auf die Kernfrage dieses Buches zu geben: Welche Fähigkeiten muss ein Kind mitbringen, um den Übergang in die Schule erfolgreich zu bewältigen?

Die Betrachtung der verschiedenen Komponenten der individuellen Lernvoraussetzungen verdeutlicht, dass die Gesamteinschätzung eines Kindes als »schulbereit« auf dem Zusammenspiel einer Vielzahl sehr heterogener Merkmale beruht. Schulbereitschaft ist also ein multidimensionales Konzept, das sich aus ganz verschiedenen Bereichen zusammensetzt, die sich wechselseitig beeinflussen und bei der Einschätzung der Schulbereitschaft eines Kindes möglichst alle berücksichtigt werden sollten. Dabei spielen insbesondere die sprachlichen Kompetenzen des Kindes (vor allem in der bildungsrelevanten Sprache Deutsch) und Aspekte seines sozial-emotionalen Entwicklungsstandes eine zentrale Rolle, da diese bereichsübergreifenden Kompetenzen sich in hohem Maße auf das Lernverhalten des Kindes auswirken, und zwar in allen schulischen Lernfeldern.

Für den Erwerb der im Schulanfangsunterricht vermittelten kulturellen Grundfertigkeiten des Lesens, Schreibens und Rechnens sind darüber hinaus auch bereichsspezifische Kompetenzen relevant, insbesondere basale literale, phonologische und mathematische Kompetenzen, deren Verfügbarkeit für den Erwerb dieser Fertigkeiten notwendig bzw. hilfreich ist. Schließlich wurde die zentrale Bedeutung der kindlichen Selbstregulation herausgearbeitet, die sich als eine übergeordnete

Schlüsselkompetenz auf alle genannten kindlichen Merkmale der Schulbereitschaft auswirkt und deren Erwerb und Nutzung im Alltag moderiert.

Kompensatorische Fördermaßnahmen zur Sicherstellung der Schulbereitschaft sind in allen genannten Bereichen möglich und besonders wirksam, wenn sie adaptiv auf die individuellen Entwicklungsbedarfe eines Kindes abgestimmt werden. In Deutschland dominieren im Kontext des Übergangs von der vorschulischen Einrichtung in die Schule aktuell Ansätze der Sprachförderung – eine angesichts der heterogenen sprachlichen Ausgangsbedingungen der einzuschulenden Kinder und der unstrittigen Bedeutung sprachlicher Kompetenzen für die Lernentwicklung nicht nur nachvollziehbare, sondern auch sinnvolle Schwerpunktsetzung.

Aufgrund der eindrucksvollen empirischen Befunde zur Bedeutung der kindlichen Selbstregulation für das schulische Lernverhalten setzt man insbesondere in den USA inzwischen zunehmend auf die übergreifende Wirksamkeit von Programmen zur Förderung der selbstregulativen Kompetenzen von Kindern, um das Risiko für spätere schulische Probleme zu minimieren. Die entsprechenden Ansätze erscheinen uns sehr vielversprechend, sodass zu hoffen bleibt, dass sie auch in Deutschland zunehmend den Weg in die Praxis der frühen Bildung finden und selbstregulative Kompetenzen künftig ihrer empirisch erwiesenen zentralen Bedeutung entsprechend in der Diagnostik und Förderung der Schulbereitschaft berücksichtigt werden.

Die wechselseitigen Zusammenhänge zwischen den relevanten individuellen Merkmalen des Kindes machen eine fundierte individuelle Diagnostik der verschiedenen Kompetenzbereiche umso wichtiger. Im Alltag sind die verschiedenen Merkmale meist nicht isoliert beobachtbar, weshalb es in der subjektiven Einschätzung oft zu Fehlurteilen kommt. Nur durch eine gründliche Diagnostik können die verschiedenen Kompetenzen objektiv und zuverlässig voneinander differenziert werden. Damit wird die Einschulungsentscheidung auf eine valide Grundlage gestellt, statt sich auf eine schwer begründbare »Bauchentscheidung« zu verlassen.

Zur qualitativ hochwertigen Diagnostik der kindlichen Schulbereitschaft steht eine Reihe standardisierter, normierter und wissenschaftlich fundierter Verfahren zur Verfügung. Auch in der Einschulungsdiagnostik hat sich die Erkenntnis inzwischen weitestgehend durchgesetzt, dass möglichst viele verschiedene Informationsquellen genutzt werden sollten, um ein umfassendes und ausgewogenes Bild der Schulbereitschaft im Einzelfall zu erhalten, das die Stärken und Schwächen des Kindes in den verschiedenen Bereichen angemessen berücksichtigt.

Bei vielen Kindern stellen sich die in Kapitel 5 ausführlich dargestellten Kompetenzen der Schulbereitschaft (▶ Kap. 5) im Laufe der Vorschuljahre ohne gezieltes Zutun, also quasi »von selbst« ein, sodass die Frage der Schulbereitschaft von allen Beteiligten (Eltern, Kindertageseinrichtung, Schule) übereinstimmend mit Ja beantwortet wird. Trotzdem gibt es auch eine beträchtliche Zahl an Kindern, bei denen aus verschiedenen Gründen Zweifel bestehen, ob sie den Übergang in die Schule problemlos bewältigen werden, ob sie also wirklich »bereit« für die Schule sind. Dies trifft etwa auf Kinder mit nur schwach entwickelten phonologischen oder mathematischen Basiskompetenzen oder ausgeprägten Defiziten in ihren selbstregulativen Kompetenzen zu. Auch Kinder mit nicht ausreichenden deutschen

Sprachkompetenzen fallen in diese Gruppe. Für den Bereich der sprachlichen Kompetenzen weist etwa der nationale Bildungsbericht für Deutschland eine deutliche Zunahme des Prozentsatzes der förderbedürftigen Kinder zwischen 2011 und 2020 aus (Autorengruppe Bildungsberichterstattung, 2022).

Dies unterstreicht die Notwendigkeit, eine fundierte Entscheidung auf Basis einer differenzierten und sorgfältigen Diagnostik der individuellen Voraussetzungen des Kindes zu treffen, die die vorhandenen vorschulischen und schulischen Fördermöglichkeiten sowie die Unterstützungsressourcen im familiären Umfeld des Kindes berücksichtigt. Je früher dieser Prozess beginnt und je früher etwaige Schwächen des Kindes identifiziert werden, desto größer sind die Chancen, diese bis zum Schulbeginn auszugleichen und die Chancen für einen gelingenden Schulstart zu erhöhen. Ein besonders erfolgversprechendes Konzept zur Umsetzung gezielter diagnosebasierter Förderung der Schulbereitschaft ist dem Band von Seeger und Holodynski (2022) in dieser Reihe zu entnehmen. Hier wird konsequent auf das kindliche Spielen als besonders geeignete Form des Kompetenzerwerbs zurückgegriffen.

Eine solche Schuleingangsdiagnostik umzusetzen, ist nicht leicht, zumal – allen gegenteiligen Bemühungen zum Trotz – auch heute noch die Tendenz zu beobachten ist, diagnostische Informationen für Selektionsentscheidungen zu nutzen. Dem gilt es entgegenzutreten und stattdessen die Nutzung fundierter diagnostischer Informationen für die Bereitstellung adaptiver individueller Förderung weiter zu forcieren. Wir sind davon überzeugt, dass eine förderorientierte Schulbereitschaftsdiagnostik einen wertvollen Beitrag dazu leisten kann, den Schuleingangsunterricht dahingehend weiterzuentwickeln, dass es gelingt, angemessen auf die Besonderheiten aller Kinder einzugehen und sie ihren individuellen Lernausgangslagen entsprechend erfolgreich zu fördern.

Literatur

Ahtola, A., Silinskas, G., Poikonen, P.-L., Kontoniemi, M., Niemi, P. & Nurmi, J.-E. (2011). Transition to formal schooling: Do transition practices matter for academic performance? *Early Childhood Research Quarterly*, 26(3), 295–302. https://doi.org/10.1016/j.ecresq.2010.12.002.

Arbeitskreis Wissenschaftliche Begleitung »Schulanfang auf neuen Wegen«. (2006). *Abschlussbericht zum Modellprojekt*. Stuttgart: Ministerium für Kultus, Jugend und Sport.

Autorengruppe Bildungsberichterstattung. (2018). *Bildung in Deutschland 2018*. Ein indikatorengestützter Bericht mit einer Analyse zu Wirkungen und Erträgen von Bildung. Bielefeld: wbv Media. DOI: 10.3278/6001820gw.

Autorengruppe Bildungsberichterstattung. (2020). *Bildung in Deutschland 2020*. Ein indikatorengestützter Bericht mit einer Analyse zu Bildung in einer digitalisierten Welt. Bielefeld: wbv Media. DOI: 10.3278/6001820gw.

Autorengruppe Bildungsberichterstattung. (2022). *Bildung in Deutschland 2022* (ein indikatorengestützter Bericht mit einer Analyse zum Bildungspersonal). Bielefeld: wbv Media. DOI: 10.3278/6001820gw.

Baden-Württemberg Stiftung. (Hrsg.). (2011). *Sag' mal was – Sprachförderung für Vorschulkinder. Zur Evaluation des Programms der Baden-Württemberg Stiftung*. Tübingen: Francke.

Bandura, A. (1977). Self-efficacy: toward a unifying theory of behavioral change. *Psychological Review*, 84(2), 191–215. https://doi.org/10.1037/0033-295X.84.2.191.

Barnett, W. S. & Hustedt, J. T. (2005). Head Start's lasting benefits. *Infants & Young Children*, 18, 16–24.

Bäuerlein, K., Beinicke, A., Schorr, M. & Schneider, W. (2021). *FIPS – Fähigkeitsindikatoren Primarstufe* (2., aktualisierte und neu normierte Auflage). Göttingen: Hogrefe.

Bäuerlein, K., Niklas, F. & Schneider, W. (2014). Fähigkeitsindikatoren Primarschule (FIPS). Überprüfung des Lernerfolgs in der ersten Klasse. In M. Hasselhorn, W. Schneider & U. Trautwein (Hrsg.), *Lernverlaufsdiagnostik: Formative Leistungsdiagnostik*. Tests und Trends: Neue Folge, Bd. 12 (S. 127–144). Göttingen u. a.: Hogrefe.

Baumert, J. & Schümer, G. (2001). Familiäre Lebensverhältnisse, Bildungsbeteiligung und Kompetenzerwerb. In J. Baumert, E. Klieme, M. Neubrand, M. Prenzel, U. Schiefele, W. Schneider et al. (Hrsg.), *PISA 2000. Basiskompetenzen von Schülerinnen und Schülern im internationalen Vergleich* (S. 323–407). Opladen: Leske + Budrich.

Becker, D. R., Miao, A., Duncan, R. & McClelland, M. M. (2014). Behavioral self-regulation and executive function both predict visuomotor skills and early academic achievement. *Early Childhood Research Quarterly*, 29(4), 411–424. https://doi.org/10.1016/j.ecresq.2014.04.014.

Beland, K. (1991). *Second Step. A violence-prevention curriculum. Preschool-kindergarten*. Seattle: Committee for Children.

Berendes, K., Dragon, N., Weinert, S. & Heppt, B. (2013). Hürde Bildungssprache? Eine Annäherung an das Konzept »Bildungssprache« unter Einbezug aktueller empirischer Forschungsergebnisse. In A. Redder & S. Weinert (Hrsg.), *Sprachförderung und Sprachdiagnostik – interdisziplinäre Perspektiven* (S. 17–41). Münster: Waxmann.

Bierman, K. L., Nix, R. L., Greenberg, M. T., Blair, C. & Domitrovich, C. E. (2008). Executive functions and school readiness intervention: impact, moderation, and mediation in the Head Start REDI program. *Developmental Psychopathology*, 20(3), 821–43. https://doi.org/10.1017/S0954579408000394.

Birch, S. H. & Ladd, G. W. (1997). The teacher–child relationship and children's early school adjustment. *Journal of School Psychology*, 35 (1), 61–79. https://doi.org/10.1016/S0022-4405(96)00029-5.

Blair, C. (2002). School readiness: Integrating cognition and emotion in a neurobiological conceptualization of children's functioning at school entry. *American Psychologist*, 57(2), 111–127. https://doi.org/10.1037/0003-066X.57.2.111.

Blair, C. & Raver, C. C. (2015). School readiness and self-regulation: A developmental psychobiological approach. *Annual Review of Psychology*, 66, 711–731. https://doi.org/10.1146/annurev-psych-010814-015221.

Blair, C. & Razza, R. P. (2007). Relating effortful control, executive function, and false belief understanding to emerging math and literacy ability in Kindergarten. *Child Development*, 78, 647–663. https://doi.org/10.1111/j.1467-8624.2007.01019.x.

Bodrova, E. & Leong, D. (2007). *Tools of the mind. The Vygotskian approach to early childhood education*. Upper Saddle River: Pearson Prentice Hall.

Bronfenbrenner, U. & Cole, M. (1981). *Ecology of human development: Experiments by nature and design*. Harvard: University Press.

Bühner, M. (2010). Einführung in die Test- und Fragebogenkonstruktion. München: Pearson.

Bund-Länder-Kommission für Bildungsplanung. (1974). *Bildungsgesamtplan*. Band 1. Stuttgart: Klett.

Burk, K., Mangelsdorf, M. & Schoeler, U. (1998). *Die neue Schuleingangsstufe: Lernen und Lehren in entwicklungsheterogenen Gruppen*. Weinheim: Beltz Praxis.

Bus, A. G. & van Ijzendoorn, M. H. (1999). Phonological awareness and early reading: A meta-analysis of experimental training studies. *Journal of Educational Psychology*, 91, 403–414. https://doi.org/10.1037/0022-0663.91.3.403.

Bus, A. G., van Ijzendoorn, M. H. & Pellegrini, A. D. (1995). Joint book reading makes for success in learning to read: A meta-analysis on intergenerational transmisson of literacy. *Review of Educational Research*, 65(1), 1–21. https://doi.org/10.3102/00346543065001001.

Buschmann, A., Jooss, B., Simon, S. & Sachse, S. (2010). Alltagsintegrierte Sprachförderung in Krippe und Kindergarten. Das »Heidelberger Trainingsprogramm«. Ein sprachbasiertes Interaktionstraining für den Frühbereich. *L.O.G.O.S. Interdisziplinär*, 2, 84–95.

Cameron Ponitz, C., McClelland, M., Jewkes, A., McDonald Connor, C., Farris, C. & Morrison, F. (2008). Touch your toes! Developing a direct measure of behavioral regulation in early childhood. *Early Childhood Research Quarterly*, 23, 141–158. https://doi.org/10.1016/j.ecresq.2007.01.004.

Campbell, F. A., Pungello, E. P., Burchinal, M., Kainz, K., Pan, Y., Wasik, B. H. et al. (2012). Adult outcomes as a function of an early childhood educational program: An Abecedarian Project follow-up. *Developmental Psychology*, 48(4), 1033–1043. https://doi.org/10.1037/a0026644.

Campbell, F. A. & Ramey, C. T. (1994). Effects of early intervention on intellectual and academic achievement: A follow-up study of children from low-income families. *Child Development*, 65, 684–698. https://doi.org/10.2307/1131410.

Casey, B., Somerville, L., Gotlib, I., Ayduk, O., Franklin, N., Askren, M. et al. (2011). Behavioral and neural correlates of delay of gratification 40 years later. *Proceedings of the National Academy of Sciences*, 108(36), 14998–15003. https://doi.org/10.1073/pnas.1108561108.

Chapman, J. W., Tunmer, W. E. & Prochnow, J. E. (2000). Early reading-related skills and performance, reading self-concept, and the development of academic self-concept: A longitudinal study. *Journal of Educational Psychology*, 92(4), 703–708. https://doi.org/10.1037/0022-0663.92.4.703.

Cierpka, M. (Hrsg.). (2004a). *Faustlos. Ein Curriculum zur Förderung sozial-emotionaler Kompetenzen und zur Gewaltprävention für den Kindergarten*. Göttingen: Hogrefe.

Cierpka, M. (Hrsg.). (2004b). *Faustlos. Ein Curriculum zur Prävention von aggressivem und gewaltbereitem Verhalten bei Kindern der Klassen 1 bis 3*. Göttingen: Hogrefe.

Cimeli, P., Röthlisberger, M., Neuenschwander, R. & Roebers, C. (2013). Stellt ein niedriges Selbstkonzept einen Risikofaktor für Anpassungsprobleme nach dem Schuleintritt dar? *Kindheit und Entwicklung*, 22(2), 105–112. https://doi.org/10.1026/0942-5403/a000106.

Clark, K. E. & Ladd, G. W. (2000). Connectedness and autonomy support in parent-child relationships: Links to children's socioemotional orientation and peer relationships. *Developmental Psychology*, 36, 485–498. https://doi.org/10.1037/0012-1649.36.4.485.

Cloos, P., Koch, K., Mähler, C. & von Salisch, M. (2019). Professionalisierung alltagsintegrierter sprachlicher Bildung bei ein- und mehrsprachig aufwachsenden Kindern: Fühlen – Denken – Sprechen. In BiSS-Trägerkonsortium (Hrsg.), *Projektatlas BiSS-Entwicklungsprojekte. Ergebnisse und Empfehlungen* (S. 11–18). Köln: Mercator-Institut für Sprachförderung und Deutsch als Zweitsprache. Zugriff am 01.09.2023 unter: https://biss-sprachbildung.de/wp-content/uploads/2019/11/biss-projektatlas-entwicklungsprojekte.pdf.

Daseking, M. (2016). *Das Sozialpädiatrische Entwicklungsscreening für Schuleingangsuntersuchungen (SOPESS)*. Vortrag auf der Fachtagung »Lass es raus! Sprache und Verhalten als Ausdruck (-smöglichkeit) kindlicher Gefühle« am 22.11.2016 in Oldenburg. Zugriff am 01.03.2024 unter: https://soziales.niedersachsen.de/down load/113669.

Daseking, M., Petermann, F., Röske, D., Trost-Brinkhues, G., Simon, K. & Oldenhage, M. (2009). Entwicklung und Normierung des Einschulungsscreenings SOPESS. *Gesundheitswesen*, 71(10), 648–655. https://doi.org/10.1055/s-0029-1239511.

de Jong, P. F. & Leseman, P. P. M. (2001). Lasting effects of home literacy on reading achievement in school. *Journal of School Psychology*, 39(5), 389–414. https://doi.org/10.1016/S0022-4405(01)00080-2.

Degé, F. & Frischen. U. (2022). Die Auswirkungen von Musiktraining auf die exekutiven Funktionen im Kindesalter – eine systematische Literaturübersicht. *Zeitschrift für Erziehungswissenschaft*, 25, 579–602. https://doi.org/10.1007/s11618-022-01102–2.

Denham, S. A., Bassett, H. H., Brown, C., Way, E. & Steed, J. (2015). »I Know How You Feel«: Preschoolers' emotion knowledge contributes to early school success. *Journal of Early Childhood Research*, 13(3), 252–262. https://doi.org/10.1177/1476718X13497354.

Denham, S. A., Bassett, H. H., Way, E., Mincic, M., Zinsser, K. & Graling, K. (2012). Preschoolers' emotion knowledge: Self-regulatory foundations, and predictions of early school success. *Cognition and Emotion*, 26(4), 667–679. https://doi.org/10.1080/02699931.2011.602049.

Denham, S. A., Blair, K. A., Schmidt, M. & DeMulder, E. (2002). Compromised emotional competence: Seeds of violence sown early? *American Journal of Orthopsychiatry*, 72(1), 70–82. https://doi.org/10.1037/0002-9432.72.1.70.

Denham, S. A. & Brown, C. (2010). »Plays nice with others«: Social-emotional learning and academic success. *Early Education and Development*, 21(5), 652–680. https://doi.org/10.1080/10409289.2010.497450.

Deutscher Bildungsrat. (1970). *Strukturplan für das Bildungswesen. Empfehlungen der Bildungskommission*. Stuttgart: Klett.

Deutscher Bildungsrat. (1975). *Die Bildungskommission. Bericht '75 – Entwicklungen im Bildungswesen*. Bonn: Klett.

Deutsches PISA-Konsortium. (2001). *PISA 2000. Basiskompetenzen von Schülerinnen und Schülern im internationalen Vergleich*. Wiesbaden: Verlag für Sozialwissenschaften. https://doi.org/10.1007/978-3-322-83412-6.

Diamond, A., Barnett, W. S., Thomas, J. & Munro, S. (2007). Preschool program improves cognitive control. *Science*, 318(5855), 1387–1388. https://doi.org/10.1126/science.1151148.

Diamond, A. & Lee, K. (2011). Interventions shown to aid executive function development in children 4–12 years old. *Science*, 333(6045), 959–964. https://doi.org/10.1126/science.1204529.

Döpfner, M., Dietmair, I., Mersmann, H., Simon, K. & Trost-Brinkhues, G. (2004). *S-ENS. Screening des Entwicklungsstands bei Einschulungsuntersuchungen. Instruktion*. Göttingen: Hogrefe.

Döpfner, M., Dietmair, I., Mersmann, H., Simon, K. & Trost-Brinkhues, G. (2005). *Screening des Entwicklungsstands bei Einschulungsuntersuchungen S-ENS. Theoretische und statistische Grundlagen. Manual*. Göttingen: Hogrefe.

Dubowy, M., Duzy, D., Pröscholdt, M., Schneider, W., Souvignier, E. & Gold, A. (2011). Was macht den »Migrationshintergrund« bei Vorschulkindern aus? Ein Vergleich alternativer Klassifikationskriterien und ihr Zusammenhang mit deutschen Sprachkompetenzen.

Schweizerische Zeitschrift für Bildungswissenschaften, 33, 355–376. http://dx.doi.org/10.24452/sjer.33.3.4864.

Dubowy, M., Ebert, S., von Maurice, J. & Weinert, S. (2008). Sprachlich-kognitive Kompetenzen beim Eintritt in den Kindergarten. *Zeitschrift für Entwicklungspsychologie und Pädagogische Psychologie, 40*(3), 124–134. https://doi.org/10.1026/0049-8637.40.3.124.

Duncan, G. J., Dowsett, C. J., Claessens, A., Magnuson, K., Huston, A. C., Klebanov, P. et al. (2007). School readiness and later achievement. *Developmental Psychology, 43*(6), 1428–1446. https://doi.org/10.1037/0012-1649.43.6.1428.

Ebert, S. (2020). Theory of mind, language, and reading: Developmental relations from early childhood to early adolescence. *Journal of Experimental Child Psychology, 191*, Article 104739. https://doi.org/10.1016/j.jecp.2019.104739.

Ehlert, A. & Fritz, A. (2016). »Mina und Maulwurf« – Ein mathematisches Gruppentraining eingesetzt mit Kindern mit Sprachverständnisschwierigkeiten. In M. Hasselhorn & W. Schneider (Hrsg.), *Jahrbuch der pädagogisch-psychologischen Diagnostik. Tests und Trends.* Band 14 (S. 69–86). Göttingen: Hogrefe.

Ehlich, K., Valtin, R. & Lütke, B. (2012). *Expertise: Erfolgreiche Sprachförderung unter Berücksichtigung der besonderen Situation Berlins.* Berlin: Senatsverwaltung für Bildung, Jugend und Wissenschaft.

Ehri, L. C., Nunes, S. R., Willows, D. M. & Schuster, B. V. (2001). Phonemic awareness instruction helps children learn to read: Evidence from the National Reading Panel's meta-analysis. *Reading Research Quarterly, 36*(3), 250–287. https://doi.org/10.1598/RRQ.36.3.2.

Endlich, D., Berger, N., Küspert, P., Lenhard, W., Marx, P., Weber, J. et al. (2016). *Würzburger Vorschultest. Erfassung schriftsprachlicher und mathematischer (Vorläufer-)Fertigkeiten und sprachlicher Kompetenzen im letzten Kindergartenjahr.* Göttingen: Hogrefe.

Ennemoser, M. & Krajewski, K. (2007). Effekte der Förderung des Teil-Ganzes-Verständnisses bei Erstklässlern mit schwachen Mathematikleistungen. *Vierteljahresschrift für Heilpädagogik und ihre Nachbargebiete, 3*, 228–240.

Ennemoser, M., Krajewski, K. & Schmidt, S. (2011). Entwicklung und Bedeutung von Mengen-Zahlen-Kompetenzen und eines basalen Konventions- und Regelwissens in den Klassen 5 bis 9. *Zeitschrift für Entwicklungspsychologie und pädagogische Psychologie, 43*(4), 228–242. https://doi.org/10.1026/0049-8637/a000055.

Ennemoser, M., Krajewski, K. & Sinner, D. (2017). *Test mathematischer Basiskompetenzen ab Schuleintritt.* Göttingen: Hogrefe.

Esser, G. & Wyschkon, A. (2016). *BUEVA-III: Basisdiagnostik Umschriebener Entwicklungsstörungen im Vorschulalter – Version III.* Göttingen: Hogrefe.

Faust, G. (2006). Zum Stand der Einschulung und der neuen Schuleingangsstufe in Deutschland. *Zeitschrift für Erziehungswissenschaft, 9*(3), 328–347. https://doi.org/10.1007/s11618-006-0054-8.

Fischer, M. & Pfost, M. (2015). Wie effektiv sind Maßnahmen zur Förderung der phonologischen Bewusstheit? Eine meta-analytische Untersuchung der Auswirkungen deutschsprachiger Trainingsprogramme auf den Schriftspracherwerb. *Zeitschrift für Entwicklungspsychologie und Pädagogische Psychologie, 47*(1), 35–51. https://doi.org/10.1026/0049-8637/a000121.

Fraser, B. J., Walberg, H. J., Welch, W. W. & Hattie, J. A. (1987). Synthesis of educational productivity research. *International Journal of Educational Research, 11*, 145–252. https://doi.org/10.1016/0883-0355(87)90035-8.

Friedrich, G., Galgóczy, V. & Schindelhauer, B. (2011). *Komm mit ins Zahlenland. Eine spielerische Entdeckungsreise in die Welt der Mathematik* (überarbeitete Neuauflage). Freiburg: Herder.

Friedrich, G. & Munz, H. (2006). Förderung schulischer Vorläuferfähigkeiten durch das didaktische Konzept »Komm mit ins Zahlenland«. *Psychologie in Erziehung und Unterricht, 53*, 134–146.

Frith, U. (1985). Beneath the surface of developmental dyslexia. In K. Patterson, J. Marshall & M. Coltheart (Eds.), *Surface dyslexia: Neurological and cognitive studies of phonological reading* (pp. 301–330). Hillsdale, NJ: Lawrence Erlbaum.

Fritz, A., Ehlert, A. & Balzer, L. (2013). Development of mathematical concepts as basis for an elaborated mathematical understanding. *South African Journal of Childhood Education, 3*(1), 38–67.

Fritz, A., Ehlert, A., Ricken, G. & Balzer, L. (2017). *Mathematik- und Rechenkonzepte bei Kindern der ersten Klassenstufe – Diagnose (MARKO-D1+)*. Göttingen: Hogrefe.

Fritz, A. & Ricken, G. (2008). *Rechenschwäche*. München: Rheinhard UTB.

Fröhlich, L. P., Metz, D. & Petermann, F. (2010). *Förderung der phonologischen Bewusstheit und sprachlicher Kompetenzen. Das Lobo-Kindergartenprogramm*. Göttingen: Hogrefe.

Fröhlich, L. P., Petermann, F. & Metz, D. (2011). Förderung der phonologischen Bewusstheit am Übergang vom Kindergarten zur Grundschule mit den »Lobo-Programmen«. *Zeitschrift für Pädagogik, 57*(5), 744–757.

Fthenakis, W. E. (2010). Das »kompetente Kind«. Eine überfällige Debatte für die Elementarpädagogik. In S. Wittmann, T. Rauschenbach & H. R. Leu (Hrsg.), *Kinder in Deutschland. Eine Bilanz empirischer Studien* (S. 198–211). Weinheim: Juventa.

Garner, P. W. & Waajid, B. (2012). Emotion knowledge and self-regulation as predictors of preschoolers' cognitive ability, classroom behavior, and social competence. *Journal of Psychoeducational Assessment, 30*, 330–343. https://doi.org/10.1177/0734282912449441.

Gasteiger-Klicpera, B., Knapp, W. & Kucharz, D. (2011). Die wissenschaftliche Begleitforschung durch die Pädagogische Hochschule Weingarten. In Baden-Württemberg-Stiftung (Hrsg.), *Sag' mal was – Sprachförderung für Vorschulkinder* (S. 94–101). Tübingen: Francke.

Gaupp, N., Zoelch, C. & Schumann-Hengsteler, R. (2004). Defizite numerischer Basiskompetenzen bei rechenschwachen Kindern der 3. und 4. Klassenstufe. *Zeitschrift für Pädagogische Psychologie, 18*(1), 31–42. https://doi.org/10.1024/1010-0652.18.1.31.

Gerlach, M. & Fritz, A. (2011). *Frühförderbox Mathematik: Mina und der Maulwurf*. Berlin: Cornelsen.

Gerlach, M., Fritz, A. & Leutner D. (2013). *MARKO-T. Mathematik- und Rechenkonzepte im Vor- und Grundschulalter – Training*. Göttingen: Hogrefe.

Geyer, S., Schwarze, R. & Müller, A. (2018). Sprachförderung im Elementarbereich. In C. Titz, S. Geyer, A. Ropeter, H. Wagner, S. Weber & M. Hasselhorn (Hrsg.), *Konzepte zur Sprach- und Schriftsprachförderung entwickeln* (Bildung durch Sprache und Schrift, Bd. 1). Stuttgart: Kohlhammer.

Gogolin, I. & Lange, I. (2011). Bildungssprache und Durchgängige Sprachbildung. In S. Fürstenau & M. Gomolla (Hrsg.), *Migration und schulischer Wandel: Mehrsprachigkeit*. Wiesbaden: VS Verlag für Sozialwissenschaften. DOI: 10.1007/978-3-531-92659-9_6.

Gold, A. & Dubowy, M. (2013). *Frühe Bildung. Lernförderung im Elementarbereich*. Stuttgart: Kohlhammer.

Goswami, U. & Bryant, P. E. (1990). *Phonological skills and learning to read*. Hillsdale, NJ: Lawrence Erlbaum.

Griebel, W. & Minsel, B. (2007). Schulfähigkeit – ein Begriff im Wandel. Vom Reifekonzept zum Transitionsansatz. *Theorie und Praxis der Sozialpädagogik, 3*, 16–20.

Griebel, W. & Niesel, R. (2011). *Übergänge verstehen und begleiten. Transitionen in der Bildungslaufbahn von Kindern*. Berlin: Cornelsen Scriptor.

Grimm, H. (2015). *Sprachentwicklungstest für drei- bis fünfjährige Kinder (3;0–5;11 Jahre). Diagnose von Sprachverarbeitungsfähigkeiten und auditiven Gedächtnisleistungen* (3., überarbeitete und neu normierte Auflage). Göttingen: Hogrefe.

Grimm, H. (2018). *SSV. Sprachscreening für das Vorschulalter. Kurzform des SETK 3–5* (2., überarbeitete und neu normierte Auflage). Göttingen: Hogrefe.

Haberkorn, K., Lockl, K., Pohl, S., Ebert, S. & Weinert, S. (2014). Metacognitive knowledge in children at early elementary school. *Metacognition and Learning, 9*(3), 239–263. https://doi.org/10.1007/s11409-014-9115-1.

Hart, B. & Risley, T. R. (1992). American parenting of language-learning children: Persisting differences in family-child interactions observed in natural home environments. *Developmental Psychology, 28*, 1096–1105. https://doi.org/10.1037/0012-1649.28.6.1096.

Hasselhorn, M. (2011). Lernen im Vorschul- und frühen Schulalter. In F. Vogt, M. Leuchter, A. Tettenborn, U. Hottinger, M. Jäger & E. Wannack (Hrsg.), *Entwicklung und Lernen junger Kinder* (S. 11–21). Münster: Waxmann.

Hasselhorn, M. & Artelt, C. (2018). Metakognition. In D. H. Rost, J. R. Sparfeldt & S. R. Buch (Hrsg.), *Handwörterbuch Pädagogische Psychologie* (5. Auflage, S. 520–526). Weinheim: Beltz.
Hasselhorn, M., Ehm, J.-H., Schneider, W. & Schöler, H. (2015). *Das Projekt »Schulreifes Kind«*. Abschlussbericht der wissenschaftlichen Begleitung. Göttingen: Hogrefe.
Hasselhorn, M. & Gold, A. (2022). *Pädagogische Psychologie* (5. Auflage). Stuttgart: Kohlhammer.
Hasselhorn, M. & Linke-Hasselhorn, K. (2013). Fostering early numerical skills at school start in children at risk for mathematical achievement problems: A small sample size training study. *International Education Studies*, 6(3), 213–220. https://doi.org/10.5539/ies.v6n3p213.
Heckman, J. J., Moon, S. H., Pinto, R., Savelyev, P. A. & Yavitz, A. (2010). The rate of return to the HighScope Perry Preschool Program. *Journal of Public Economics*, 94(1–2), 114–128. https://doi.org/10.1016%2Fj.jpubeco.2009.11.001.
Helmke, A. (1998). Vom Optimisten zum Realisten? Zur Entwicklung des Fähigkeitsselbstkonzeptes vom Kindergarten bis zur 6. Klassenstufe. In F. E. Weinert (Hrsg.), *Entwicklung im Kindesalter* (S. 115–132). Weinheim: Psychologie Verlags Union.
Hennemann, T., Hillenbrand, C. & Hens, S. (2011). Kompetenzförderung zur universellen Prävention von Verhaltensstörungen in der schulischen Eingangsstufe: Evaluation des kindorientierten Trainingsprogramms »Lubo aus dem All«. *Zeitschrift für Grundschulforschung*, 4, 113–125.
Hermann, S. (2017). *Evaluation of a fairytale-based pretend-play intervention to foster socioemotional competencies in preschool children*. Dissertation, Universität Münster. Zugriff am 01.09.2023 unter: https://repositorium.uni-muenster.de/document/miami/2ce19242-8fde-4547-ba0b-06cabb5f51da/diss_hermann_sophia.pdf.
Hessisches Kultusministerium. (2006). *Abschlussbericht. Schulversuch »Neukonzeption der Schuleingangsphase« 1998 bis 2004*. Wiesbaden: Hessisches Kultusministerium.
Hessisches Kultusministerium. (2022). *Frühe Deutschförderung in Vorlaufkursen. Eine Handreichung für Grundschulen*. Wiesbaden: Hessisches Kultusministerium. Zugriff am 01.09.2023 unter: https://kultusministerium.hessen.de/infomaterial/Fruehe-Deutschfoerderung-in-Vorlaufkursen-Eine-Handreichung-fuer-Grundschulen.
Hessisches Ministerium für Soziales und Integration. (2014). *Qualifizierte Schulvorbereitung (QSV). Erfolgreiche Bildungspraxis in Kindertageseinrichtungen. Eine Handreichung zum Hessischen Bildungs- und Erziehungsplan für Kinder von 0 bis 10 Jahren*. Zugriff am 01.09.2023 unter: https://bep.hessen.de/sites/bep.hessen.de/files/2022-11/QSV_Handreichung_Internet_2019_0.pdf.
Hetzer, H. & Tent, L. (1971). *WTA – Weilburger Testaufgaben für Schulanfänger*. Weinheim: Beltz.
Hillenbrand, C., Hennemann, T. & Schell, A. (2022). *Lubo aus dem All! Programm zur Förderung emotional-sozialer Kompetenzen im Vorschulalter* (3., überarbeitete Auflage). München: Reinhardt.
Hock, M., Peters, J., Renner, K.-H. & Krohne, H. (2023). *Psychologische Diagnostik. Grundlagen und Anwendungsfelder* (3. Auflage). Stuttgart: Kohlhammer.
Hoff-Ginsberg, E. (1998). The relation of birth order and socioeconomic status to children's language experience and language development. *Applied Psycholinguistics*, 19(4), 603–629.
Holodynski, M., Seeger, D. & Souvignier, E. (2018). BIKO 3–6. Ein Screening zur Entwicklung von Basiskompetenzen für 3- bis 6-Jährige. In W. Schneider & M. Hasselhorn (Hrsg.), *Schuleingangsdiagnostik* (S. 141–158). Göttingen: Hogrefe.
Jampert, K., Best, P., Guadatiello, A., Holler, D. & Zehnbauer, A. (2007). *Schlüsselkompetenz Sprache. Sprachliche Bildung und Förderung im Kindergarten. Konzepte – Projekte – Maßnahmen* (2. Auflage). Weimar/Berlin: Verlag das Netz.
Janke, B. (2008). Emotionswissen und Sozialkompetenz von Kindern im Alter von drei bis zehn Jahren. *Empirische Pädagogik*, 22(2), 127–144.
Jansen, H., Mannhaupt, G., Marx, H. & Skowronek, H. (2002). *Bielefelder Screening zur Früherkennung von Lese-Rechtschreibschwierigkeiten* (2., überarbeitete Auflage). Göttingen: Hogrefe.
Jugendministerkonferenz/Kultusministerkonferenz. (2004). *Gemeinsamer Rahmen der Länder für die frühe Bildung in Kindertageseinrichtungen* (Beschluss der Jugendministerkonferenz vom 13./14.05.2004 / Beschluss der Kultusministerkonferenz vom 03./04.06.2004). Zugriff

am 01.09.2023 unter: http://www.kmk.org/fileadmin/veroeffentlichungen_beschluesse/2004/2004_06_03-Fruehe-Bildung-Kindertageseinrichtungen.pdf.

Kammermeyer, G. (2000). *Schulfähigkeit. Kriterien und diagnostische/prognostische Kompetenz von Lehrerinnen, Lehrern und Erzieher/innen.* Bad Heilbrunn: Klinkhardt.

Kammermeyer, G. & King, S. (2018). Überblick über die wichtigsten Sprachstandsverfahren im Vorschulbereich. In W. Schneider & M. Hasselhorn (Hrsg.), *Schuleingangsdiagnostik. Tests und Trends – Jahrbuch der pädagogischen Psychologie.* Göttingen: Hogrefe.

Kammermeyer, G., King, S., Goebel, P., Lämmerhirt, A., Leber, A., Metz, A. et al. (2019). »Mit Kindern im Gespräch« – Qualifizierungskonzept zur Sprachbildung und Sprachförderung von Kindern in Kindertageseinrichtungen. In C. Titz, S. Geyer, A. Ropeter, H. Wagner, S. Weber & M. Hasselhorn (Hrsg.), *Konzepte zur Sprach- und Schriftsprachförderung: Praxiserfahrungen* (Bildung durch Sprache und Schrift, Bd. 3). Stuttgart: Kohlhammer.

Kammermeyer, G. & Molitor, M. (2005). Literacy-Center – ein Konzept zur frühen Lese- und Schreibförderung in Theorie und Praxis. In S. Roux (Hrsg.), *PISA und die Folgen: Sprache und Sprachförderung im Kindergarten* (S. 130–142). Landau: Verlag Empirische Pädagogik.

Kany, W. & Schöler, H. (2012). Spezifische Sprachentwicklungsstörungen. In W. Schneider & U. Lindenberger (Hrsg.), *Entwicklungspsychologie* (7., vollständig überarbeitete Auflage, S. 633–644). Weinheim: Beltz.

Karr, J. E., Areshenkoff, C. N., Rast, P., Hofer, S. M., Iverson, G. L. & Garcia-Barrera, M. A. (2018). The unity and diversity of executive functions: A systematic review and re-analysis of latent variable studies. *Psychological Bulletin*, 144(11), 1147–1185. https://doi.org/10.1037/bul0000160.

Kern, A. (1954). *Sitzenbleiberelend und Schulreife – Ein psychologisch-pädagogischer Beitrag zu einer inneren Reform der Grundschule.* Freiburg: Herder.

Kleiner, A. (1963). *Göppinger Schulreifetest zur Untersuchung der Schulreife und der Qualität der psychischen Funktionen.* Göppingen: Arbeitsgemeinschaft Göppinger Schulteste.

Klinkhammer, J., Voltmer, K. & von Salisch, M. (2022). *Emotionale Kompetenz bei Kindern und Jugendlichen. Entwicklung und Folgen.* Stuttgart: Kohlhammer.

Klipker, K., Baumgarten, F., Göbel, K., Lampert, T. & Hölling, H. (2018). Psychische Auffälligkeiten bei Kindern und Jugendlichen in Deutschland – Querschnittergebnisse aus KiGGS Welle 2 und Trends. *Journal of Health Monitoring*, 3(3), 37–45. http://dx.doi.org/10.17886/RKI-GBE-2018-077.

Kluge, J. (2005). *Frühkindliche Bildung.* II. McKinsey-Bildungskongress. Berlin.

Koglin, U. & Petermann, F. (2011). The effectiveness of the behavioural training for preschool children. *European Early Childhood Education Research Journal*, 19, 97–111. http://dx.doi.org/10.1080/1350293X.2011.548949.

Koglin, U. & Petermann, F. (2013). *Verhaltenstraining im Kindergarten. Ein Programm zur Förderung sozial-emotionaler Kompetenz* (2., überarbeitete Auflage). Göttingen: Hogrefe.

Krajewski, K. (2013). Wie bekommen die Zahlen einen Sinn: ein entwicklungspsychologisches Modell der zunehmenden Verknüpfung von Zahlen und Größen. In M. von Aster & J. H. Lorenz (Hrsg.), *Rechenstörungen bei Kindern: Neurowissenschaft, Psychologie, Pädagogik* (2., überarbeitete und erweiterte Auflage, S. 155–179). Göttingen: Vandenhoek & Ruprecht.

Krajewski, K. (2014). Förderung des Zahlverständnisses. In G. Lauth, M. Grünke & J. Brunstein (Hrsg.), *Interventionen bei Lernstörungen* (S. 199–208). Göttingen: Hogrefe.

Krajewski, K. (2018). MBK 0. Test mathematischer Basiskompetenzen im Kindergartenalter. Göttingen: Hogrefe.

Krajewski, K. & Ennemoser, M. (2018). Diagnostik mathematischer Basiskompetenzen in der Vorschule und zu Schulbeginn. In W. Schneider & M. Hasselhorn (Hrsg.), *Schuleingangsdiagnostik. Tests und Trends – Jahrbuch der pädagogisch-psychologischen Diagnostik* (Bd. 16, S. 159–168). Göttingen: Hogrefe.

Krajewski, K. & Schneider, W. (2009). Early development of quantity-number-word linkage as a precursor of mathematical school achievement and mathematical difficulties: Findings from a German four-year longitudinal study. *Learning and Instruction*, 19, 513–526. https://doi.org/10.1016/j.learninstruc.2008.10.002.

Krajewski, K., Nieding, G. & Schneider, W. (2007). *Mengen, zählen, Zahlen: Die Welt der Mathematik verstehen (MZZ).* Berlin: Cornelsen.

Krajewski, K., Nieding, G. & Schneider, W. (2008). Kurz- und langfristige Effekte mathematischer Frühförderung im Kindergarten durch das Programm »Mengen, zählen, Zahlen«. *Zeitschrift für Entwicklungspsychologie und Pädagogische Psychologie*, 40, 135–146. https://doi.org/10.1026/0049-8637.40.3.135.

Krajewski, K., Renner, A., Nieding, G. & Schneider, W. (2008). Frühe Förderung von mathematischen Kompetenzen im Vorschulalter. *Zeitschrift für Erziehungswissenschaft*, 10, Sonderheft 11/2008, 91–103. http://dx.doi.org/10.1007/978-3-531-91452-7_7.

Kratzmeier, H. (1975). *Reutlinger Test für Schulanfänger*. Weinheim: Beltz.

Kucharz, D. (2018). Qualifizierung der Fachkräfte im Elementarbereich. In C. Titz, S. Geyer, A. Ropeter, H. Wagner, S. Weber & M. Hasselhorn (Hrsg.), *Konzepte zur Sprach- und Schriftsprachförderung entwickeln* (Bildung durch Sprache und Schrift, Bd. 1). Stuttgart: Kohlhammer.

Kucharz, D., Gasteiger-Klicpera, B., Knapp, W., Roos, J. & Schöler, H. (2011). Schlussfolgerungen und Empfehlungen der wissenschaftlichen Begleitforschung. In Baden-Württemberg-Stiftung (Hrsg.), *Sag' mal was – Sprachförderung für Vorschulkinder* (S. 113–117). Tübingen: Francke.

Küspert, P. & Schneider, W. (2018). *Hören, lauschen, lernen. Sprachspiele für Kinder im Vorschulalter. Würzburger Trainingsprogramm zur Vorbereitung auf den Erwerb der Schriftsprache* (7., komplett überarbeitete Auflage). Göttingen: Vandenhoeck & Ruprecht.

Ladd, G. W., Birch, S. H. & Buhs, E. S. (1999). Children's social and scholastic lives in kindergarten: Related spheres of influence? *Child Development*, 70(6), 1373–1400. https://doi.org/10.1111/1467-8624.00101.

Landerl, K. & Wimmer, H. (2008). Development of word reading fluency and spelling in a consistent orthography: An 8-year follow-up. *Journal of Educational Psychology*, 100(1), 150–161. https://doi.org/10.1037/0022-0663.100.1.150.

Langhorst, P., Hildenbrand, C., Ehlert, A., Ricken, G. & Fritz, A. (2013). Mathematische Bildung im Kindergarten – Evaluation des Förderprogramms »Mina und der Maulwurf« und Betrachtung von Fortbildungsvarianten. In M. Hasselhorn, A. Heinze, W. Schneider & U. Trautwein (Hrsg.), *Jahrbuch der pädagogisch-psychologischen Diagnostik. Tests und Trends* (Bd. 11, S. 113–135). Göttingen: Hogrefe.

Lehrl, S., Ebert, S., Roßbach, H.-G. & Weinert, S. (2012). Die Bedeutung der familiären Lernumwelt für Vorläufer schriftsprachlicher Kompetenzen im Vorschulalter. *Zeitschrift für Familienforschung*, 24(2), 115–133.

Lengyel, D. (2012). *Sprachstandsfeststellung bei mehrsprachigen Kindern im Elementarbereich. Eine Expertise der Weiterbildungsinitiative Frühpädagogische Fachkräfte (WIFF)*. WiFF Expertisen (Bd. 29). München.

Lenhard, W. (2013). *Leseverständnis und Lesekompetenz. Grundlagen, Diagnostik, Förderung*. Stuttgart: Kohlhammer.

La Paro, K. M. & Pianta, R. C. (2000). Predicting children's competence in the early school years: A meta-analytic review. *Review of Educational Research*, 70, 443–484. http://dx.doi.org/10.3102/00346543070004443.

Leseman, P. P. M. & de Jong, P. F. (1998). Home literacy: Opportunity, instruction, cooperation and social-emotional quality predicting early reading achievement. *Reading Research Quarterly*, 33(3), 294–318. https://doi.org/10.1598/RRQ.33.3.3.

Liebers, K. (2008). *Kinder in der flexiblen Schuleingangsphase. Perspektiven für einen gelingenden Schulstart*. Wiesbaden: VS Verlag für Sozialwissenschaften.

Lillard, A. & Else-Quest, N. (2006). Evaluating Montessori education. *Science*, 313(5795), 893–1894. https://doi.org/10.1126/science.1132362.

Lisker, A. (2011). *Additive Maßnahmen zur vorschulischen Sprachförderung in den Bundesländern. Expertise im Auftrag des Deutschen Jugendinstituts*. München: DJI.

Lorenz, J. H. (2015). *Kinder begreifen Mathematik. Frühe mathematische Bildung und Förderung*. Stuttgart: Kohlhammer.

Marx, P., Weber, J. & Schneider, W. (2005). Phonologische Bewusstheit und ihre Förderung bei Kindern mit Störungen der Sprachentwicklung. *Zeitschrift für Entwicklungspsychologie und Pädagogische Psychologie*, 37, 80–90. https://doi.org/10.25656/01:8776.

Meis, R. (1973). *Duisburger Vorschul- und Einschulungstest* (DVET). Weinheim: Beltz.

Mervis, J. (2011). Giving children a head start is possible – but it's not easy. *Science*, *333*, 956–957. https://doi.org/10.1126/science.333.6045.956.

Ministerium für Kultus, Jugend und Sport Baden-Württemberg. (2010). *Bildungshaus für Drei- bis Zehnjährige. Eine neue Dimension der frühkindlichen Bildung und der Grundschulbildung.* Zugriff am 01.09.2023 unter: https://kindergaerten.kultus-bw.de/,Lde/Startseite/Fruehe+Bildung/Bildungshaus.

Mischel, W., Shoda, Y. & Rodriguez, M. L. (1989). Delay of gratification in children. *Science*, *244*(4907), 933–938. https://doi.org/10.1126/science.2658056.

Miyake, A., Friedman, N. P., Emerson, M. J., Witzki, A. H., Howerter, A. & Wager, T. D. (2000). The unity and diversity of executive functions and their contributions to complex »Frontal Lobe« tasks: A latent variable analysis. *Cognitive Psychology*, *41*, 49–100. http://dx.doi.org/10.1006/cogp.1999.0734.

Moll, K., Ramus, F., Bartling, J., Bruder, J., Kunze, S., Neuhoff, N. et al. (2014). Cognitive mechanisms underlying reading and spelling development in five European orthographies. *Learning and Instruction*, *29*, 65–77. http://dx.doi.org/10.1016/j.learninstruc.2013.09.003.

Montessori, M. (1988). *Kosmische Erziehung.* Freiburg: Herder.

Morrison, F. J., Smith, L. & Dow-Ehrensberger, M. (1995). Education and cognitive development: A natural experiment. *Developmental Psychology*, *31*(5), 789–799. https://doi.org/10.1037/0012-1649.31.5.789.

Morrow, L. (2002). *The literacy center. Contexts for reading and writing* (2nd edition). Portland, ME: Stenhouse.

Murano, D., Sawyer, J. E. & Lipnevich, A. A. (2020). A meta-analytic review of preschool social and emotional learning interventions. *Review of Educational Research*, *90*(2), 227–263. https://doi.org/10.3102/0034654320914743.

Nairz, F., Morlock, G., Hölscher, G. & Nennstiel, U. (2020). *Bericht über die Ergebnisse der Evaluation des Gesundheits- und Entwicklungsscreenings im Kindergartenalter.* Zugriff am 01.09.2023 unter https://www.lgl.bayern.de/downloads/gesundheit/praevention/doc/gesik_evaluation_bericht.pdf.

Neubauer, A., Gawrilow, C., Hasselhorn, M. & Schneider, W. (2011). Belohnungsaufschub: Ein Ansatz zur Frühprognose volitionaler Kompetenzen. In M. Hasselhorn & W. Schneider (Hrsg.), *Frühprognose schulischer Kompetenzen* (Bd. 9, S. 203–220). Göttingen: Hogrefe.

Neuenschwander, R., Röthlisberger, M., Cimeli, P. & Roebers, C. M. (2012). How do different aspects of self-regulation predict successful adaptation to school? *Journal of experimental child psychology*, *113*(3), 353–371. https://doi.org/10.1016/j.jecp.2012.07.004.

Neugebauer, U. & Becker-Mrotzek, M. (2013). *Die Qualität von Sprachstandsverfahren im Elementarbereich. Eine Analyse und Bewertung.* Köln: Mercator-Institut für Sprachförderung und Deutsch als Zweitsprache.

Nickel, H. (1990). Das Problem der Einschulung aus ökologisch-systemischer Perspektive. *Psychologie in Erziehung und Unterricht*, *37*, 217–227.

Nickel, S. (2013). Der Erwerb von Schrift in der frühen Kindheit. In M. Stamm & D. Edelmann (Hrsg.), *Handbuch Frühkindliche Bildungsforschung* (S. 501–513). Wiesbaden: VS Verlag für Sozialwissenschaften.

Niedersächsisches Kultusministerium. Das niedersächsische Schulgesetz. Zugriff am 04.09.2023 unter https://www.mk.niedersachsen.de/startseite/service/rechts_und_verwaltungsvorschriften/niedersaechsisches_schulgesetz/das-niedersaechsische-schulgesetz-6520.html.

Niklas, F. & Schneider, W. (2010). Der Zusammenhang von familiärer Lernumwelt mit schulrelevanten Kompetenzen im Vorschulalter. *Zeitschrift für Soziologie der Erziehung und Sozialisation*, *30*, 149–165.

Pauen, S. & Pahnke, J. (2008). Mathematische Kompetenzen im Kindergarten: Evaluation der Effekte einer Kurzzeitintervention. *Empirische Pädagogik*, *22*, 193–208.

Peake, P. K., Hebl, M. & Mischel, W. (2002). Strategic attention deployment for delay of gratification in working and waiting situations. *Developmental Psychology*, *38*(2), 313–326. https://doi.org/10.1037/0012-1649.38.2.313.

Petermann, F., Daseking, M., Oldenhage, M. & Simon, K. (2009). *SOPESS. Sozialpädiatrisches Screening für Schuleingangsuntersuchungen.* Düsseldorf: LIGA.NRW.

Plume, E. & Schneider, W. (2004). *Hören, Lauschen, Lernen 2: Spiele mit Buchstaben und Lauten für Kinder im Vorschulalter.* Göttingen: Vandenhoeck & Ruprecht.
Pohlmann-Rother, S., Kratzmann, J., & Faust, G. (2011). Schulfähigkeit in der Sicht von Eltern, Erzieher/innen und Lehrkräften. *Journal of Childhood and Adolescence Research*, 6(1), 57–73. https://nbn-resolving.org/urn:nbn:de:0168-ssoar-385775.
Preiß, G. (2010). *Entdeckungen im Zahlenwald. Ein Leitfaden zur mathematischen Bildung für Waldtage, Waldprojekte und Waldkindergärten.* Kirchzarten: Eigenverlag.
Preiß, G. (2012). *Leitfaden Zahlenland 1. Verlaufspläne für die Lerneinheiten 1 bis 10 der »Entdeckungen im Zahlenland«* (4. Auflage). Kirchzarten: Eigenverlag.
Raver, C. (2012). Low-income children's self-regulation in the classroom: Scientific inquiry for social change. *American Psychologist*, 67(8), 681–689. https://doi.org/10.1037/a0030085.
Raver, C. C., Jones, S. M., Li-Grining, C. P., Zhai, F., Bub, K. & Pressler, E. (2011). CSRP's impact on low-income preschoolers' pre-academic skills: Self-regulation as a mediating mechanism. *Child Development*, 82, 362–378. https://doi.org/10.1111/j.1467-8624.2010.01561.x.
Redder, A., Schwippert, K., Hasselhorn, M., Forschner, S., Fickermann, D., Ehlich, K. et al. (2011). *Bilanz und Konzeptualisierung von strukturierter Forschung zu »Sprachdiagnostik und Sprachförderung«.* Hamburg: ZUSE.
Reich, H. & Roth, H.-J. (2007). HAVAS 5 – das Hamburger Verfahren zur Analyse des Sprachstands bei Fünfjährigen. In H. H. Reich, H.-J. Roth & U. Neumann (Hrsg.), *Sprachdiagnostik im Lernprozess. Verfahren zur Analyse von Sprachstanden im Kontext von Zweisprachigkeit* (FörMig Edition Bd. 3, S. 71–94). Münster: Waxmann.
Rheinberg, F. (2011). Motivation, Volition und Ziele. In F. Hornke, M. Amelang & M. Kersting (Hrsg.), *Persönlichkeitsdiagnostik. Enzyklopädie der Psychologie* (Bd. 4, S. 585–637). Göttingen: Hogrefe.
Rhyner, P. M., Haebig, E. K. & West, K. M. (2009). Understanding frameworks for the emergent literacy stage. In P. M. Rhyner (Ed.), *Emergent literacy and language development: Promoting learning in early childhood* (pp. 5–35). New York: The Guilford Press.
Ricken, G., Fritz-Stratmann, A. & Balzer, L. (2013). *MARKO-D. Mathematik- und Rechenkonzepte im Vorschulalter – Diagnose.* Göttingen: Hogrefe.
Rißling, J.-K., Metz, D., Melzer, J. & Petermann, F. (2011). Langzeiteffekte einer kindergartenbasierten Förderung der phonologischen Bewusstheit. *Kindheit und Entwicklung*, 20(4), 229–235.
Ritterfeld, U. (2000). Welchen und wieviel Input braucht das Kind? In H. Grimm (Hrsg), *Sprachentwicklung. Enzyklopädie der Psychologie* (Bd. 3, S. 403–432). Göttingen: Hogrefe.
Roebers, C. M. (2017). Executive function and metacognition: Towards a unifying framework of cognitive self-regulation. *Developmental Review*, 45, 31–51. https://doi.org/10.1016/j.dr.2017.04.001.
Roebers, C. M. & Hasselhorn, M. (2018). Schulbereitschaft – zur theoretischen und empirischen Fundierung des Konzepts. In Schneider, W. & Hasselhorn, M. (Hrsg.), *Schuleingangsdiagnostik. Jahrbuch der pädagogisch-psychologischen Diagnostik. Tests und Trends* (Bd. 16, S. 1–18). Göttingen: Hogrefe.
Roebers, C. M., Röthlisberger, M., Neuenschwander, R. & Cimeli, P. (2014). *Nele und Noa im Regenwald: Berner Material zur Förderung exekutiver Funktionen – Manual.* München: Reinhardt.
Röthlisberger, M., Neuenschwander, R., Cimeli, P., Michel, E. & Roebers, C. (2012). Improving children's executive functions in 5- and 6-year-olds: Evaluation of a small group intervention in prekindergarten and kindergarten children. *Infant and Child Development*, 21, 411–429. https://doi.org/10.1002/icd.752.
Rose-Krasnor, L. (1997). The nature of social competence: A theoretical review. *Social Development*, 6(1), 111–135. https://doi.org/10.1111/j.1467-9507.1997.tb00097.x.
Roßbach, H.-G. & Weinert, S. (2008). *Kindliche Kompetenzen im Elementarbereich: Förderbarkeit, Bedeutung und Messung.* Berlin: Bundesministerium für Bildung und Forschung.
Roth, H., Schlevoigt, G., Süllwold, F. & Wicht, G. (1968). *Frankfurter Schulreifetest (FST).* Weinheim: Beltz.

Ruberg, T. & Rothweiler, M. (2012). Spracherwerb und Sprachförderung in der KiTa. Stuttgart: Kohlhammer.
Sasse, A. (2007). *Das schaffe ich! Lesen und Schreiben vorbereiten.* Braunschweig: Schroedel.
Sassu, R. & Roebers, C. M. (2016). A multidimensional view of children's school readiness. Longitudinal evidence concerning cognitive and social aspects. *Zeitschrift für Entwicklungspsychologie und Pädagogische Psychologie, 48*(3), 144–157. https://doi.org/10.1026/0049-8637/a000154.
Schick, A. & Cierpka, M. (2006). Evaluation des Faustlos-Curriculums für den Kindergarten. *Praxis der Kinderpsychologie und Kinderpsychiatrie, 6*(55), 459–474.
Schiefele, U. (2009). Situational and individual interest. In K. R. Wenzel & A. Wigfield (Eds.), *Handbook of motivation at school* (pp. 197–222). New York, London: Routledge.
Schmidt-Atzert, L., Krumm, S. & Amelang, M. (2022). *Psychologische Diagnostik.* Berlin: Springer.
Schneider, W. (2012). Die Relevanz früher phonologischer Bewusstheit für den späteren Schriftspracherwerb. *Frühe Bildung, 1*(4), 220–222. https://doi.org/10.1026/2191-9186/a000065.
Schneider, W. (2018). Nützen Sprachförderprogramme im Kindergarten, und wenn ja, unter welcher Bedingung? *Zeitschrift für Pädagogische Psychologie, 32*, 53–74. http://dx.doi.org/10.1024/1010-0652/a000213.
Schneider, W., Küspert, P., Roth, E. & Marx, H. (1997). Short- and long-term effects of training phonological awareness in kindergarten: Evidence from two German studies. *Journal of Experimental Child Psychology, 66*, 311–340. https://doi.org/10.1006/jecp.1997.2384.
Schneider, W. & Lockl, K. (2006). Entwicklung metakognitiver Kompetenzen im Kindes- und Jugendalter. In W. Schneider, C. F. Graumann, N. Birbaumer & B. Sodian (Hrsg.), *Enzyklopädie der Psychologie: Entwicklungspsychologie* (Bd. 2, S. 721–767). Göttingen: Hogrefe.
Schneider, W. & Marx, P. (2008). Früherkennung und Prävention von Lese-Rechtschreibschwierigkeiten. In F. Petermann & W. Schneider (Hrsg.), *Angewandte Entwicklungspsychologie* (S. 237–273). Göttingen: Hogrefe.
Schneider, W., Roth, E. & Ennemoser, M. (2000). Training phonological skills and letter knowledge in children at risk for dyslexia: A comparison of three kindergarten intervention programs. *Journal of Educational Psychology, 92*(2), 284–295.
Schöler, H. (2019). *Entwicklung und Bildung im Kindesalter. Eine Kritik pädagogischer Begriffe und Konzepte.* Stuttgart: Kohlhammer.
Schöler, H. & Brunner, M. (2008). *HASE. Heidelberger Auditives Screening in der Einschulungsuntersuchung* (2., überarbeitete Auflage). Wertingen: Westra.
Schöler, H. & Roos, J. (2011). Die Ergebnisse des Projekts EVAS, der Evaluationsstudie zur Sprachförderung von Vorschulkindern in Heidelberger und Mannheimer Kindergärten. In Baden-Württemberg Stiftung (Hrsg.), *Sag' mal was – Sprachförderung für Vorschulkinder* (S. 102–111). Tübingen: Francke.
Schulz, P. & Grimm, A. (2012). Spracherwerb. In H. Drügh, S. Komfort-Hein, A. Kraß, C. Meier, G. Rohowski, R. Seidel et al. (Hrsg.), *Germanistik. Sprachwissenschaft – Literaturwissenschaft – Schlüsselkompetenzen* (S. 155–172). Stuttgart: Metzler.
Schweinhart, L. J., Barnes, H. V. & Weikart, D. P. (1993). *Significant benefits: The High/Scope Perry Preschool Study through age 27. Monographs of the High/Scope Educational Research Foundation, 10.* Ypsilanti, MI: High/Scope Press.
Schweinhart, L. J., Montie, J., Xiang, Z., Barnett, W. S., Belfield, C. R. & Nores, M. (2005). *Lifetime effects: The HighScope Perry Preschool study through age 40. Monographs of the HighScope Educational Research Foundation, Number 14.* Ypsilanti, MI: HighScope Press.
Schweinhart, L. & Weikart, P. (1980). *Young children grow up: Effects of the Perry Preschool Program on youths through age 15.* Ypsilanti: HighScope Press.
Schwippert, K., Hornberg, S., Freiberg, M. & Stubbe, T. (2007). Lesekompetenzen von Kindern mit Migrationshintergrund im internationalen Vergleich. In W. Bos, S. Hornberg, K.-H. Arnold, G. Faust, L. Fried, E. M. Lankes et al. (Hrsg.), *IGLU 2006. Lesekompetenzen von Grundschulkindern in Deutschland im internationalen Vergleich* (S. 249–269). Münster: Waxmann.

Seeger, D. & Holodynski, M. (2022). *Bildung in der Kita organisieren (BIKO). Entwicklung – Diagnostik – Förderung*. Stuttgart: Kohlhammer.

Seeger, D., Holodynski, M. & Roth, M. (2018). BIKO-Mathekiste: Spielbasierte Förderung für 3- bis 6-jährige Kinder mit einem Entwicklungsrisiko im Bereich numerischer Basiskompetenzen. *Frühe Bildung*, 7, 135–143. https://doi.org/10.1026/2191-9186/a000380.

Seeger, D., Holodynski, M. & Souvignier, E. (Hrsg.). (2014). *BIKO 3–6. BIKO-Screening zur Entwicklung von Basiskompetenzen für 3- bis 6-Jährige*. Göttingen: Hogrefe.

Seeger, D., Schwank, E., Schwank, I. & Holodynski, M. (2021). *BIKO-Mathe-Kiste. Spielerisch Kompetenzen fördern in der Kita*. Freiburg: Herder.

Sekretariat der Ständigen Konferenz der Kultusminister der Länder in der Bundesrepublik Deutschland. (2001). *Weiterentwicklung des Schulwesens in Deutschland seit Abschluss des Abkommens zwischen den Ländern der Bundesrepublik zur Vereinheitlichung auf dem Gebiete des Schulwesens vom 28. 10. 1964 i. d. F. vom 14. 10. 1971*. Zugriff am 06.09.2023 unter https://www.kmk.org/fileadmin/veroeffentlichungen_beschluesse/2001/2001_05_10-Weiterentw-Schulw-seit-HH-Abkommen.pdf.

Sénéchal, M. & LeFevre, J.-A. (2001). Storybook reading and parent teaching: Links to language and literacy development. In P. R. Britto & J. Brooks-Gunn (Eds.), *The role of family literacy environments in promoting young children's emergent literacy skills: New directions for child and adolescent development* (Vol. 92, pp. 39–52). San Francisco: Jossey-Bass.

Shanahan, T. & Lonigan, C. J. (2010). The National Early Literacy Panel: A summary of the process and the report. *Educational Researcher*, 39(4), 279–285. https://doi.org/10.3102/0013189X10369172.

Shoda, Y., Mischel, W. & Peake, P. K. (1990). Predicting adolescent cognitive and self-regulatory competencies from preschool delay of gratification: Identifying diagnostic conditions. *Developmental Psychology*, 26(6), 978–986. https://doi.org/10.1037/0012-1649.26.6.978.

Skowronek, H. & Marx, H. (1989). Die Bielefelder Längsschnittstudie zur Früherkennung von Risiken der Lese-Rechtschreibschwäche: Theoretischer Hintergrund und erste Befunde. *Heilpädagogische Forschung*, 15, 38–49.

Snow, C. E. (1999). Social perspectives on the emergence of language. In B. MacWhinney (Ed.), *The emergence of language* (pp. 257–276). Mahwah, NJ: Erlbaum.

Staatsinstitut für Schulqualität und Bildungsforschung, Qualitätsagentur. (Hrsg.). (2010). *Bayerische Bildungsberichterstattung: Aktuelles 2010*. München. Zugriff am 06.09.23 unter: https://docplayer.org/69093304-Bayerische-bildungsberichterstattung-aktuelles-2010.html.

Stanat, P. (2006). Disparitäten im schulischen Erfolg: Forschungsstand zur Rolle des Migrationshintergrunds. *Unterrichtswissenschaft*, 36(2), 98–124.

Statistisches Bundesamt (Destatis). (2023). *Genesis-Online*. Zugriff am 06.09.2023 unter: https://www-genesis.destatis.de/genesis/online/link/tabellen/21111*. Datenlizenz by-2–0.

St Clair-Thompson, H. L. & Gathercole, S.E. (2006). Executive functions and achievements in school: Shifting, updating, inhibition, and working memory. *Quarterly Journal of Experimental Psychology*, 59(4), 745–759. https://doi.org/10.1080/17470210500162854.

Suggate, S. P. (2014). A meta-analysis of the long-term effects of phonemic awareness, phonics, fluency, and reading comprehension interventions. *Journal of Learning Disabilities*, 49(1), 77–96. https://doi.org/10.1177/0022219414528540.

Szagun, G. (2019). *Sprachentwicklung beim Kind*. Weinheim: Beltz.

Teale, W. H. & Sulzby, E. (1989). Emergent literacy: New perspectives. In D. S. Strickland & L. M. Morrow (Eds.), *Emerging literacy: Young children learn to read and write* (pp. 1–15). Newark, DE: International Reading Association.

Titz, C., Geyer, S., Ropeter, A., Wagner, H., Weber, S. & Hasselhorn, M. (Hrsg.). (2018). *Konzepte zur Sprach- und Schriftsprachförderung entwickeln* (Bildung durch Sprache und Schrift, Bd. 1). Stuttgart: Kohlhammer.

Titz, C., Weber, S., Ropeter, A., Geyer, S. & Hasselhorn, M. (Hrsg.). (2018). *Konzepte zur Sprach- und Schriftsprachförderung umsetzen und überprüfen* (Bildung durch Sprache und Schrift, Bd. 2). Stuttgart: Kohlhammer.

Titz, C., Weber, S., Wagner, H., Ropeter, A., Geyer, S. & Hasselhorn, M. (Hrsg.). (2020). *Sprach- und Schriftsprachförderung wirksam gestalten: Innovative Konzepte und Forschungsimpulse* (Bildung durch Sprache und Schrift, Bd. 4). Stuttgart: Kohlhammer.

Torres, M. M., Domitrovich, C. E. & Bierman, K. L. (2015). Preschool interpersonal relationships predict kindergarten achievement: Mediated by gains in emotion knowledge. *Journal of Applied Developmental Psychology*, *39*, 44–52. https://doi.org/10.1016/j.appdev.2015.04.008.

Tracy, R. (2008). *Wie Kinder Sprachen lernen: Und wie wir sie dabei unterstützen können.* Tübingen: Francke.

Tracy, R. & Gawlitzek-Maiwald, I. (2000). Bilingualismus in der frühen Kindheit. In H. Grimm (Hrsg.), *Sprachentwicklung. Enzyklopädie der Psychologie* (Bd. 3; S. 495–535). Göttingen: Hogrefe.

Trentacosta, C. J. & Izard, C. E. (2007). Kindergarten children's emotion competence as a predictor of their academic competence in first grade. *Emotion*, *7*(1), 77–88. https://doi.org/10.1037/1528-3542.7.1.77.

Treutlein, A., Roos, J. & Schöler, H. (2007). *Zur prognostischen Validität des Heidelberger Auditiven Screenings in der Einschulungsdiagnostik HASE – Abschlussbericht des Projektes EVER.* Heidelberg: Pädagogische Hochschule.

Tröster, H., Flender, J., Reineke, D. & Wolf, S. M. (2016*). Dortmunder Entwicklungsscreening für den Kindergarten – Revision.* Göttingen: Hogrefe.

Tröster, J. & Reineke, D. (2007). Prävalenz von Verhaltens- und Entwicklungsauffälligkeiten im Kindergarten. *Kindheit und Entwicklung*, *16*, 171–179. https://doi.org/10.1026/0942-5403.16.3.171.

Tymms, P. & Albone, S. (2002). Performance indicators in primary schools. In A. J. Visscher & R. Coe (Eds.), *School improvement through performance feedback* (pp. 191–218). Lisse: Swetz & Zeitlinger.

Ulich, M. & Mayr, T. (2003). *SISMIK Sprachverhalten und Interesse an Sprache bei Migrantenkindern in Kindertageseinrichtungen.* Freiburg: Herder.

Ulich, M. & Mayr, T. (2006). *Seldak – Sprachentwicklung und Literacy bei deutschsprachig aufwachsenden Kindern.* Freiburg: Herder.

Ulitzka, B., Daseking, M. & Kerner auch Körner., J. (2022). *Diagnostik der Selbstregulation im Kita-Alter. Frühe Bildung*, *11*(4), 1–7. https://doi.org/10.1026/2191-9186/a000584.

Ulitzka, B., Schmidt, H., Daseking, M., Karbach, J., Gawrilow, C. & Kerner auch Koerner, J. (2023). EF Touch – Testbatterie zur Erfassung der exekutiven Funktionen bei 3- bis 5-Jährigen. Übersetzung und psychometrische Überprüfung der deutschen Version. *Diagnostica*, *69*(4), 182–193. https://doi.org/10.1026/0012-1924/a000314.

U. S. Department of Health and Human Services, Administration for Children and Families. (2010). *Head start impact study. Final report, executive summary.* Zugriff am 06.09.2023 unter: https://www.acf.hhs.gov/opre/report/head-start-impact-study-final-report-executive-summary.

Valdez-Menchaca, M. C. & Whitehurst, G. J. (1992). Accelerating language development through picture book reading: A systematic extension to Mexican day care. *Developmental Psychology*, *28*(6), 1106–1114. https://doi.org/10.1037/0012-1649.28.6.1106.

Valtin, R. (2012). Phonologische Bewusstheit: Ein kritischer Blick auf ein modisches Konstrukt. *Frühe Bildung*, *1*(4), 223–225. https://doi.org/10.25656/01:20902.

Voltmer, K. & von Salisch, M. (2022). The Feeling Thinking Talking Intervention with teachers advances young children's emotion knowledge. *Social Development*, *31*(4), 563–579. http://dx.doi.org/10.1111/sode.12586.

von Salisch, M., Hormann, P., Cloos, P., Koch, K. & Mähler, C. (Hrsg.). (2021). *Fühlen Denken Sprechen. Alltagsintegrierte Sprachbildung in Kindertageseinrichtungen* (Sprachliche Bildung, Bd. 7). Münster: Waxmann.

von Suchodoletz, A., Gawrilow, C., Gunzenhauser, C., Merkt, J., Hasselhorn, M., Wanless, S. B. et al. (2014). Erfassung der Selbstregulation vor dem Schuleintritt. *Psychologie in Erziehung und Unterricht*, *61*(3), 165–174. https://doi.org/10.2378/peu2014.art13d.

Wadepohl, H., Koglin, U., Vonderlin, E. & Petermann, F. (2011). Förderung sozial-emotionaler Kompetenz im Kindergarten. Evaluation eines präventiven Verhaltenstrainings. *Kindheit und Entwicklung*, *20*(4), 219–228.

Wagner, R. K. & Torgesen, J. K. (1987). The nature of phonological processing and its causal role in the acquisition of reading skills. *Psychological Bulletin*, *101*, 192–212. http://dx.doi.org/10.1037/0033-2909.101.2.192.

Weber, J., Marx, P. & Schneider, W. (2007). Die Prävention von Lese-Rechtschreibschwierigkeiten bei Kindern mit nichtdeutscher Herkunftssprache durch ein Training der phonologischen Bewusstheit. *Zeitschrift für Pädagogische Psychologie*, *21*(1), 65–75.

Weinert, F. E. (2001). Vergleichende Leistungsmessung in Schulen – eine umstrittene Selbstverständlichkei. In F. E. Weinert (Hrsg), *Leistungsmessungen in Schulen* (S. 17–32). Weinheim: Beltz.

Weinert, S. & Ebert, S. (2013). Spracherwerb im Vorschulalter. Soziale Disparitäten und Einflussvariablen auf den Grammatikerwerb. *Zeitschrift für Erziehungswissenschaft*, *16*(2), 303–332.

Weinert, S., Ebert, S. & Dubowy, M. (2010). Kompetenzen und soziale Disparitäten im Vorschulalter. *Zeitschrift für Grundschulforschung*, *1*, 32–45.

Whitehurst, G. J. & Lonigan, C. J. (1998). Child development and emergent literacy. *Child Development*, *69*(3), 848–872. https://doi.org/10.1111/j.1467-8624.1998.tb06247.x.

Widen, S. C. & Russell, J. A. (2010). Differentiation in preschooler's categories of emotion. *Emotion*, *10*(5), 651–661. https://doi.org/10.1037/a0019005.

Wiebe, S., Andrews Espy, K. & Charak, D. (2008). Using confirmatory factor analysis to understand executive control in preschool children: I. Latent structure. *Developmental Psychology*, *44*(2), 575–587. https://doi.org/10.1037/0012-1649.44.2.575.

Wiedebusch, S. & Petermann, F. (2011). Förderung sozial-emotionaler Kompetenz in der frühen Kindheit. *Kindheit und Entwicklung*, *20*, 209–218. http://dx.doi.org/10.1026/0942-5403/a000058.

Willoughby, M. T. & Blair, C. B. (2011). Test-retest reliability of a new executive function battery for use in early childhood. *Child Neuropsychology*, *17*(6), 564–79. https://doi.org/10.1080/09297049.2011.554390.

Willoughby, M. T., Blair, C. B. & Family Life Project Investigators (2016). Measuring executive function in early childhood: A case for formative measurement. *Psychological Assessment*, *28*(3), 319–330. https://doi.org/10.1037/pas0000152.

Wimmer, H. & Perner, J. (1983). Beliefs about beliefs: Representation and constraining function of wrong beliefs in young children's understanding of deception. *Cognition*, *13*(1), 103–128. https://doi.org/10.1016/0010-0277(83)90004-5.

Wittmann, E. C. (2006). Mathematische Bildung. In L. Fried & S. Roux (Hrsg.), *Pädagogik der frühen Kindheit. Handbuch und Nachschlagwerk* (S. 205–210). Weinheim: Beltz.

Wittmann, E. C. & Müller, G. N. (2009). *Das Zahlenbuch. Handbuch zum Frühförderprogramm.* Stuttgart: Klett.

Wygotski, L. S. (1964, russisches Original 1934). *Denken und Sprechen*. Berlin: Akademie-Verlag.

Zelazo, P. D. & Carlson, S. M. (2012). Hot and cool executive function in childhood and adolescence: Development and plasticity. *Child Development Perspectives*, *6*(4), 354–360. https://doi.org/10.1111/j.1750-8606.2012.00246.x.

Zimmer, K., Schulte, J. & Kuger, S. (2021). Wirksamkeit von Sprachförderung in deutschen Kindertageseinrichtungen: Eine Bilanz. In B. Geist & A.-K. Harr (Hrsg.), *Sprachförderung in Kindertagesstätten. Deutschunterricht in Theorie und Praxis* (Band 12, S. 235–246). Baltmannsweiler: Schneider.

Zimmer, R. (2015). *MOT 4–6. Motoriktest für vier- bis sechsjährige Kinder* (3., überarbeitete und neu normierte Auflage). Göttingen: Hogrefe.

Zins, J. E., Bloodworth, M. R., Weissberg, R. P. & Walberg, H. J. (2007). The scientific base linking social and emotional learning to school success. *Journal of Educational & Psychological Consultation*, *17*(2–3), 191–210. https://doi.org/10.1080/10474410709336145.